文化透镜：历史人类学视域下桂西土司社会研究

蒋 俊 著

上海交通大学出版社

内容提要

　　本书以"历史人类学"为研究方法与理论视角,重点观察桂西土司社会的某些文化形态,如宗族结构、继嗣规则、通婚策略、神明与信仰、族群与阶层等。这些文化形态交织于土司制度这一特殊的行政体制,通过它们作为"文化透镜"的分析与梳理,不仅展现了土司社会"权力文化网络"建构之历程,同时描绘出中华民族多元一体格局动态建构的具体化的历史图景。

图书在版编目(CIP)数据

　　文化透镜:历史人类学视域下桂西土司社会研究/
蒋俊著.—上海:上海交通大学出版社,2021.12
　　ISBN 978 - 7 - 313 - 25818 - 2

　　Ⅰ.①文…　Ⅱ.①蒋…　Ⅲ.①土司制度-研究-广西
Ⅳ.①D691.4

　　中国版本图书馆 CIP 数据核字(2021)第 263400 号

文化透镜:历史人类学视域下桂西土司社会研究
WENHUA TOUJING:LISHI RENLEIXUE SHIYU XIA GUIXI TUSI SHEHUI YANJIU

著　　者:蒋　俊
出版发行:上海交通大学出版社　　　　　　　地　　址:上海市番禺路 951 号
邮政编码:200030　　　　　　　　　　　　　电　　话:021 - 64071208
印　　制:当纳利(上海)信息技术有限公司　经　　销:全国新华书店
开　　本:710mm×1000mm　1/16　　　　　印　　张:14
字　　数:222 千字
版　　次:2021 年 12 月第 1 版　　　　　　　印　　次:2021 年 12 月第 1 次印刷
书　　号:ISBN 978 - 7 - 313 - 25818 - 2
定　　价:88.00 元

目　录

导　言

　　1929 年（民国十八年），伴随万承土州"改土归流"的完成，在桂西这片土地上曾显赫一时的土司制度，终于走到衰落的边缘、命运的尽头了。其身前的一切，无论荣耀辉煌，抑或血腥罪恶，都已尘埃落定，并在"封建体制"向"现代国家"不可逆的转换过程中，在新的政治环境与话语体系下，消融于历史。然而，围绕土司制度所塑造的边陲政治、经济、文化与观念，早已深深烙印在这片土地，至今仍具有着巨大的影响，牵引着桂西历史发展的脉络走向。对于这一现象，吸引了大量人文社科学者的关注，成为现代学术的热点议题。

第一节　学术史回顾

　　早在民国时期，"边政研究"浪潮下的土司研究在全国蔚为规模，已形成一个大的历史学、民族学研究群体，烘托起火热的氛围。[①] 但显然桂西土司没

---

① 如凌纯声：《中国边政之土司制度》（上、中、下），《边政公论》1943 年第二卷第 11 期、第 12 期，1944
　　年第三卷第 1 期、第 2 期；江应樑：《云南土司制度之利弊与存废》，《边政公论》1947 年第六卷第 1
　　期；林耀华：《川康北界之嘉戎土司》，《边政公论》1947 年第六卷第 2 期；周希武著：《玉树调查记》，
　　商务印书馆，1919 年；佘贻泽著：《中国土司制度》，中正出版社，1944 年；宓贤璋：《瓦寺（转下页）

有引起足够的重视，一则大概是由于当时桂西的边疆危机尚未累积到一定程度，二则可能是原桂西土司辖区人群所表现出来的"异文化"情调不够浓烈。不过，这一时期，一些广西本土学者曾对壮族的历史来源做过广泛的考证与讨论，其中涉及桂西土司的部分内容，主要有徐松石的《粤江流域人民史》①与刘锡蕃（即刘介）的《岭表纪蛮》②两著，其所述土司部分都比较简单，但不失开创价值。刘介后来编著《广西特种教育》一书，其中对土司情况有一些介绍。③ 此外，刘介另有《广西土官故实采访录》一文，对土司的政治、经济、文化等皆有论述，应该算是第一篇全面介绍桂西土司的专文。④

1949 年以后，伴随着"民族识别"的开展，桂西土司作为壮族最重要的历史与文化表征之一，是民族识别工作组重点关注对象。在这次调查的最终成果——《广西壮族社会历史调查》中，有关土司的内容占了较大篇幅，记录甚详，且是一种来自民间的田野素材，是了解桂西土司制度难得的材料。⑤ 此外，1961 年由广西壮族自治区博物馆组织编撰的《广西土司制度资料汇编》（共 4 册），基本上是一个文献的汇集，搜罗了诸多正史古籍、地方志、碑刻等所载的土司内容，包括"土司制度产生前的广西社会""广西土司制度的建立和消灭""土司的辖地和世袭"等八篇，颇有参考价值。

不过囿于各种原因，中华人民共和国成立后的 30 年间，关于桂西土司制度的专题和系统性研究一直未曾开展，相关论著几乎没有，论文亦屈指可数。刘介在《宋代僮族地区在土官统治下的经济形态》一文认为，宋王朝在壮族地区建立土官制度，是前代"羁縻制度"的延续，其经济形态仍属于奴隶制。⑥ 粟冠昌则讨论了桂西土官的族源问题，他通过考证认为，土官绝大多数是本地

（接上页）土司政治调查》，《西南边疆》1941 年第 13 期；刘恩兰：《登涂禹山访瓦寺土官寨》，《先锋文化》1946 年第六卷第 6 期等。参见龚荫：《20 世纪中国土司制度研究的理论与方法》，《思想战线》2002 年第 5 期；贾宵锋、王力：《近百年来中国土司制度的史料整理及研究综述》，《青海民族研究》2003 年第 3 期。

① 徐松石著：《粤江流域人民史》，中华书局，1939 年。
② 刘锡蕃著：《岭表纪蛮》，商务印书馆，1934 年。
③ 刘介编著：《广西特种教育》，广西省政府编译委员会，1940 年。
④ 刘介：《广西土官故实采访录》，《广西文献》1948 年第 1 期（创刊号）。
⑤ 《广西壮族社会历史调查》系国家民委《民族问题五种丛书》之一，共 7 册，于 1987 年由广西民族出版社出版，其中第四册对几个土司记录很详细，有较高资料价值。
⑥ 刘介：《宋代僮族地区在土官统治下的经济形态》，《中国民族》1963 年第 1 期。

的壮族人。① 此后是一段漫长的研究沉寂时期,直至 20 世纪 70 年代末,桂西土司的研究才又见诸学术刊物,譬如钟诚以《广西壮族地区的改土归流初探》为题探讨了桂西地区改土归流的原因及结果,②胡起望对《明史·广西土司传》的有关内容进行了校勘与考证。③ 虽然文章的数量有限,但研究思路逐渐在拓宽,其中不乏值得深入探讨价值的观点。台湾地区的学者关注土司制度者不多,值得一提的是政治大学政治研究所研究生陈耀祖的硕士论文《土司制度之研究》,该文着眼于中国土司制度的宏观分析,其中部分涉及桂西土司的内容,尽管陈文并无丝毫的人类学色彩,但其参考文献中出现了一些人类学书目,颇具特色。④

20 世纪 80 年代,人们的学术热情与日俱增,桂西土司的研究迈上新的起点,自此成果层出不穷,至今仍是学术热点,不断有新作问世。根据不同的主题,可将 40 年来的研究成果做如下归类:

一　综合性研究

谈琪所著《壮族土司制度》是第一部研究桂西土司的综合性学术专著,探讨内容较为广泛,包括土司制度、土官族属、姓氏传袭、土司武装与战争、土地制度与阶级关系、社会经济、社会教育、文艺宗教、改土归流等问题,但所述零散,近乎论文集的模式,未形成理论性的主题。⑤ 粟冠昌的《广西土官制度研究》是一部论文集,收录其多年来发表的 19 篇文章,讨论了诸如土官民族成分、土司统治区的土地问题、改土归流等引人关注的议题,在史料考证上颇见功底,文章的观点则反映出 1949 年后学术界关注阶级、土地、进步与落后、民族观等问题的意识倾向。⑥

21 世纪后,综合性研究明显增多。黄家信在其博士论文的基础上出版

① 粟冠昌:《广西土官民族成份初探》,《中国民族》1963 年第 1 期。
② 钟诚:《广西壮族地区的改土归流初探》,《中央民族大学学报》1979 年第 3 期。
③ 胡起望:《〈明史·广西土司传〉校补》,《民族研究》1979 年第 2 期。
④ 陈耀祖:《土司制度之研究》,台湾政治大学硕士论文,1964 年。
⑤ 谈琪著:《壮族土司制度》,广西人民出版社,1995 年。
⑥ 粟冠昌著:《广西土官制度研究》,广西民族出版社,2000 年。

《壮族地区土司制度与改土归流研究》一书，尽管属于历史学著作，但采用了人类学田野调查方法搜集到一些口述、碑刻资料，其中第七章论述了文化视野下的"岑大将军"信仰，有一定新意。①蓝武的《从设土到改流——元明时期广西土司制度研究》围绕广西土司制度由产生到确立、由鼎盛走向衰落这样一条主线展开论述，内容丰富，资料翔实，是扎实的政治史与制度史研究。②韦顺莉的《清末民初壮族土司社会研究：以广西大新县境为例》通过对隐含于民间的地方文献的爬梳，探讨了土司制度变迁下壮族乡土社会的内在秩序及其转型，是较为有特色的个案研究。③玉时阶等人合著的《南丹土司史》全面系统地论述了南丹从宋代开宝七年(974年)设土州，到1918年改土归流后设置南丹县期间，该地的沿革与政治、经济、军事制度、教育科技、文学艺术、社会风俗等，对了解桂西土司制度有一定价值。④《白山司志》是保留较为完整的一部土司专志，也是研究桂西土司制度的重要史籍材料，蓝武等对该志做了认真点校与研究。⑤此外，一些关于壮族、广西以及土司制度等通识性著作也不时辟有桂西土司的专论，从不同侧面进行了探讨。⑥

二 专题研究

随着桂西土司研究的不断拓展，其领域也逐渐深化与细化，因而产生诸多专题性研究，又可分为以下几项：

---

① 黄家信著：《壮族地区土司制度与改土归流研究》，合肥工业大学出版社，2007年。
② 蓝武著：《从设土到改流——元明时期广西土司制度研究》，广西师范大学出版社，2011年。
③ 韦顺莉著：《清末民初壮族土司社会研究：以广西大新县境为例》，民族出版社，2008年。
④ 玉时阶等著：《南丹土司史》，民族出版社，2015年。
⑤ 蓝武、蒋盛楠著：《〈白山司志〉点校与研究》，广西师范大学出版社，2016年。
⑥ 钟文典主编：《广西通史》，广西人民出版社，1999年；黄现璠、黄增庆、张一民编著：《壮族通史》，广西民族出版社1988年；张声震主编：《壮族通史》，民族出版社，1997年；苏建灵著：《明清时期壮族历史研究》，广西民族出版社，1993年；范宏贵等著：《壮族历史与文化》，广西民族出版社，1997年；韦玖灵著：《壮族民族融合论：历史上壮汉民族融合与同化现象研究》，气象出版社，2000年；李小文：《国家制度与地方传统——明清时期桂西的基层行政与社会治理》，厦门大学博士论文，2006年；龚荫著：《中国土司制度》，云南民族出版社，1992年。

（一）土司制度的介绍及评价

此类文章基本上是按线性的时间序列,对桂西土司或进行制度层面的总体介绍,或以元明清三朝作断代分述,都在试图告诉人们"土司制度是什么""土司制度意味着什么";至于土司评价方面,在"现代"语境下,土司制度作为一种"封建社会阶级和民族压迫的工具",对其评价强调负面性,也有基于唯物辩证的历史观的正面声音。[①]

（二）土官的族属问题

这是土司研究的重要论题,甚至可以联系到一些学者强烈的民族情感。讨论的焦点为土官究竟是"外来汉人"还是"本地土著"(即壮族),刘锡蕃早期主张前说,在《岭表纪蛮》中就有相关论述,黄现璠等编著的《壮族通史》也主此说。但此后主流观点越来越倾向于"土著"说,通过大量的研究,基本已成定论,大多数相关论文就是为了驳斥前者而展开的论证。[②]

（三）改土归流研究

既然人们普遍认为"改土归流"是不可避免的历史进程,而这一进程本身是值得研究的,在此逻辑下,讨论重点自然围绕着改土归流的"原因、过程及结果"这样预设的议题而展开,包括制度的变迁以及由此而带来的社会变革。[③]

---

① 粟冠昌:《明代的广西土官制度》,《学术论坛》1983 年第 1 期;吴永章:《清代广西土司制度》,《学术论坛》1984 年第 4 期;粟冠昌:《广西土官制度的积极作用和消极作用》,《民族研究》1981 年第 3 期;韦文宣:《谈对广西土官制度及改土归流的评价问题》,《学术论坛》1984 年第 4 期;李干芬:《略论壮族地区土司制的历史作用》,《广西民族研究》1989 年第 3 期;胡小安:《土司的结构过程:以明清时期广西永宁州土司为例》,《广西民族大学学报》2014 年第 3 期。

② 粟冠昌:《广西土官民族成分再探》,《学术论坛》1981 年第 2 期;谈琪:《广西岑氏土官族属辨析》,《广西大学学报》1994 年第 2 期;谈琪:《论壮族历史上的"弃蛮奔夏"现象》,《广西民族研究》1995 年第 3 期;白耀天:《壮族土官研究导论》,《广西民族研究》1995 年第 3 期;玉时阶:《广西南丹土官族属考》,《广西师范学院学报》2016 年第 1 期。

③ 谈琪:《壮族地区改土归流的历史意义》,顾有识、范宏贵主编:《壮族论稿》,广西人民出版社,1989 年;粟冠昌:《明代广西土官制度的改土归流问题》,《广西民族研究》1989 年第 3 期;粟冠昌:《清代广西土官制度改土归流述议》,《广西民族研究》1990 年第 1 期;黄家信:《改土归流对壮族社会的影响》,《广西民族学院学报》2005 年第 4 期;蓝武:《明代广西改土归流进程中关于设土与设流问题的论争》,《广西师范大学学报》2010 年第 5 期。

（四）经济与土地问题

经济与土地问题更为复杂,要摆脱注重社会形态与经济关系的影响颇为不易,由于"桂西土司地区属于封建领主制"的论断是长期形成的定式,许多讨论都在此既定框架内进行,经济类型化的阐述、土地占有关系的揭示都与之相关。[①] 不过也有新视野的出现,如罗树杰的系列文章,更重视具体的实证研究,材料的使用以及论述的方式有点接近社会经济史学派的风格,[②]此外,杜树海通过土地文书,研究广西土司地区的土地权与人身权问题;[③]蓝武、梁亚群的文章则研究元明、清代中前期广西土司地区的移民与开发情况;[④]唐晓涛探讨明代桂西土司地区的赋税问题;[⑤]李小文等研究明清时期广西土司地区的里甲制度。[⑥]

（五）宗法制度研究

几百年的在地化统治,每任土司都逐渐形成血缘性的宗族世系,当然也留存下来许多族谱。日本学者谷口房男与国内学者白耀天合作搜集并整理出版了《壮族土官族谱集成》一书,是观察土司历史与文化不可多得的材料,具有重要价值。由于这些族谱存在着大量"攀附"汉文化的现象,编者不惜笔墨进行"打假"和"辩伪"。[⑦] 蓝承恩对忻城莫氏土司的祭祖仪式进行了考证,所述甚详,可作为资料使用。[⑧] 此外,土司家族的"封建宗法形态"也受到了关

---

① 粟冠昌:《清代广西土官统治区的土地问题》,《广西民族研究》1987年第2期;谈琪:《壮族领主制度的土地关系和阶级关系》,顾有识、范宏贵主编:《壮族论稿》,广西人民出版社,1989年;方素梅:《广西壮族土司经济结构及其破坏过程》,《广西民族学院学报》1994年第1期;韦东超:《明代广西土司地区的编户与赋役考略》,《中南民族学院学报》1996年第3期。

② 罗树杰:《论壮族土司田地契约文书的类型——壮族土司田地契约文书研究之一》,《广西民族学院学报》,1999年第1期;罗树杰:《论壮族土民田地所有权的确认——壮族土司田地契约文书研究之二》,《广西民族学院学报》1999年第3期;罗树杰:《论壮族土司田地权利的转让——壮族土司田地契约文书研究之三》《广西民族学院学报》1999年第4期。

③ 杜树海:《土地权与人身权:清代广西土司地区土地文书研究》,《中国经济史研究》2017年第2期。

④ 蓝武:《元明时期广西壮族土司统治区农业开发的主要成就探因》,《广西民族研究》2011年第2期;梁亚群:《边疆经略与地方社会——清中前期广西土司地区移民开发初探》,《广西民族研究》2015年第1期。

⑤ 唐晓涛:《明代桂西土司的"城头/村"组织及赋役征发》,《广西民族大学学报》2012年第2期。

⑥ 李小文、胡美术:《明清时期广西土司地区的里甲制度研究》,《广西民族大学学报》2014年第4期。

⑦ [日]谷口房男、白耀天:《壮族土官族谱集成》,广西民族出版社,1998年。

⑧ 蓝承恩:《忻城土司祭祀考略》,《广西民族研究》1990年第1期。

注,主要讨论以"族权"为中心所衍生的各种利益关系。① 但有关土司宗族制度的全貌研究尚属少见。笔者在《论明清时期桂西壮族土司的宗族制度》一文中全面介绍了桂西土司的宗族制度,并试图揭示宗族制度如何被演绎为文化和政治的象征,成为土司表达国家认同、创制汉人族群②身份、控制地方不可或缺的手段。梁亚群围绕"田州岑氏族谱"探讨该土司的国家认同问题。③

(六)土司家族与人物研究

对某一土司家族或人物传记式的描述,似乎有一种怀古的格调,所展示的不外乎是此家族的兴衰荣辱,或此人物的生平事迹,当然也会对一些史迹进行甄别与考证。④ 不过,李小文的《边疆族群·国家认同·文化创造——以一个俍兵家族的变迁为例》另辟蹊径,颇有新意,将一个俍兵家族的历史纳入国家与社会的宏观视野,反映了当下社会文化史的研究路径。⑤ 至于瓦氏夫人,因其抗倭的英勇事迹而得到更全面、更系统的研究,不过大多也还只是停留在史实考察的层面。⑥

(七)军事研究

其研究主要反映在土兵与狼兵,以及朝廷镇压土司叛乱等议题上。在桂西历史上,土司所掌握的军队不仅是维持自身统治的重要工具,而且每遇战事,朝廷就能紧急征调,常为之解忧。这一现象是研究者主要讨论的议题。此外,土

---

① 李全伟:《试论广西土官官族内的封建宗法形态》,《广西师范大学学报》1994 年第 2 期;钱宗范等著:《广西各民族宗法制度研究》,广西师范大学出版社,1997 年;韦顺莉:《论壮族土司政权的宗法关系》,《法制与社会》2006 年第 5 期;唐仁郭等著:《中国少数民族宗法制度研究》,江西高校出版社,2006 年。

② 在中文语境下,为了表述方便,该文的"族群"等同于"民族"(五十六个民族的"民族"),两者交替使用。

③ 蒋俊:《论明清时期桂西壮族土司的宗族制度》,《史学月刊》2011 年第 8 期;梁亚群:《岑氏土司国家认同研究——基于"田州岑氏土司族谱"的历史解读》,《长江师范学院学报》2015 年第 4 期。

④ 李楚荣:《永顺土司及邓文茂考》,《广西民族研究》1994 年第 1 期;白耀天:《上林长官司岑氏土官与岑毓英的"土司后"》,《广西民族研究》1997 年第 1 期。

⑤ 李小文:《边疆族群·国家认同·文化创造——以一个俍兵家族的变迁为例》,《求索》2006 年第 9 期。

⑥ 覃彩銮、黄明标主编:《瓦氏夫人论集》,广西人民出版社,1992 年;万流、赖兴:《抗倭壮族女英雄瓦氏夫人》,《学术论坛》1981 年第 6 期;谯枢铭:《瓦氏夫人苏松抗倭史迹考》,《史林》1991 年第 2 期。

司叛乱研究主要集中于嘉靖初的"思田之乱"，多侧重于事件史的描述。①近年来，出现了一些新的视野，唐晓涛通过"狼兵"东进的视角展现明清广西浔州府复杂的社会转型与族群变迁，②她认为"狼兵"或"狼人"的出现，反映了明中期桂东"猺乱"、桂西土司势力交织在一起的复杂历史图像。③

（八）民间信仰研究

在土司统治期间形成了一个庞大而影响深远的地方信仰系统，右江河谷的"岑大将军"信仰即为典型代表，此外，"岑三爷"信仰、"莫一大王"信仰等在原桂西土司地区也占有重要地位。黄家信在《壮族的英雄、家族与民族神：以桂西岑大将军庙为例》一文中，就明清泗城州（府）大致范围内的岑大将军庙作了统计，并简要描述了每个庙的地理分布及祭祀情况；④康中𣕕在《民间信仰与社会记忆——对桂西壮族岑氏土官崇拜的文化解释》一文中则试图利用社会记忆理论对岑大将军信仰的流播与传承进行解释。⑤笔者在《论桂西岑大将军信仰的原生形态与次生形态》一文中，将岑大将军信仰从原生形态到次生形态的建构置于土司"权力的文化网络"中来观察。⑥红水河流域的"莫一大王"的研究则主要偏重于文学，有学者认为此神明与当地莫氏土司无关，相比之下，宗教人类学意味的研究较少。⑦也有学者将东南亚的廪公与广西土司政权联系起来。⑧

---

① 莫毅卿、雷广正：《俍人俍民俍军研究》，《广西民族研究参考资料》1981 年第 1 辑；卢仲维：《浅论广西"狼兵"》，《广西师范大学学报》1981 年第 2 期；顾有识：《试论壮族土兵的性质、作用及其社会影响》，《广西民族学院学报》1984 年第 2 期。赵树恂：《评明廷征伐岑猛事件》，《民族研究》1992 年第 5 期；蓝武：《明代广西壮族土司土兵"供征调"及其社会影响述论》，《广西师范大学学报》2012 年第 2 期；王双怀：《明清狼兵新探》，《中国边疆史地研究》2013 年第 3 期。

② 唐晓涛著：《俍徭何在——明清时期广西浔州府的族群变迁》，民族出版社，2011 年。

③ 唐晓涛：《明代中期广西"狼兵"、"狼人"的历史考察》，《民族研究》2012 年第 3 期。

④ 黄家信：《壮族的英雄、家族与民族神：以桂西岑大将军庙为例》，《广西民族学院学报》2004 年第 3 期。

⑤ 康中𣕕：《民间信仰与社会记忆——对桂西壮族岑氏土官崇拜的文化解释》，《民族文学研究》2006 年第 4 期。

⑥ 蒋俊：《论桂西岑大将军信仰的原生形态与次生形态》，《宗教学研究》2011 年第 1 期。

⑦ 顾乐真：《壮族师公土俗神"莫一大王"考》，《广西民族研究》1992 年第 3 期；杨树喆：《桂中壮族民间的莫一大王崇拜及其内隐意蕴》，《民族文学研究》2001 年第 1 期；覃桂清：《试论莫一大王的"飞头"》，《广西民族研究》1992 年第 4 期。

⑧ ［澳］贺大卫、莫海文：《东南亚、广西西部的廪公与土司政权之关系》，《百色学院学报》2013 年第 2 期。

（九）社会文化与族群认同

桂西土司地区的社会文化研究不仅要关注地方边陲的"小传统"①，更要关注它们与中央王朝"大传统"互动所产生的影响，在这种互动中，大传统作为"文明化"的力量改变了边陲社会文化，张江华系列文章皆聚焦于该主题。② 韦顺莉等研究土司社会民众的族群认同问题。③

三　域外研究述评

（一）日本有关桂西土司研究④

一直以来，日本学者就十分重视中国边疆民族的研究，并逐渐发展出一批研究团队，西南的苗、瑶、壮等族是其重点考察的对象，在这方面取得了丰硕的成果，桂西土司制度的研究在此背景之下而兴盛。日本学者较早地开始将人类学某些研究方法引入土司制度研究中，重视以微见著的微观视角，常通过桂西土司来讨论更大区域甚至整个中国的政治、经济或民族互动的状况，探讨的问题也趋于精致化，一些学者还曾来广西做过多次短期田野调查。不过总体而言，多数文章更多地表现出日本学者细致、缜密的史料使用与考证的学术传统，只见"制度"与"历史"，而较少有"文化"的影子，基本上还属于

---

① 王晖：《凌云壮族七十二巫调与岑氏土司》，《广西民族研究》2008 年第 1 期；韦顺莉：《论壮族土司社会变迁的文化学意蕴》，《西南民族大学学报》2009 第 10 期。

② 张江华：《通过征用帝国象征体系获取地方权力——明代广西土司的宗教实践》，《民族学刊》2010年第 2 期；张江华：《明清广西左右江地区土司的婚姻与策略》，《西南民族大学学报》2010 年第 5期；张江华：《民胞物与・一视同仁——清代广西土司地区的"国家政权建设"与国家化》，《西南民族大学学报》2016 年第 10 期；张江华、杨杨：《晚清时期"文明"概念在广西土司地区的传播与实践》，《民族研究》2018 年第 3 期；张江华：《科举、商品化与社会平等：清代广西土司社会的"文明化"》，《社会》2020 年第 2 期。

③ 韦顺莉：《荣耀与追求：广西壮族土司民族认同之考察》，《广西民族研究》2007 年第 3 期；韦顺莉：《论土司地区族群边界的交错与维持——以广西壮族土司为例》，《云南师范大学学报》2008 年第 6期；蓝韶昱：《壮族土司社会族群认同探微——以广西龙州县域为例》，《广西民族研究》2011 年第 3期；王世伟、李虎：《桂西定罗土司辖境内的族群互动与当代呈现》，《广西民族研究》2015 年第 4 期。

④ 主要参考了［日］谷口房男：《日本的壮族史研究动态》，覃义生译，《广西民族研究》1992 年第 2 期；［日］谷口房男：《日本民族史研究动态（续）》，谢崇安译，《红水河文化研究》，广西人民出版社，2001年；覃乃昌：《20 世纪的壮学研究（上、下）》，《广西民族研究》2001 年第 4 期、2002 年第 1 期。

传统的历史学范畴。

　　较著名的日本学者当首推谷口房男，其研究领域甚广，包括桂西土司制度的总体诠释、土司的叛乱、瓦氏夫人、土巡检司、土官族谱研究、各种文献考证等。① 塚田诚之的研究侧重于民族史维度，我们可以通过其剖析壮族历史的一系列文章来认识桂西土司制度。② 神田正雄、菊池秀明、野崎刚也分别从不同角度著文阐述桂西土司制度的各种议题。③ 与桂西土司制度相关的研究也颇多，河源正博是早期民族史的开拓者，对后继研究有一定影响。④ 白鸟芳郎的研究虽以瑶族为重点，不过一些文章透显出大气，试图梳理出华南、西南甚至东南亚这些大的区域民族史的内在脉络。⑤ 冈田宏二是宋代民族史的专家，对湖南和广西的瑶、壮族的社会结构及与朝廷的政治关系有较为独到的

① 《关于唐宋时代的"平蛮颂"》，《白山史学》1974 年第 18 号；《明代广西的土巡检司》，王克荣译，《学术论坛》1985 年第 11 期；《思恩、田州叛乱始末记——明代广西右江流域土官、土目的叛乱与改土为流》，翁文刚译，《广西民族研究》1989 年第 3 期；《王守仁与少数民族》，覃彩銮译，《广西民族研究》1992 年第 3 期；《扫荡嘉靖海寇叛乱与瓦氏夫人》，覃彩銮译，覃彩銮、黄明标主编：《瓦氏夫人论集》，广西人民出版社，1992 年；《广西土司制度考察》，覃彩銮译，《广西民族研究》1994 年第 2 期；《广西土司制度一瞥——以忻城土司衙门为中心》，《东洋大学亚非文化研究所研究年报》，1992 年；《广西土官的族谱及其相关材料》，《东洋大学文学部纪要》（史学科篇）1998 年第 23 号；《广西发现的土官印考》，《东洋大学亚非文化研究所研究年报》，1997 年；《土司制度之我见》《土司制度诸概念》《广西土司制度研究文献目录》，《广西民族研究》1996 年（增刊）；《关于殿粤要纂》，《白鸟芳郎教授古稀纪念论丛——亚洲诸民族的历史与文化》，六兴出版社，1990 年。

② 《唐宋时期华南少数民族的动向（上）——重点考察广西左右江流域的少数民族》，高凯军、贺崇武译，《民族译丛》1986 年第 1 期；《唐宋时期华南少数民族的动向（下）——重点考察广西左右江流域的少数民族》，高凯军、贺崇武译，《民族译丛》1986 年第 2 期；《论明清两朝对壮族的统治政策——明清时代壮族史研究（三）》，覃义生译，《广西民族研究》1989 年第 1 期；《明清时代汉族移住民与壮族及其关系——明清时代壮族史研究（四）》，《国立民族学博物馆研究报告》（别册）1991 年第 14 号；《广西壮族瑶族与汉族政治及文化关系的比较研究》，马建钊、杨轩译，《广西民族研究》1991 年第 3 期；《关于明清时代壮族土官接受汉文化的问题——明清时代壮族史研究（五）》，《史朋》1993 年第 26 号。

③ ［日］神田正雄：《广西的土司》，王克荣译，《广西民族研究参考资料》1982 年第 4 辑；［日］菊池秀明：《明清时期广西壮族土官的"汉化"和科举》，《中国——社会与文化》1994 年第 9 号；［日］野崎刚：《论广西土司与土目——以族谱为中心》，《史峰》1988 年（创刊号）。

④ 《关于左、右江流域蛮酋的始祖》，《南亚细亚学报》1944 年第 2 期；《关于宋代羁縻州、洞的"计口给田"》，［日］山本达郎编：《东南亚政权结构史的考察》，竹内书店，1969 年；《蛮酋的内徙》，《政法学报》1955 年第 7 期。

⑤ 《西南中国诸土司的民族系谱》，《石田英一郎教授还历纪念论文集》，角川书店，1964 年；《从民族系谱看华南的构成——以湖广、广西诸土司为中心》，《日本民族与东方文化》，1968 年；《有关华南民族文化史的几个问题——以民族渊源和民族文化为中心》，王恩庆译，《民族译丛》1980 年第 5 期。

研究,注重细节的考证,如阐释广西左右江的峒丁、广西的马政都很到位。① 此外,小川博②、冈野昌子与守屋美都雄、冈野昌子、大林太良等发表的与民族史或土司制度有关的论文,值得借鉴。

(二)欧美有关土司研究

从目前可掌握的情况来看,欧美学界对于中国的土司制度研究似乎多立足于整个中国或西南地区,偏重于云南,鲜有桂西土司研究的成果。在较早期论著中,赫罗尔德·威恩斯(Herold J. Wiens)通过汉人向南方迁移这样一个大的历史背景来考察这些地区的土司情况(专辟一章介绍土司制度),强调了汉人与少数民族互动、文化的碰撞以及土司制度所带来的影响等。③ 此外,另有部分论著都从不同角度涉及西南土司制度,亦可一读。④ 澳大利亚墨尔本大学珍妮弗·图克(Jennifer Took)的著作以壮族土司为个案,主要讨论土司的历史与制度性问题,认为土官既作为中央王朝之内的人,又是"非汉"政体的首领,具有双重品性;同时,作者介绍了土司的社会结构,管理机制以及

---

① 《论宋代溪洞蛮的社会及其变质》,《上智史学》1971 年第 16 号;《论宋代溪洞蛮的种族系谱》,《东南亚——历史与文化》1973 年第 3 号;《关于宋代广南西路左、右江流域的峒丁》,《大东文化大学纪要》人文科学 1990 年第 28 号;《宋代华南土著民族》,王恩庆译,《民族译丛》1983 年第 5 期;《中国华南民族社会史研究》,赵令志、李德龙译,民族出版社,2002 年。

② [日]小川博《唐代西原蛮的叛乱:华南少数民族史之一》,《历史教育》1963 年第 11 期;[日]冈野仓子、守屋美都雄:《明代土司制度研究笔记》,《中国大陆古文化研究》1965 年第 1 集;[日]冈野仓子:《明代土司制度考》,《待兼山论丛》1967 年(创刊号);[日]大林太良:《中国边疆土司制度的民族学考察》,《民族学研究》1970 年第 35 卷第 2 号。

③ Herold J. Wiens, *Han Chinese Expansion in South China*, The Shoestring Press, 1967.

④ Kent C. Smith, *Ch'ing Policy and the Development of Southwest China: Aspects of Ortai's Governor-Generalship, 1726-1731*, University Microfilms, 1984; John E. Herman, "Empire in the Southwest: Early Qing Reforms to the Native Chieftain System", *The Journal of Asian Studies*, Vol. 56, No. 1, 1997; Pamela Kyle Crossley, Helen F. Siu, Donald S. Sutton (eds.), *Empire at the Margins—Culture, Ethnicity, and Frontier in Early Modern China*, University of California Press, 2006; Laura Hostetler, "Qing Connections to the Early Modern World: Ethnography and Cartography in Eighteenth-Century China", *Modern Asian Studies*, Vol. 34, No. 3, 2000; Chuan-Kang Shih, "Genesis of Marriage among the Moso and Empire-Building in Late Imperial China", *The Journal of Asian Studies*, Vol. 60, No. 2, 2001; C. Pat Giersch, "A Motley Throng: Social Change on Southwest China's Early Modern Frontier, 1700-1880", *The Journal of Asian Studies*, Vol. 60, No. 1, 2001.

土地制度，改土归流的影响等一系列重要问题，是不容忽略的一部著作。[①]

从几十年的学术回顾来看，国内有关桂西土司的研究已十分丰富，成果数量和规模不输于其他热门领域。但遗憾的是，总体而言，国内 21 世纪前的多数研究囿于传统"政治史""制度史"的研究范式，[②]在理论和方法上造成的束缚与困境也是显而易见的。而国外学界，如日本学者的研究，正如前述，尽管有些新意，却仍然摆脱不了传统史学的研究框架，很难提炼出有创见性的核心观点。西方学界，至今从未形成规模化与系统化的研究，亦缺乏更多个案性的作品问世。21 世纪后，桂西土司研究迈入新的阶段，出现很多创新性的成果，不过相对于厚重博大的土司研究领域，还有待引入更多新视野、新理论和新方法，建构多学科交叉的研究框架。

基于此，在反思前人研究的基础之上，如何从当前较为前沿的学术领域汲取知识、素材和理论，为桂西土司乃至全国各地土司研究开创新局面，就成了当务之急。笔者认为，已在学术界引起了较大反响的"历史人类学"（Historical Anthropology）或能提供一种研究的独特路径，可借此将桂西土司研究不断向前推进。

第二节　理论背景与主要思路

本著尝试以"历史人类学"作为分析与解读桂西土司制度的学理工具，并将之视为一种研究取向与理论视野，从而形成此意义下的问题意识与思路。不过，尽管目前历史人类学研究已呈现出一些清新的风气和一定的学术魅力，但仍处于见仁见智的阶段，在许多方面没有达成共识，更遑论形成系统理论，因此有必要对历史人类学进行一番简要的梳理，提炼出一些具有参考意

① Jennifer Took, *A Native chieftaincy in Southwest China: Franchising a Tai Chieftaincy under the Tusi System of Late Imperial China*, Brill Academic Publishers, 2005.

② 杨念群指出，除了在社会发展趋势的宏观叙事上颇有建树却又不乏机械教条的图解，中国的政治史叙事基本是"制度史"研究的一种翻版，人们在政治史的表述中除了了解到堆积出的一系列事件序列和机械的制度描述外，根本无法感受到中国政治运作奇诡多变的态势以及与人们日常生活的关联意义。参见杨念群：《为什么要重提"政治史"研究》，《历史研究》2004 年第 4 期。

义的观念意识。

一　作为方法的历史人类学

就现时期而言,历史人类学的界定并非易事,与之最有关联的人类学与历史学都试图将之"拉拢"到自己的学科类目,于是出现了所谓的历史学的"历史人类学"与人类学的"历史人类学"之争。或许正是由于理论的纷扰与偏颇,历史人类学难免给人以莫衷一是的感觉。就此,台湾人类学家林富士在《"历史人类学":旧传统与新潮流》一文中总结认为,人们对于历史人类学的认识或定义的确是有相当分歧的,比如有人认为,历史人类学是人类学发展到一定程度的产物,是人类学的新成就;或者历史人类学仍属于历史学的范畴,即属于所谓"新史学"之一种;或者历史人类学是一项全新的交叉学科和新的研究领域。此外,还有学者认为,历史人类学是一种研究方法、理论路径,既具有人类学的特色,也反映历史学的发展趋势,是两个学科的合流。总之,历史人类学的出现,展示了人类学的历史学化,也展示了历史学的人类学化。[1] 究其原因,这似乎与史学和人类学共同面临的范式危机,以及意欲化解此危机的企图不无关系。

依传统史学之所见,历史研究当从人类发展的进程中把握那些普世性的规律,方可觅学科之真谛。这种历史叙事模式通常展现政治、制度、宏大事件与帝王将相的文治武功等,真实的生活世界却被淹没于历史洪流之中,如此建构的历史是偏颇的、不完整的;然而那些眼光向下,以关注底层百姓为出发点的社会史,又难免纠缠于"细枝末节"的生活琐事,被认为脱离了对重大历史问题的反思和解释,缺乏理论深度。[2]

从人类学角度来看,古典进化论学派与传播论学派等以建构宏大的人类史为己任,爱德华・泰勒(Edward Taylor)、路易斯・摩尔根(Lewis Henry Morgan)、埃里奥特・史密斯(Elliot Smith)等著名学者为此付出了毕生精

---

[1] 林富士:《"历史人类学":旧传统与新潮流》,《"中央研究院"历史语言研究所七十周年研讨会论文集》,"中央研究院"历史语言研究所,2000 年,第 367 - 368 页。

[2] 赵世瑜、邓庆平:《二十世纪中国社会史研究的回顾与思考》,《历史研究》2001 年第 6 期。

力。然而，他们所建构的历史，很多是在书斋中"想象"的产物；美国人类学家弗朗兹·博厄斯（Franz Boas）开创的"历史特殊论学派"，虽然也关注历史力量的相对作用，但在研究中只是强调对具体事实的描述与记录。此后长期占据主流地位的英国人类学"功能主义"与"结构—功能主义"，在田野观察中关注社区的共时性维度而忽略历时性维度。直到 20 世纪 60 年代以后，一些人类学者逐渐意识到人类学研究中的历史视野问题，开始理论反思，"人类学与历史"的命题才得到重视。①

不过平心而论，若仔细考察历史人类学的发展脉络，历史学者似乎对此更有发言权。按照张小军的说法，"历史人类学"的标签最早是被历史学家"抢注"的。法国年鉴学派第三代领军人物雅克·勒高夫（Jacques Le Goff）尝试将历史学、人类学与社会学等合并成一门学科，并将之命名为"历史人类学"。② 法国年鉴学派是当代史学发展的转折点与里程碑，自他们以后，历史学者都积极从其他社会科学中汲取养分，人类学位列其中，当然它只是居于被借鉴的附属地位。随着研究的深入，人类学田野参与观察的方法、处理资料和文献的方式都纳入历史研究的范畴，特别表现在"自下而上"的社区层级的微观研究。同时，历史学家也重视人类学者关注的文化意义、社会结构等议题。由于融入了人类学的因素，历史研究更强调历史的多元特征，强调历史的文化解释，强调历史的意义，强调记忆与认同在历史建构中的作用，③从而使历史研究达到新的高度，并涌现出大批富有创见的了成果。④

在几乎整个人类学界普遍忽视历史的情况下，英国人类学家埃文斯-普里查德（Evans-Pritchard）跳出"功能学派"的视界，鼓吹历史研究的重要性。普里查德在《昔兰尼加的萨努西》（*The Sanusi of Cyrenaica*）一书进行了相关讨论，但他强调历史研究的目的，主要还是试图说明人类学是人文科学而非社会科学，并不涉及"历史知识何以可能"或"什么是历史"等理论层次的探讨。

① Sherry Ortner，"Theory in Anthropology Since the Sixties"，*Comparative Studies in Society and History*，Vol. 26，No. 1，1984.

② 张小军：《历史的人类学化和人类学的历史化——兼论被史学"抢注"的历史人类学》，《历史人类学学刊》2003 年第 1 期。

③ 蓝达居：《历史人类学简论》，《广西民族学院学报》2001 年第 1 期。

④ 参见林富士：《"历史人类学"：旧传统与新潮流》，《"中央研究院"历史语言研究所七十周年研讨会论文集》，"中央研究院"历史语言研究所，2000 年，第 374 页。

同样,即使是20世纪60年代末期到70年代末期,曾盛极一时的结构马克思人类学或政治经济学研究,大都也只强调了历史过程的重要性,并没有对于"历史概念"本身有所质疑。直到20世纪80年代初,美国著名人类学家马歇尔·萨林斯(Marshall Sahlins)通过一系列研究,提出"历史是由文化所界定"这一历史人类学的奠基性观点时,才有所突破。① 此后,许多人类学者不断顺应这样的潮流,一些所谓的"实验民族志"就包括历史人类学性质的作品。② 在具体的研究中,这些人类学者不再局限于围绕一个社区进行共时性、功能性的全景分析,对于其热衷的文化研究赋予时间的向度,将文字传统以及国家历史等维度作为不可或缺的观察要素。

综上所述,从历史人类学的发展历程来看,它似乎是历史学与人类学各自借以调和学科内部危机的产物。不可否认,两门学科之间仍存在清晰的壁垒,但相互交叉后能够产生一定的"化学反应"。台湾人类学家林开世指出,谈人类学与历史学的关系,需要关注的关键问题是,在什么理论的议题下,两门学科拥有的分析工具与理论洞识如何解决学科上的困难或发掘出新问题。因为这两个学科都视"他者"(Others)为主要的研究对象,只是一个关怀空间上的他者,另一个关怀时间上的他者。③因此笔者认为,若能摒弃"门派"之见,不以历史人类学为两门学科间的分割线,而将之视为衔接点,则意义更甚。

当然,目前多数学者,无论是来自历史学,还是来自人类学,已跨越了门户观念,广泛接受了将历史人类学"视为一种方法"的观点。法国社会年鉴学另一代表人物安德烈·比尔吉埃尔(Andre Burguire)曾撰文指出:"历史人类学没有特定的研究领域,它相当于一种研究方式,即始终将作为考察对象的演进与这种演进的反应联系起来,并与由这种演进产生或改变的人类行为联系起来。"④在比尔吉埃尔看来,历史人类学研究的意义,不在于开创了研究领域,而在于出现一种普适性的研究方法和视野。国内学者张佩国在研究江南

① 黄应贵:《历史与文化——对于"历史人类学之我见"》,《历史人类学学刊》2004年第2期。
② 参见[美]乔治·E.马尔库斯等著:《作为文化批评的人类学》,王铭铭等译,生活·读书·新知三联书店,1997年。
③ 林开世:《人类学与历史学的对话?——一点反省与建议》,《台大文史哲学报》2003年第59期。
④ [法]J.勒高夫等主编:《新史学》,姚蒙译,上海译文出版社,1989年,第238页。

乡村地权的过程中，运用社会人类学方法整合经济史、社会史、文化史等学科的学术资源，并将这样的实践视为历史人类学方法。据此，他还强调历史人类学不是单向度的学科，而是一种开放的方法论体系。[①] 赵世瑜则指出："历史人类学并非归属于某一学科或是某一学科分支，它可以是一种研究方法和视角，也可以被表达为一种研究风格，把它画地为牢只能是管理部门的权宜之计。历史人类学可以为历史学、人类学以及其他有共同或相似旨趣的学科所共享，可以从不同的角度去发展它。"[②]

二 文化的透镜

若"历史人类学作为一种方法"这一论断成立的话，问题也随之而来，此方法的安身立命之处何在？为诸学科所共享的基础与平台又在何处？笔者认为答案即是人类学的核心概念——文化。因为在理论层面上，"文化"本身是一个跨学科的概念，具有极大限度的共通性，任何社会和人类现象几乎都可冠之以"某某文化"。若从组织现象的社会复杂性来看，社会维持运转需要一整套被结构化的信息，也即文化。新文化史、心态史、意义史、叙事史等具有历史人类学性质的研究，都立足于文化的视角。[③] 在这样的研究中，文化成为观察与理解人类社会历史脉络演化的"透镜"。萨林斯的相关成果是此类研究的典范。

20世纪80年代以来，萨林斯一系列关于19世纪夏威夷及斐济岛的精彩文章，对当地文化如何繁衍成历史，结构如何发生变迁的情况进行了深层解读。其民族志材料相当简洁明了。当欧洲入侵者，譬如库克船长及他的水手们进入夏威夷时，当地土著以其既有的一套意义结构（宇宙性的神话及朝代王国更换的传说）来解释这批"陌生人"的来临，因此，他们将库克当成神，这些外来者的力量被升华为领袖的力量（Chiefly Power），从而吸收转化。然而土著们的反应本身即携带着某种动力机制，使其得以超越既有的意义结构，

---

① 张佩国著：《近代江南乡村地权的历史人类学研究》，上海人民出版社，2002年，第73页。
② 赵世瑜：《历史人类学：在学科与非学科之间》，《历史研究》2004年第4期。
③ 张小军：《历史人类学：一个跨学科和去学科的视野》，《清华历史讲堂初编》，生活·读书·新知三联书店，2007年，第366页。

进而导致文化范畴在社会实践中被重新评价调整,最终完成某种转化。比如,水手与土著女子共享食物,致使水手身份的去神圣化,并使原有禁忌原则趋向颠覆,水手将与土著女子性交视为交易的副产品;同时,各种新的财富和礼物的引进,促成另一种权力资源的形成,平民阶层逐渐有力量挑战酋长的权威。① 在这一类型的叙事中,历史必须透过文化来理解,变迁由文化决定,亦不过是结构的转型。更深层次地来看,这是一种历史的生产模式,由特定文化提供动力,并定义历史发展的形式。②

在《历史之岛》一书中,萨林斯指出:"历史乃是依据事物的意义图式并以文化的方式安排的,在不同的社会中,其情形千差万别。但也可以倒过来说:文化图式也是以历史的方式进行安排的,因为它们在实践展演的过程中,其意义或多或少地受到重新的评估。"③此处萨林斯认为历史与文化具有互动性,他一方面关注历史之于文化的意义,历史如何导致文化的变迁,或文化本身就是历史的一种建构;但另一方面,在分析框架中他更强调的核心概念仍是人类学的"文化图式"。萨林斯认为,历史在发展过程中,其背后潜行着文化的逻辑结构。历史是文化变迁与结构转型的背景和条件。探究历史就是探究文化的逻辑结构,这一认识构成了萨林斯历史人类学观点的核心特征。据此观点,更明确突出其看待历史的文化视野,强调文化对历史的制约性,凸显文化在历史中的生产与再生产。萨林斯旗帜鲜明地宣扬"文化界定历史"的学术立场,并使这一观念成为历史人类学研究的主流认识,从而奠定了历史人类学发展的基础。④ 从这个意义上来说,萨林斯对历史人类学的贡献居功至伟。

实际上,传统的历史学与人类学对于历史概念与文化概念,各有侧重,并根据不同理解形成独有的表述方式与理论体系。历史学与人类学交叉后,两者相互借重,相互成就,并在一定程度上改变了许多社会理论的基础与框架。就历史学来说,人类学的文化概念对这一学科的转型带来了极为深刻的影

---

① 可参见[美]马歇尔·萨林斯著:《历史之岛》,蓝达居、张宏明等译,上海人民出版社,2003年。
② 林开世:《人类学与历史学的对话?——一点反省与建议》,《台大文史哲学报》2003年第59期。
③ [美]马歇尔·萨林斯著:《历史之岛》,蓝达居、张宏明等译,上海人民出版社,2003年,第3页。
④ 黄应贵:《历史与文化——对于"历史人类学之我见"》,《历史人类学学刊》2004年第2期。

响。① 人类学让历史学者认识到，整个社会生活，从诸如宗教节庆等复杂象征仪式的"神圣"习俗，到盖房子或耕地等诸如此类的"凡俗"活动，都是因文化而定型的。② 英国学者辛西亚·海伊（Cynthia Hay）指出，人类学式的历史学最关心的一个方面是，如何让人们理解过去社群的信仰与态度，观察这些信仰与态度就可以了解他们的社会活动。③ 因此只有通过"文化的解释"，才能更深刻地认识历史与历史能动者的行动。

另一方面，赋予历史内涵的"新"文化概念已从风俗习惯、传统节日、婚葬礼俗、象征符号等超阶级、超历史的"中性"概念发展成历史性概念，并成为权力构成、支配关系与统治关系中的核心内容。④ 人类学家认识到，文化和历史是互相容受（Adjective）的，而非实质上分离的实体。所有的历史都根植于文化结构，即一种偶发事实的系统化秩序；反过来说，这样的结构也只有通过历史事件才能显现出来。⑤ 人类学因引入历史维度，其倚重的"文化"概念得到升华与发展，学科也因此而获得更新。

因此，历史人类学的价值表现在，它作为一种"中介"，能够有效协调人类学的"文化论"与历史学的"过程论"。人类学的文化论认识到，历史具有连贯性，不仅不应忽略这种连贯性，而且应重点关注文化在历史过程可能发挥的持续影响；历史学的过程论则显示，尽管文化的主要特征体现在其持续性之上，但它在历史中的影响力（即文化成为意识形态支配力量的影响力），却是由特定历史时期下的特定权力（即政治、经济和社会等力量）格局所导致的。因此，更广泛的文化和历史场景构成了相互反映的关系。⑥

由此，可进行更深入细致的推衍。历史作为一种知识和文化的组成部分被结构化，内在于"文化的图式"之中。在人类学看来，文化与权力相互依存，

---

① 黄向春：《民俗学与历史学的人类学化》，《民俗研究》2002 年第 1 期。

② ［加］西佛曼、格里福主编：《走进历史田野：历史人类学的爱尔兰史个案研究》，贾士蘅译，麦田出版社，1999 年，第 403 页。

③ ［英］辛西亚·海伊：《何谓历史社会学》，载［英］S. 肯德里克等主编《解释过去，了解现在——历史社会学》，王幸慧等译，上海人民出版社，1999 年，第 38 页。

④ 王爱和：《人类学与历史学：挑战、对话与发展》，《民族译丛》2003 年第 1 期。

⑤ ［丹麦］克斯汀·海斯翠普：《导论》，克斯汀·海斯翠普主编：《他者的历史——社会人类学与历史制作》，贾士蘅译，麦田出版社，1998 年，第 19 页。

⑥ 王铭铭著：《逝去的繁荣——一座老城的历史人类学研究》，浙江人民出版社，1999 年，第 418 - 419 页。

或者说文化本身是权力的一部分,文化是权力生成的基础,也是权力表达的途径和方式。① 如果"文化"的确是权力的内在因素,那么权力的呈现也就并非只局限于"冷冰冰"的国家机器,而是渗透于多元化的语言、宗教和象征符号等方面的文化层次之中。在描述历史的权力关系之时,也就不可能忽略隐藏在权力背后的文化现象与文化逻辑。历史研究亦不能再局限于政治制度、政治权力的自我表达,而是要将"文化"真正嵌入到历史分析中。②

美国学者杜赞奇(Prasenjit Duara)的专著《文化、权力与国家——1900—1942 年的华北农村》,旨在探讨中国国家政权与乡村社会之间的互动关系,即国家与社会的关系,摆脱了传统政治史的叙事框架,提出了"权力的文化网络"(Culture Networks of Power)这一分析性概念,其目的是"试图进一步拓宽理解一种文明中政治体系的视野,即将文化,特别是大众文化因素包括在内,从而超越十分重要但并不完全的'乡绅社会'和'儒家思想'等概念"。"'权力的文化网络'这一模式可以使我们在同一框架中理解晚清社会中帝国政权、绅士以及其他社会阶层的相互关系,并以将这种对文化及合法化的分析置于权力赖以生存的组织为基础,来达到这一目的。在组织结构方面,文化网络是地方社会中获取权威和其他利益的源泉,也正是在文化网络中,各种政治因素相互竞争,领导体系得以形成。"③后来杜赞奇指出,"权力的文化网络"不仅是一个抽象化的概念,也是一个"平台",在讨论国家与社会的关系时,透过该平台提供的新视角,可以发现两者不再是单纯的二元对立关系,而具有更为丰富的内涵与张力。④ 通过这一分析性的框架,一个近代化早期华北农村地方社会的复杂面貌、权力结构与文化图景跃然于纸上,生动而不失理论关照,堪称历史学与人类学结合的典范,值得借鉴。在这里,历史、文化与权力构成一种难以分割的整体性链条,文化与权力植根于具体的历史情境中,历史在文化选择与权力实践中得以存续。

---

① 黄向春:《民俗学与历史学的人类学化》,《民俗研究》2002 年第 1 期。
② 王爱和:《人类学与历史学:挑战、对话与发展》,《民族译丛》2003 年第 1 期。
③ [美]杜赞奇著:《文化、权力与国家——1900—1942 年的华北农村》,江苏人民出版社,2003 年,第 15 页。
④ [美]杜赞奇、罗红光:《国家与地方社会之间》,《社会学研究》2001 年第 1 期。

三 主要思路

如果以上述历史人类学的视角来理解中国古代的土司制度,必须要超越传统制度史的研究范式,从文化的角度重新进行解读。

古代中国,围绕"天下观"建构起以华夏为中心,以汉文化为主导的"权力文化网络"。在这一网络中,通过划分中心与边缘,分辨族群的优劣、文化的高低来确定中心掌控边缘的权力秩序。[①] 在王朝的边陲,大都为"蛮夷"所据,未经教化,元代之前推行的羁縻制度,元代之后实施的土司制度,便是为实现这种权力秩序的制度化和稳定化而做的努力。

从另一层面看,土司统领一方,有"开门节度,闭门天子"之实,但其权力来自中央王朝的赋权和土司的自我赋权,它们的媒介都是文化。正如萧凤霞所言:"国家作为一个组织化的机器几乎不着痕迹,但它作为一种文化观念却无远弗届。"[②]明清时期,桂西边陲日益纳入国家"一体化"的历程中,土官们纷纷攀附"汉文化",譬如他们无一例外地宣扬自己的中原祖源,修族谱、祭祀朝廷的神明、积极朝贡,以此彰显其统治的合法性与合理性,并据此形成自身区域内的"权力文化网络",作为统治土民的基础。然而,无论土司们如何改造、粉饰先祖的来源与历史,仍然是国家"权力文化网络"的边缘"蛮夷"。

不难揣测,在中央王朝之内,存在着多层级的"权力文化网络"。某种意义上,低层级"权力文化网络"的合法性内化于国家层级的文化理念。因此,桂西土司"权力文化网络"的形成与"汉文化"为主导的中国"文明化"在桂西地区的进程是同步的。在这一进程中,土司制度成为中心与边陲、"文明人"与"蛮夷"互动的地方性联结,不仅发挥了政治制度的功能,更导致区域社会文化与族群身份的重构。桂西边陲社会的生成、发展乃至其后民族—国家时期的民族识别和文化界定都与之密切相连。

总之,本著所要书写的桂西土司历史,强调当事人的能动性,尝试将客观

---

① 比如《礼记·王制》指出:"中国戎夷五方之民,皆有性也,不可推移。东方曰夷,被发文身,有不火食者矣;南方曰蛮,雕题交趾,有不火食者矣;西方曰戎,被发衣皮,有不粒食者矣;北方曰狄,衣羽毛穴居,有不粒食者矣。""中国"与"四夷"是中心与边缘的关系,代表着双方的权力地位。

② 〔美〕萧凤霞:《廿载华南研究之旅》,程美宝译,《清华社会学评论》2001年第1期。

上不同血统、文化和人群的互动,地域性文化体系的形成,不同历史情境下历史记忆和文化调适的策略,跨越时空而为人们所共享的历史知识的建构,不同层面、不同人群的历史意识的叠压,及其不同的文化表达途径和方式这些纠缠在一起并结成一个整体的脉络分析梳理出来。[①] 本著的关键词是文化、社会、族群、宗族、阶层、神明、信仰等人类学名词。但这里不再将它们作为不证自明的研究起点,相反,将之视为分析的对象。探讨这些概念如何在我们所研究的人物的头脑中,变成牢不可破的类目,这些类目又如何为人们所运用,构成日常生活的万象百态和权力意涵。[②]

为最大限度地将相似现象的核心特征凸显出来,笔者不免要搭建一个在某种程度上类似于马克斯·韦伯(Marx Weber)的"理想型"(Ideal-Typical Methods)[③]框架,在此表现为可操作的、被抽象的时空概念。从空间上来看,本著将桂西视为一个整合的地理概念,具有相当的同质性与匀质性成长进程——提供了创造土司制度之相似性的基础与条件;[④]从时间上来看,尽管笔者认同土司制度始于元代的看法,[⑤]但此朝对桂西影响远不及明清两代,加之元朝统治时日也短,故有意简略论之。因而本著侧重考察明清时期的桂西土司。本著的目的只是为了呈现历史脉络下土司权力建构的一般形态,描绘出具有社会普遍意义的结构性文化图式,不会涉及清中期大规模"改土归流"的问题。这种剧烈的政治性变革,将淡出笔者的视野。本著的桂西土司社会被视为一种理想状态,缺损增益都不足以破坏其作为整体的分析架构。此外,由于文化犹如连续不断之流,它淹没了无数零碎的时间表,甚至王朝更迭,因此这里的时间只是一个笼统的、有弹性的"容器",是历史的承载物。当然,最重要的是,本著的所有素材都来源于具体的经验性材料。

---

① 黄向春:《历史记忆与文化表述——明清以来闽江下游地区的族群关系与仪式传统》,厦门大学博士论文,2006年,第8页。

② [美]萧凤霞:《廿载华南研究之旅》,程美宝译,《清华社会学评论》2001年第1期。

③ 本著借用韦伯"理想型"概念,将之视为一种分析工具。[德]马克斯·韦伯著:《社会科学方法论》,杨富斌译,华夏出版社,1999年,第186页。

④ 不过桂西并非一个孤立的地理单位,在许多情况下其政治、经济、文化与族群以及之间的关系只有放置于整个广西来考察才有意义,在明清时代随着各种联系的加强更是如此,因此本著的论述又往往着眼于这样的视域。

⑤ 关于土司制度的确立的时间存在很多说法,其中"元代说"较为符合历史事实。可参见蓝武:《从设土到归流:元明时期广西土司制度研究》,广西师范大学出版社,2011年,第32-35页。

第三节　资料与框架

一　资料说明

加拿大人类学家卡罗林·布莱特尔(Caroline Brettell)曾著文分析历史人类学的研究方法，意欲告诉人们如何在资料堆中进行"田野"工作，她将之与人类学田野等同起来，并且试图说明资料的来源可以是多种多样的，最后还通过几个具体的案例对此加以论证。[①]在布莱特尔的启迪下，历史人类学视野中的资料应该是包罗万象的，对中国这样一个具有悠久历史的国度而言，更是如此。因此，本著所使用的资料便体现出这样的多元化特质。

（一）官方典籍文献

由于土司制度是中央王朝治理边陲和边陲族群的重要举措，在历朝正史、典籍中都有记录与阐释，如《元史》《明史》《明实录》《大明会典》《殿粤要纂》《天下郡国利病书》《图书编》《清史稿》《嘉庆重修一统志》以及多个版本的《广西通志》等大型文献，都记载极丰。通过这些文献中我们可以管窥中央王朝如何看待边陲的土司社会，其所透露的统治策略与理念更是一种理解官方"文化图式"不可或缺的鲜活要素。

（二）文人笔记与地方史志

至少从唐宋开始，关于岭南的文人笔记与著述逐渐丰富起来，如周去非的《岭外代答》、范成大的《桂海虞衡志》等，于是有关桂西这个"蛮荒之地"的族群与文化的历史书写已大抵形成一种固定印象。明以后，随着中原王朝势力向地方开拓的力度加大，更多文人通过做官、游历、流放等渠道直接进入土司统领地区，亦相应出现更多的直观描写，如田汝成《炎徼纪闻》、王士性《广

[①] ［加］卡罗林·布莱特尔：《资料堆中的田野工作——历史人类学的方法与资料来源》，徐鲁亚译，《广西民族研究》2001 年第 3 期。

志绎》、毛奇龄《蛮司合志》、邝露《赤雅》以及闵叙《粤述》、陆祚《粤西偶记》、李调元《南越笔记》、俞蛟《梦厂杂著》等对土司社会的历史与文化都有一定描述,颇有价值。地方史志一直是理解中国地方社会不可或缺的资料,而且数量甚巨。桂西的方志对土司制度都有详略不等的追溯性记载,特别是土司自身编修的史志,如《白山司志》《思陵土州志》等具有极高的史料价值。

（三）土官宗族谱牒与碑铭、石刻

土司家族的族谱是最具特色的文本和话语表达体系,是了解桂西土司社会的关键资料。我们分析的方向不是辨其"真伪",而是深入探讨创造这些文献的个体或群体的行动逻辑。同样的,土司地区留存下来的碑铭与石刻也是不可多得的历史记录,一些重要的政治、经济与文化现象就隐于其中,如广西民族研究所编的《广西少数民族地区石刻碑文集》《广西少数民族地区碑文契约资料集》,其搜集的石刻资料很多就与桂西土司有关,可资利用。[1]

（四）田野调查资料

1949 年后开展的民族识别近乎一种田野调查,所以 7 册《广西壮族社会历史调查》资料性价值不言而喻。此外,笔者在桂西土司地区进行了为期三个月的田野调查,走访土司遗址,强化了对文化信息的直观印象;访问当地的老人以及道公、麽公,获取口述的文本与民间信仰资料;直接与土司的后裔对话,由他们来梳理先祖的谱系与事迹,做到文献分析和田野相互结合与印证。

当然,如何解读这些资料才是最重要的,这就是布莱特尔所说的在资料堆中的"田野"工作。要求我们回到"历史的现场",和所有的当事人共同经历他们各自所经历的一切,知其思维、行为的一般规则或习惯,并且了解每一位当事人一言一行的具体原因、对象和目的;[2]秉持"文化所有者的内部眼界",在社会结构的内在脉络中理解他们所创造的"历史",即那些文字的、口传的,或有形的、无形的素材。笔者力图通过对不同传承系统、多层次材料的诠释,

---

[1] 广西民族研究所编:《广西少数民族地区石刻碑文集》,广西人民出版社,1982 年;《广西少数民族地区碑文契约资料集》,民族出版社,2009 年。

[2] 桑兵:《从眼光向下回到历史现场——社会学人类学对近代中国史学的影响》,《中国社会科学》2005 年第 1 期。

构建出一幅桂西边陲土司社会的立体图卷。

二 本著框架

本著的分析框架归纳为以下几部分：

"导言"，首先，梳理有关桂西土司研究的学术成果，剖析其得失，奠定本著的基础；其次阐述了本著的理论背景与主要思路；最后，对搜集的资料及处理情况进行了说明。

第一章"作为边陲的土司地区：文化界定与行政体系的建构"，考察"瘴"如何作为中央王朝对边陲社会的一种特殊书写与文化界定，进而说明边陲的这一特性是建立土司制度的重要依据。此外，第一章简要梳理了中国古代羁縻体制发展的历史线索，从宏观层面介绍了桂西土司制度的大致情况。

第二章"土司社会权力主导者的内部结构与运作"，着重探讨桂西土司顺应时代潮流，如何利用宗族组织及其"话语"，构织并维系其权力网络的；在继嗣与婚姻上又是如何游走在边陲土俗与国家文化之间，将两种文化变成了自身策略性工具的。

第三章"土司社会权力的象征表达：朝贡、神明与信仰"，以土司的朝贡与国家祀典、地方信仰作为切入口，剖析它们相对于土司而言的文化与政治含义，桂西土司正是通过对这些象征形式的支配与操控，强化其统治的合理性。

第四章"土司社会的族群与阶层"，分析了土司地区历史上的族群分类、社会分层的状况，它们是特定历史情境下各种力量互动的产物，从根本上反映了边陲与中心、边陲内部的权力关系和权力逻辑。

第五章"结语"，是对全文的总结。土司制度实际上是中央王朝"天下观"意识形态下"中心—边缘"结构的实践。边陲土司力图自塑为国家"正统"代理人的文化形象，借此稳固其权力和统治，并以组织性和象征性的方式溶入土司社会权力的文化网络建构之中，再造一个"中心—边缘"（土司—土民）的政治格局。同时，在土司的影响下，桂西边陲形成了强烈的国家认同、政治认同与文化认同，为新时期中华民族多元一体格局之形成奠定了基础。

第一章　作为边陲的土司地区：文化界定与行政体系的建构

　　或许"桂西"是一个现代意义上的地理概念，虽然没有官方或学术机构权威的精确界定，但也有约定俗成的解释。按字面意思理解，桂西一般是指广西的西部，如果从当前行政区划上来说，大致包括现在以红水河流域为中心的河池市、以左江流域为中心的崇左市以及以右江流域为中心的百色市。① 三地以百色市居中，其大部地区处于最西，与云南和越南接壤；河池市偏于北与贵州交界；而崇左市偏于南，是跨入越南的重要门户，从而在整体上形成一半月状，拱卫广西的西陲。历史上广西土司的设置基本就汇集于这个半月带之内，同时这里也是现代中国人口最多的少数民族——壮族的主要聚居地，构成十分复杂的国际性政治与族群的地缘格局。如此看来，桂西的地理位置有着不同寻常的重要性。

　　然而，对于桂西，自古一直是疆域的边陲，在人们心目中形成的诸多刻板

---

① 相当于今天百色市的右江区、平果市、田东县、田阳县、田林县、德保县、靖西市、那坡县、凌云县、乐业县、隆林各族自治县、西林县，崇左市的江州区、扶绥县、大新县、天等县、龙州县、宁明县及代管县级凭祥市，河池市的南丹县、天峨县、东兰县、巴马瑶族自治县、凤山县、都安瑶族自治县、大化瑶族自治县，以及来宾市的忻城县，南宁市的马山县等；又分别相对应于古时（因为一些地方行政建置变迁较剧，这里以明中期为准）的庆远府、太平府、镇安府、田州、泗城州、安隆司、归顺州等地以及思恩府一部分。

印象根深蒂固，所谓"光怪陆离"的异域世界、"贫穷落后"的闭塞之地。事实上，即便在高度信息化的今天，该认识仍具有一定市场。究其原因，当然不只是对现实的"客观描述"，也来自数千年历史中主流文明赋予的"他者"印象。在古代中国的历史观念中，桂西与多数边陲地区（主要是西南、西北）一样，通过国家中心主导的文化界定，发展出一种特殊的认知模式，即将边陲地理特征归结为"瘴"的形态，塑造了近乎千篇一律但又十分笼统的形象。最重要的是，这种观念还影响到国家边陲行政体系的建构，羁縻策略下的土司制度便是其重要的政治实践。

在中央王朝不断向周边拓展，与"非汉"族群的持续互动中，为了满足一种先天的"文化优越感"和"正统意识"，中原政权常常将国家边陲地区某些自然现象经过夸张的处理，制造"令人恐惧"的异域情调，意欲描绘出社会文化意义上的族群边界，最后又上升为族群的文化歧视，体现了"以己为中心"对四方之民的传统态度。其中令人为之色变的一种就是"瘴"——也最能生动地表达中原人基于地理而产生的有关边陲族群与文化的想象。

第一节　"瘴"：作为想象"他者"的边陲意向

1174年（南宋淳熙元年），文学家范成大在担任了两年广西经略安抚使后，离开桂林前往四川成都赴任，在途中他留下了这样一首诗：

> 回看瘴岭已无忧，尚有严关限北州。
> 裹饭长歌关外去，车如飞电马如流。①

在这首诗里，我们似乎可以看到范成大"逃离"时的情景，体会到他"劫后余生"如释重负的感受，车马固然不会如电如流，只是他的心在飞去罢了。能够从被喻为"瘴乡"的广西全身而退，再回望"瘴岭"时，自然"无忧"了，那种欣喜若狂的心情自不待言。也许此时他还想起了那日来桂之前与亲人临别时的情景：

---

① （宋）范成大：《范石湖集》卷一五《严关》，上海古籍出版社，1981年，第189页。

二十八日，陆行，发余杭。与吴之兄弟妹侄及亲戚远送者别。皆曰：君今过岭入厉土，何从数得安否问？此别是非常时比。或曰：君纵归，恐染瘴，必老且病矣，亦有御瘴药否？其言悲焉，泣且遮道，不肯令肩舆遂行。又新与老乳母作生死诀，一段凄怆，使文通复得梦笔作后赋，亦不能状也。①

如此离别的景象仿佛犯人上刑场的悲惨，哪里有为官一方的风光，这一别真是宛若隔世。因而也就不难理解白居易《新丰折臂翁》中的主人公因害怕云南的瘴气，为躲避兵役而断臂自残的惨剧了。②

从历史上来看，范成大与白居易不过是经历或闻见"瘴"之厉害的极少数，只是他们用笔墨记录下了一些文字，为我们掌握当时的社会情境提供了宝贵的素材。然而令人诧异的是，"瘴"到底为何物，会引发作为封疆大吏位高权重的范成大的恐惧以及新丰老翁的自残？

其实这是一个相当复杂的问题，包含着多重意蕴，既有自然环境的因素，也有中医病理学的认识，更有人们所刻意赋予的文化内涵。我们只有将这一问题置于广泛的历史和文化脉络中，才能理解"瘴"及其背后所构织的强大观念形态的影响。或许可以从古人对瘴的各种描述中寻找线索。

瘴的地理学解释及其背后

依据历史文献的记载，"瘴"至少包含两层意思：

其一是指"瘴气"，意为有毒的气体。唐代刘恂在《岭表录异》中已对瘴气的形状有了初步的描写："岭表或见物自空而下，始如弹丸，渐如车轮，遂四

---

① （宋）范成大：《范成大笔记六种》，孔繁礼点校，中华书局，2002年，第44页。
② 白居易有诗云："新丰老翁八十八，头鬓眉须皆似雪。玄孙扶向店前行，左臂凭肩右臂折。问翁臂折来几年，兼问致折何因缘。翁云贯属新丰县，生逢圣代无征战。惯听梨园歌管声，不识旗枪与弓箭。无何天宝大征兵，户有三丁点一丁。点得驱将何处去？五月万里云南行。闻道云南有泸水，椒花落时瘴烟起。大军徒涉水如汤，未过十人二三死。村南村北哭声哀，儿别爷娘夫别妻。皆云前后征蛮者，千万人行无一回。是时翁年二十四，兵部牒中有名字。夜深不敢使人知，偷将大石捶折臂。张弓簸旗俱不堪，从兹始免征云南。"见《白居易集》，岳麓书社，1992年，第46页。

散,人中之即病,谓之瘴母。"①明代邝露的描述更生动:"瘴起时,望之有气一道,上冲如柱,稍顷散漫,下似黄雾,空中如弹丸,渐大如车轮,四下掷人,中之者为痞闷,为疯痖,为汗死。人若伏地,从其自掷,则无恙。"②清人陆祚蕃《粤西偶记》云:"天气炎蒸,地气卑湿,结为瘴疠,危害不少,有形如云霞、如浓雾,无形者或腥风四射,或异香袭人。"③道光《上思州志》所载十分细致:"邕(州)去桂千余里,属介边之区,大都暑多寒少,晴则热,雨则寒。一日之中,气候倏易。至其深山密菁之间,虫蛇草木之毒郁结熏蒸,遂成瘴疠。又岩洞溪壑间,其气如丝如缕,如雾如云,间之或香或酸,或如稷米饭之气,或有焦臭之味者,皆瘴地也。"④这里观察到的"瘴气"不仅形状各异,而且气味多样,甚为奇特。从类似文献的描述来看,人们所观察到的"瘴"是一种毒气无疑。

其二是指"瘴病",因瘴气所导致的疾病。隋代巢元方所著《重刊巢氏病源候论总论》分析了该病的地理位置以及症状与病因:"此病生于岭南,带山瘴之气。其状,发寒热,休作有时,皆由山溪源、岭嶂湿毒气故也。其病重于伤暑之疟。"⑤宋代周去非《岭外代答》说:"南方凡病,皆谓之瘴,其实似中州伤寒。盖天气郁蒸,阳多宣泄,冬不闭藏,草木水泉,皆禀恶气。人生其间,日受其毒,元气不固,发为瘴疾"。⑥明代李璆言:"岭南炎方土薄,故阳燠之气常泄,濒海地卑,故阴湿之气常盛,此寒热之病所由作也。病者多上热下寒,既觉胸中虚烦郁闷。"⑦清代俞震则认为:"瘴气为病,情形不一。非亲历其地者,莫能知也……瘴者,障也,天地自然之气,为崇山峻岭,障蔽不舒而然也。再加之以春夏之交,万物发生之际,乖戾郁遏……"⑧俞氏所说的瘴气与瘴病似乎就不做区别了。

---

① (唐)刘恂:《岭表异录》(《丛书集成初编》本)卷上,中华书局,1985年,第1页。
② (明)邝露:《赤雅》(《丛书集成初编》本)卷下,中华书局,1985年,第50页。
③ (清)陆祚蕃:《粤西偶记》(《丛书集成初编》本),中华书局,1985年,第1页。
④ (清)陈兰滋纂修:《上思州志》卷六《舆地志》,道光十五年。
⑤ 古代对瘴疟、瘴气,多认为是感受南方山林、溪涧间湿毒之气,属于地方性疾病,尤以岭南山区为多见。又因为其病情比一般疟疾严重,故巢元方指出:"重于伤暑之疟。"其临床症状,以高热、昏沉不语,或狂言谵语为特点。(隋)巢元方著:《重刊巢氏病源候论总论》卷一一,见丁光迪主编:《诸病源候论校注》,人民卫生出版社,2000年,第355页。
⑥ (宋)周去非:《岭外代答》卷四,屠友祥校注,上海远东出版社,1996年,第83页。
⑦ (清)汪森辑:《粤西文载》卷五七,黄胜陆等校点,广西人民出版社,1990年,第217页。
⑧ (清)俞震:《古今医案按》,鲁兆麟等校,辽宁科学技术出版社,1997年,第156页。

从地理上说，瘴气似乎是一种南方、西南独有的自然现象，在特殊的生态环境下产生，而它又是瘴病致病的原因，因此"气"与"病"是紧密相连的。古人在记载时常常将之联系在一起，有时甚至混为一谈，因而"瘴"包含着两层意思。但很显然，不管是"气"或病"都有极大的危害性。由于对瘴气的认识直接来源于对自然的观察，不需要专业性很强的中医病理学知识，而且也是了解瘴病的必要路径，因而首先引起关注。关于瘴气的成因，人们试图在地理上找原因，并对此进行十分详尽的分析，其中以岭南地区最为典型。通过这些论述不仅能在一定程度上了解当时地理学的知识水平，而且也可洞悉国家知识阶层对南方边陲的总体印象，进而探讨形成这种印象的哲学基础。

古人有关瘴气的地理学解释以明代王士性的《广志绎》最为详尽：

> 客有问余广右俗，冷热不以寒暑而以晴雨，即土人亦不得其说，但知此中阳气大泄，故多热而已，而不知其所以然，请以土薄水浅之云而申绎之。余曰："此无他，特以地气有厚薄疏密之故也。广右地脉疏理，疏则阳气易于透露发泄，故自昔称炎方。一至天晴日出，则地气上蒸，如坐甑中，故虽隆冬亦无异于春夏之日。然其地居万山中，山皆拔起，纯是岩石，无寸土之附，石气本寒，今广右诸洞，深入里余，虽六月披裘，亦战栗不持，气寒故也。一至天欲雨，则石山输云，岚烟岫雾，踵趾相失，咸挟石气而升，幽寒逼人，故虽盛暑，亦无异于隆冬之时。及夫云收雨止，日出气蒸，乍热乍寒，无冬无暑，皆以是故。或谓南中同此土也。广右居交广之内，暖气反发泄过于彼土者何？盖他处山少，而广右纯山，山少者地土相兼，脉理本密，兼以地皆种植，尺寸不遗，地气上升，多宣泄于五谷。有粪壅浇溉，地面肥饶，故密而地气不甚泄。广右地气尽拔为山石，则余土皆虚，业已无石而疏理，又满眼荒芜，百里无人烟，十里无稼穑，土面不肥，谷气不分，地气无所发泄，安得不随日上升，而散中于人之肌肤也？以是知寒暑之故，半出于天，半出于地。风光日色之寒暑，出于天者也；气候之寒暑，出于地者也。地薄而疏理，则气升而多暑；地厚而理密，则气敛而多寒。非专为方隔南北之故也。向读《异域志》，见阴山沙漠之北万余里，有其地四时皆春，草木不凋者，曾疑其无有，极北愈寒，安得为是说也？乃今意诚有之，正为地各有厚薄疏密，其果不全系于天，与南北方

隅之故也。若谓寒暑尽出于天，则今高山峻岭之上，渐近于天，渐远于地，宜其多暑而无寒矣，何故山愈高而愈寒，岂非土石厚而地气隔，故寒多？亦其一验。[①]

清人程林就自己的理解进行了阐述：

> 瘴气乃山川毒厉之气，又云江山雾气多瘴，凡以其气郁蒸而然也。——且阳生于子，盛于巳；阴生于午，盛于亥；阳不极则阴不萌，阴不极则阳不长。而广南位当巳午，则阴阳之气蕴积于此可知矣。天不满西北，地不满东南；西北阴也，土地高厚；东南阳也，地土卑下；而广南属东南，则土地之卑下可知矣。以土地卑下而阴阳二气所蕴积，是以四周之山，崇高相环；百川之流，悉皆归赴。及秋草不凋卒，冬令蛰虫不伏藏，寒热之毒，蕴积不散；雾露之气，易以伤人，此岐伯所谓南方地下水土弱，盖雾露之所聚也。故瘴气独盛于广南。[②]

程林的观点较具代表性，在解释瘴气形成时，特别强调南北地理、气候差异，试图说明瘴气是由于岭南特殊的地形、地貌所导致。然而古代中国地理学并未发展成独立科学的程度，所具有的思考常常与人们的"宇宙观""文化观"交织在一起。从理论上来说，这些解释大致体现了中国传统"阴阳观"的内在思维逻辑。集哲学、医学于大成的《内经·素问》说："阴阳者，天地之道也，万物之纲纪，变化之父母，生杀之本始，神明之府也。"[③]所有的事务都处在"阴阳"的"力场"，不过只有"阴阳"互依、互济、协调，才能达到和谐的境界，即老子在《道德经》中所说的"道生一，一生二，二生三，三生万物。万物负阴而抱阳，冲气以为和"[④]。如果"阴胜则阳病，阳胜则阴病"[⑤]，根据这样的理解，岭南之所以会产生瘴气主要是由于"阴阳"失调，冷热不均。"南方者，天地所长

---

① （明）王士性：《王士性地理书三种》，周振鹤编校，上海古籍出版社，1993年，第215-216页。
② （清）程林：《圣济总录纂要》卷五《疟疾门》，上海科学技术出版社，1990年。
③ （明）吴崐注：《内经素问吴注》，山东科学技术出版社，1984年，第20页。
④ 诚虚子著：《道德经新解》，济南出版社，2003年，第101页。
⑤ （明）吴崐注：《内经素问吴注》，山东科学技术出版社，1984年，第22页。

养,阳之所盛处也,其地下水土弱,雾露之所聚也"①,产生瘴气就不足为奇了。在这种观点之下,其实还隐含着一个更深刻的命题。

相对于南方而言,中原又是何种景象呢? 周朝时,大司徒的一个重要职责是寻找"地中",此处"天地之所合也,四时之所交也,风雨之所会也,阴阳之所和也,然则百物阜安,乃建王国焉,制其畿,方千里而封树之"②。这一观点对后世影响很大。之后在西汉时的《盐铁论》中有进一步发挥:

> 边郡山居谷处,阴阳不和,寒冻裂地,冲风飘卤,沙石凝积,地势无所宜。中国,天地之中,阴阳之际也。日月经其南,斗极出其北,含众和之气,产育庶物。③

三国时期卢毓更将之具体化,他认为天地相交、阴阳相会的确切地点在冀州境内:"东河以上、西河以来、南河以北、易水以南,膏壤千里,天地之所会,阴阳之所交,所谓神州也。"④在这种阴阳平衡的地方,气候自然宜人。所以北宋晁补之指出:"中国,阴阳之中,土气和适。"⑤陆九渊《大学春秋讲义》也认为"中国得天地中和之气"⑥,而"岭南之州,大抵多卑湿瘴疠,其风土杂夷,自昔与中原不类"⑦。由此看来,因为"中国"处于天下之中而获得独特的地理与气候的优势,较之瘴气横行的边陲如岭南者,两相比较高下立判,实有天壤之别。人们就这样将瘴与山水、树木、天气等联系起来,通过刻意渲染,造成岭南无处无瘴的印象。随着曾在岭南生活过的中原人的北返,这种观念不断强化,并传递给其他中原人,岭南作为瘴乡的恶名遂得以确立。经过这样的推衍,从而建构起地理关系的阶序性,无形中凸显了中心与边缘非对称的

---

① (明)吴崐注:《内经素问吴注》,山东科学技术出版社,1984年,第56页。
② 林尹注译:《周礼今注今译》卷三《地官司徒第二》,文献目录出版社,1985年,第98页。
③ (汉)桓宽:《盐铁论》卷三《轻重》,中华书局,1992年,第180页。
④ (唐)徐坚:《初学记》卷八《河东道第四·论引》,中华书局,2004年,第176页。
⑤ (宋)晁补之:《济北晁先生鸡肋集》(《四部丛刊初编》本)卷二五《上皇帝安南罪言》,上海书店,1989年,第155页。
⑥ (宋)陆九渊:《陆九渊集》卷二三,钟哲点校,中华书局,1980年,第277页。
⑦ (明)王守仁:《王文成公全书》(《四部丛刊初编》本)卷二九《送李柳州序》,上海书店,1989年,第20页。

二元对立,同时也强化了中原人"文化优越感"的信心。在此种语境之下,对于瘴的分类就不见得客观了,还夹杂了许多臆断与想象。

二　文化语境：瘴之分类及时空布局

人们在对瘴的认识不断深化与复杂化的过程中,所进行的分类其实是与瘴病的治疗分不开的。为了找到对症下药的依据,必须对瘴按性质分门别类,也才能施以不同治法,这符合中医学的原理。因而这里瘴的类型学既属于地理学性质,也属于医学性质。但总而言之,不管何种瘴气都是危险的,若不治疗,常能置人于死地,这种描述充斥着文学以及医学书籍中。

一种观点认为,瘴气的发生与季节的转换有密切关系。其时气候异常,加之在南方合宜的条件下自然界一些植物极端繁茂,不利于空气的流通,因之产生瘴气。邝露在《赤雅》指出四种以植物命名的瘴气以及成瘴的原因:"春曰青草,夏曰黄梅,秋曰新禾,冬曰黄茅,皆乘草木翕勃,日气歊焮所成,而青草、黄茅最为毒烈。春夏之交,草长而青,秋冬之交,草衰而黄。二时气候不常,蕴隆重衿,腊月挥扇,咄嗟呼吸,冬夏便分。且桑中卫女,上宫陈娥,偷香窃笑,其不死者幸而免。"[1]清人闵叙在此基础上增加了两种:"又有曰桂花、菊花青。四时不绝,而春冬尤甚。"[2]这些种类的瘴气因普通植物而产生,较为常见。

清代医学家俞震曾长期生活在岭南地区,对于瘴气有一定的感性认识,在《古今医案按》所列举的瘴气种类最为全面。首先他将之分成"阴瘴"与"阳瘴"两种:

> 闽之仙霞,粤之庾岭,阳闭于阴,阳瘴为多。粤西近高雷廉者,粤东之余气,证亦相似,其庆远、柳州、太平,近于交趾诸郡,千山万壑,屏障于南,反阻塞其阳威之气,为山之阳,阴闭于阳,每成阴瘴,阴湿蕴毒,故阴瘴尤重也。

---

[1] (明)邝露:《赤雅》(《丛书集成初编》本)卷下,中华书局,1985年,第50页。
[2] (清)闵叙:《粤述》(《丛书集成初编》本),中华书局,1985年,第17页。

又根据不同事物的影响而成将其分为如下多种：

> 寻常瘴。春夏之交，乍寒乍热，其气忽然蓊郁，忽然发泄，更衣不时，感冒不一……
>
> 暑湿瘴。闽粤有之。春夏之时，久雨阴湿，忽然暑热山岚之气，自下蒸上，人在气交之中，有一种胀闷不可当之势，此即瘴疠时也……
>
> 毒水瘴。粤西于云贵接壤处，有水能毒人。其山产五金，皆有毒，况产五色信石者乎……
>
> 黄茅瘴。三四月，草深堰俯，久雨湿烂。而时令蒸郁，其性上炎，一种郁勃之气，人虚入口鼻，即患瘴闷……
>
> 孔雀瘴。五六月，雨水泛溢，有孔雀处，其屎积于木叶茸草间，随涧水流下。人误吞之于炊爨间，必患腹胀而痛闷……此广西庆远、思恩、太平近交趾处居多，镇远、泗城州、柳州亦有之。
>
> 桂花瘴。全州、桂林、梧州、平乐皆有之。八九月间，香气如桂，此瘴最急，触人口鼻即倒仆，此为中瘴……
>
> 蚯蚓瘴。二三四月，泥水泛溢，人犯之，腹胀疼楚，如蚯蚓状者，青筋蟠现于肚腹，兴起痕高……
>
> 蚺蛇瘴。三四五六七月，蚺蛇交媾，秽浊之气，顺水流下。人或犯之，胸腹胀痛异常，口鼻有腥气……①

俞震的归类，部分或有道理。根据我们现在的常识，季节轮换之时最易爆发诸如流感之类的病疫，南方的春天湿度大，冷暖无常也是发病的绝佳时机，即使平日一些地区性疾病的流行，或者人们不能适应环境所导致的疾病，在当代中医临床中尚能见到，论及原因以瘴气之名来解释倒也无妨。不过其中也有许多臆想生造之物，道来稀奇古怪，匪夷所思，令人费解，似乎不足为信。譬如蚺蛇瘴，就大有文章。

考之蚺蛇，在古文献不乏记载，但多被表述为一种十分荒唐可笑的怪物。

---

① （清）俞震：《古今医案按》，鲁兆麟等校，辽宁科学技术出版社，1997年，第157页。

清人俞蛟《梦厂杂著》所录综合了前人很多说法，较具代表性，曰："粤西南、梧诸郡，产蚺蛇，大者合抱。在当日已绝无仅有，今所见者，粗围经尺而已。性最淫，见妇女，必追之，蟠绕不解。被交者多死，或产蛇。故村妇樵采于山者，必视路之远近，而量系裙之多寡。遇蛇追及，则解覆其头而奔。少顷，蛇觉复追，解覆如前。倘道赊裙尽，则不免矣。然畏葛藤，捕者系藤其颈，牵之如犬羊……"①且不说蚺蛇瘴是否有之，有关蚺蛇习性的描写近乎志怪神话，所遵循的文化逻辑，似乎是为了神秘化边陲原始的野性以及令人恐惧的力量罢了。

从历史上看，人们对于边陲一向过度诠释。《魏书·僭晋司马叡传》描述东晋南方地区状况时说："机巧趋利，恩义寡薄。家无藏畜，常守饥寒。地既暑湿，多有肿泄之病，瘴气毒雾，射工、沙虱、蛇虺之害，无所不有。"②周去非将岭南一些地方形容为"大法场"或"小法场"："岭外毒瘴，不必深广之地。……昭州与湖南、静江接境，士夫指以为大法场，言杀人之多也。若深广之地，如横、邕、钦、贵，其瘴殆与昭等，独不知小法场之名在何州。尝谓瘴重之州，率水土毒尔，非天时也。昭州有恭城，江水并城而出，其色黯惨，江石皆黑。横、邕、钦、贵皆无石井，唯钦江水有一泉，乃土泉非石泉也。而地产毒药，其类不一，安得无水毒乎？瘴疾之作，亦有运气如中州之疫然。大概水毒之地必深广。"③南宋释继洪则撰《续附蛇虺螫蛊诸方》，对开具治疗南方各种怪虫叮咬药方的描述，使模糊的情况更为具体化起来："五岭之南不惟烟雾蒸湿，亦多毒蛇猛兽，故前贤有诗云：'雾锁琼崖路，烟笼柳象州，巴蛇成队走，山象著群游。'又《编类集》及《岭外代答》《本草》诸书备言广郡多蛇虺、蜈蚣。愚既表出瘴疠论方，又不得不附治蛇虺螫蛊数方，以济人之缓急。"④

这究竟是真实的所见，还是无端添加了想象的成分？其实并无不同，也许在中原人的心目中，南方边陲就是这样的烟瘴与猛禽怪兽横行的荒茫大地，从而架构出一个非我族类世界的"真实"图景。但若根据中医病理学分析，那些所谓的瘴病则可部分祛除神秘色彩，回归正常知识的渠道。隋代巢元方《重刊巢氏病源候论总论》所述甚详：

---

① （清）俞蛟：《梦厂杂著》卷四，骆宾善校点，上海古籍出版社，1988年，第82页。
② （北齐）魏收修撰：《魏书》卷九六《僭晋司马叡传》，中华书局，1974年，第2093页。
③ （宋）周去非：《岭外代答》卷四，屠友祥校注，上海远东出版社，1996年，第83页。
④ （宋）释继洪纂修：《岭南卫生方》卷中，中医古籍出版社，1983年，第131页。

　　夫岭南青草、黄芒瘴，犹如岭北伤寒也。南地暖，故太阴之时，草木不黄落，伏蛰不闭藏，杂毒因暖而生。故岭南从仲春迄仲夏，行青草三瘴；季夏迄孟冬，行黄芒瘴。量其用药体性，岭南伤寒，但节气多温，冷药小寒于岭北。时用热药，亦减其锱铢，三分去其二。但此病外候小迟，因经络之所传，与伤寒不异。然阴阳受病，会同表里，须明识患源，不得妄攻汤艾。假令宿患痼热，今得瘴毒，毒得热更烦，虽形候正盛，犹在于表，未入肠胃，不妨温而汗之。已入内者，不妨平而下之。假令本有冷，今得温瘴，虽暴壮热烦满，视寒正须温药汗之，汗之不歇，不妨寒药下之。夫下利治病等药在下品，药性凶毒，专主攻击，不可恒服，疾去即止。病若日数未入于内，不可预服利药，药尽胃虚，病必乘虚而进。此不可轻治。治之不差，成黄疸；黄疸不差，成尸疸。尸疸疾者，岭南中瘴气，土人连历不差，变成此病，不须治也。岭北客人，犹得斟酌救之。病前热而后寒者，发于阳；五热而恶寒者，发于阴。发于阳者，攻其外；发于阴者，攻其内。其一日、二日，瘴气在皮肤之间，故病者头痛恶寒，腰背强重。若寒气在表，发汗及针必愈。三日以上，气浮于上，填塞心胸，使头痛胸满而闷，宜以吐药，吐之必愈。五日以上，瘴气深结在脏腑，故腹胀身重，骨节烦疼，当下之。或人得病久，方告医，医知病深，病已成结，非可发表解肌，所当问病之得病本末，投药可专依次第也。[①]

　　巢氏将南方的瘴病与北方的伤寒看作同类型的疾病，只是病理不同，治疗方式不同而已。然而这种理性主义重视内在逻辑的思考多局限于十分狭小的医学圈子。尽管隋代已有医家达成这样的认识，但人们仍然热衷于对瘴的形象进行绘声绘色的文学描述，经过一些荒唐无稽的铺陈，甚至演绎为闻之而色变的闹剧。《新唐书·韦执宜传》记载唐顺宗时宰相韦执宜在朝做官时，竟然十分忌讳别人谈及岭南州县名称，去职方司观地图，"至岭南辄瞑目，

[①]（隋）巢元方著：《重刊巢氏病源候论总论》，丁光迪主编：《诸病源候论校注》卷一一，人民卫生出版社，2000年，第336－337页。

命左右彻去"①。这样的态度与心理既可笑又可悲,物候惊惧的南方边陲产生如此巨大的隐喻力量,似乎已成不可磨灭之恐怖印象。

不过,国家边陲的地理区域是随着中央王朝的势力扩张而不断推移的,根据瘴区范围的变化即可判断,最终在明清时期基本定型,"华夏边缘"遂得以正式确立。通过瘴气地理分布在王朝话语体系中变迁的考察,乃是探究"瘴"的本质内涵的一条重要途径。龚胜生运用长时段的视野对2 000年来中国"瘴"的地域范围进行了宏观的分析,经过详悉地考证指出,战国西汉时期以秦岭淮河为瘴域北界;隋唐五代以大巴山长江为瘴域北界,明清时期以南岭为瘴域北界。②

中国古代瘴区变化呈现一种较为明朗的规律性,即自北向南推移,并逐渐缩减。其中固然有气候变迁的因素,但实际上还与中央王朝势力扩张的过程与程度大致吻合。秦以降,经过数个朝代的经营,"中国"之地不断扩大,原本的瘴区在先进华夏文明的影响下而"文明化",因而"瘴"的北部边界也不断向南漂移。一直到宋代,南岭以南还被称之为"万里烟瘴之乡"。宋时的广东,瘴乡遍布,一些地区的瘴极为严重。

然而到了明清时期,广东瘴气所占之地已明显减少,虽然瘴仍有分布,但大部分府治或平原地带的县份已无瘴或少瘴。瘴病分布较集中的地带为广东北部、海南岛及与广西接壤的边远山区。其严重程度,纵向比较要低于前代唐宋,横向比较要低于临近的广西。③ 其原因可能在于"今日岭南大为仕国,险隘尽平,山川疏豁。中州青淑之气,数道相通。夫惟相通,故风畅而虫少,虫少,故烟瘴稀微,而阴阳之升降渐不乱"。④ 原本由广西与广东合称岭南的分野固然有行政划分的原因,也与广东经济、文化在明清时期高度发展的实情分不开,这时候广东的"瘴"印象得以大大改观。

美国学者苏珊·桑塔格(Susan Sontag)在《疾病的隐喻》中探讨了疾病如何在社会的演绎中从"仅仅为身体的疾病"转向道德、价值观评判的过程。她认为那些具有传染性的艾滋病、结核病,以及难以治愈的癌症等疾病代表着

---

① (宋)欧阳修、宋祁修撰:《新唐书》卷一○六八《韦执宜传》,中华书局,1975年,第5124页。
② 龚胜生:《2000年来中国瘴病分布变迁的初步研究》,《地理学报》1993年第4期。
③ 梅莉、晏昌贵、龚胜生:《明清时期中国瘴病分布与变迁》,《中国历史地理论丛》1997年第2期。
④ (清)屈大均《广东新语》卷一,中华书局,1985年,第24页。

"恐惧""肮脏"与"声名狼藉"等，反映了疾病背后的深层隐喻（Metaphor），即文化的、历史结构的、阶层的意识。①　法国思想家米歇尔·福柯（Michel Foucault）则指出，疾病在未经医学"加工"之前，具有某种"原始"性质，所呈现的状态有如植物叶脉般的有序脉络。然而，一旦疾病所处的社会空间就变得越复杂，"变得越不自然"。②　很显然，福柯认为，社会空间的复杂程度决定了疾病的性质。桑塔格与福柯的观点为我们分析瘴气、瘴病提供了新的视野。

古代中国对于南方边陲瘴气与瘴病的认识无疑也存在着一种隐喻，在自然属性的范畴中赋予社会化的观念形态。要注意的一个问题是，有关瘴的描写大都是通过中原汉人的书写而呈现的，在他们的意识中，瘴气、瘴病与文化之间似乎有一种独特的反比关系，文化盛而瘴气少；反之，瘴气盛而文化落后，当然这里的"文化"指的是中原文化。

北宋思想家李觏曾对赣南吉州与虔州文化、民风殊异的原因有过经典的评论，他认为："南川自豫章右上，其大州曰吉，又其大曰虔。二州之贡赋与其治讼，世以为剧，则其民盯众伙可识已。虽然，吉多君子，接瑞玉，登帝所者接迹，虔无有也。疑其偵南越，袭瘴蛊余气，去京师愈远，风化之及者愈疏，乘其丰富以放于逸欲宜矣。"③按照李觏的理解，虔州民风差可能是因为"偵南越，袭瘴蛊余气"，可见在他心目中瘴气之厉害，沾染与否能影响到社会的风气、习俗的教化。

瘴气的问题，还直接关系到朝廷的边疆人事政策，清雍正帝在一条"圣训"中说："朕思边省地方，或烟瘴难居，或苗蛮顽桀，官斯土者，与内地不同，是以边俸较腹俸之升迁为速耳。今太平日久，亦有烟瘴渐消、风俗渐淳之处，仍照旧例题补、升转，亦觉太滥。著九卿将各边俸之缺，或系瘴疠未除，宜令督抚等题补，或系风气已转，可照内地选用，一一分晰议奏。"④在这里，瘴疠与风气是等同的概念，雍正看来，消除了烟瘴或风气转化的边陲，基本与内地一

---

① ［美］苏珊·桑塔格著：《疾病的隐喻》，程巍译，上海译文出版社，2003年。

② ［法］米歇尔·福柯著：《临床医学的诞生》，刘北成译，译林出版社，2001年，第17页。

③ （宋）李觏：《盱江集》卷二三《虔州石城栢林温氏书楼记》（《四库全书本》）卷二三，台湾商务印书馆，1983年。

④ 乾隆敕编：《世宗宪皇帝圣训》（《四库全书》本）卷三一"雍正四年九月甲寅"，台湾商务印书馆，1983年。

体化了，官员任免就没必要再行特殊政策。这可能与当时大规模改土归流，国家力量进一步在边疆强化有一定关系。

总而言之，上述内容说明"瘴"的存在与否和"文明"高低程度是关键性的指标。在这一话语中，瘴已被赋予了特定的文化内涵，成为一种文化的观念。"瘴"的演变史，是一个由地理观念向文化观念转变的过程，折射出诸夏人士以自己的文化和地域为中心，在自己的文化背景上对异地的想象与偏见。"瘴"之观念的形成与发展，地理分布范围的变迁，不全然属于生物与医学的认知范畴，也体现在中原文明与文化向周边传播和扩散，族裔向周边迁移的历史过程。[①] 因此，"边陲"不仅是中原文明通过"瘴"意向所表达出来的一种文化界定，也是一种政治的界定。由于桂西地区位处国家地理上的极边，从来都是烟瘴之地的核心区域，因而也是国家文化上的边陲和政治上的边陲。

第二节 边陲行政：羁縻政策与土司制度

桂西所在的广西自古本就属于方外之地，逶迤险峻的五岭足够阻隔与中原的大规模交往，在秦始皇统一岭南之前，一直处于自足的发展状态，所谓"广西古称百粤，为蛮荒之地，自秦始隶版图，置桂林、象郡，设官守土，始有汉民"。[②] 尽管西汉以后桂北、桂东设置郡县而逐渐缓慢地"王化"，但桂西在很长的时期仍是未开化的区域，中央王朝的势力也鞭长莫及，与其封闭型的地理格局有莫大的关系。

一、桂西：边陲之地

从地形上看，左江流域在地貌格局上处于广西弧形山脉西翼，地势自西略向东倾斜，四周山岳环绕，流域以丘陵山地为主，岩溶分布量大面广（包括石灰岩丘陵、台地），占总面积的 47％，山地占 25％，平地占 26.1％。地貌类

---

① 左鹏：《汉唐时期的瘴与瘴意向》，《唐研究》（第八卷），北京大学出版社，2002 年，第 271 页。
② 赖彦于主编：《广西一览》，广西印刷厂，1935 年，第 1 页。

型多样,土、石山交错,沙页岩的山地、丘陵、台地和石灰岩峰丛谷地、峰林谷地和孤峰溶蚀平地混杂,显示了生态农业资源的多样性和复杂性。[①] 百色、河池则属于云贵高原的余脉,处于云贵高原的东南边缘向广西丘陵区的过渡地带,虽已失去高原顶峰的恢宏气势,但也常形成大的切割地带。整个地势西北高,东南低,自西北向东南倾斜,海拔从1 000多米降至100～200米区域内以山地丘陵为主,岩溶地貌也广为发育。[②] 总体而言,桂西以山多平地少而著称。右江流域有金钟山、岑王老山、青龙山等,平均海拔1 300～1 500米;红水河流域的凤凰山、都阳山等海拔也为1 300～1 500米,左江流域及周围有十万大山、公母山、大青山等,海拔则在1 000米以上,此外小山小岭更是不可胜数,所以此地区素有"八山一水一分田"的说法。

这样的地形地貌不仅对于当地人生计模式产生影响,形成比较独立的文化生态单元,而且造成了比较严重的交通问题。即使今天,连绵不绝的石灰岩体与高高低低的山地也仍形成重重障碍,更别说缺乏现代交通技术和交通工具的古代。行路难是不可回避的问题。宋代诗人杨万里曾有一首脍炙人口的诗歌:"莫言下岭便无难,赚得行人错喜欢;正入万山圈子里,一山放出一山拦。"[③]此诗虽非针对桂西所作,但也恰当描述了行走桂西时的情状。当然,桂西是远离中心的边陲,情况更为复杂。

同时,桂西似乎具备了成为瘴区的诸多自然条件。比如,大部区域地处低纬度,属热带季风湿润气候,气温高、夏长而炎热,冬短(或无冬)而暖和,春秋季相连,热量丰富,雨季长,雨量充沛,雨热同季,因此生物种类繁多。[④] 由于桂西山峦叠嶂、山林茂密,空气难以流通,而且气候炎热、多雨潮湿,要么烈日蒸晒不止,要么淫雨连绵不绝。在古人的认识中,这种生态环境几乎就是产生瘴气和瘴病的"温床"。

基于这样的地理状况与生态环境,我们也就不难理解,中央王朝不断向西南拓展时,却在这里受阻,使之成为反复争夺但又难以逾越的空间,国家力

[①] 余承惠:《左江流域生态系统与农业可持续发展的研究》,《环境保护》1998年第12期。

[②] 洪业汤、程鸿德、梁宁等著:《广西百色、河池地区扶贫开发总体战略规划》,地震出版社1995年,第4页。

[③] (宋)杨万里:《过松源晨炊漆公店》,《杨万里诗歌赏析集》,巴蜀书社,1994年,第215页。

[④] 张声震主编:《壮族通史》,民族出版社,1997年,第2页。

量至此也到了强弩之末,最终造就了西南一隅的"华夏边缘"。① 这里借用王明珂的"华夏边缘"一词,根据他的说法,羌族是处于汉、藏之间的华夏边缘族群,华夏的势力在西北方正是以羌族聚居区为限。笔者认为桂西又何尝不是中华另一个"华夏边缘",中央王朝定格于此,无法继续向前推进的无奈。与之可以对比的是,自秦代开始,广西东部(桂东地区)已逐渐被"王化",与国家建立更为紧密的联系。

历代中央王朝都有经略桂西之雄心,在此过程中留下了许多文献,其中关于瘴的描述是极为重要的内容。早期主要涉及军事方面的记录。如《后汉书》载马援领兵征交趾时碰上了瘴气,"又出征交趾,土多瘴气"。其时马援还对所见瘴气的状况有过描述:"当吾在浪泊、西里间,虏未灭之时,下潦上雾,毒气重蒸,仰视飞鸢跕跕堕水中,卧念少游平生时语,何可得也。"其情景甚是可怖。为了解决这个问题,马援不得不以"常饵薏苡实,用能轻身省欲,以胜瘴气"。② 也许此方法还比较有效,最终大军胜利还朝,但瘴气之可怕、瘴病之致命,已经留下了不小恶名。

东汉永和二年(85年),"日南、象林徼外蛮夷区怜等数千人攻象林县,烧城寺,杀长吏。交阯刺史樊演发交阯、九真二郡兵万余人救之。兵士惮远役,遂反,攻其府。二郡虽击破反者,而贼势转盛。会侍御史贾昌使在日南,即与州郡并力讨之,不利,遂为所攻。围岁余而兵谷不继,帝以为忧。明年,召公卿百官及四府掾属,问其方略,皆议遣大将,发荆、杨、兖、豫四万人赴之。"对此,大将军从事中郎李固予以反驳,提出四点意见,其中一条为"南州水土温暑,加有瘴气,致死亡者十必四五"③。朝廷听从李固的意见,岭南平定。

汉唐之间,中央王朝与广西的活动多胶着于桂北、桂东南等地,直至宋代之后,特别是明清时期,有关桂西地理与文化的历史著述才丰富起来。瘴气的描写似乎也已成了习惯,在以后历朝中都必然有与之相关的主题。

宋代时,广西的瘴区除了文化中心的桂林外,遍布全境,而且愈往西、南愈严重。范成大《桂海虞衡志》中说:"瘴,二广惟桂林无之。自是而南,皆瘴

① 王明珂:《华夏边缘——历史记忆与族群认同》,允晨文化实业股份有限公司,1997年。

② (南朝宋)范晔修撰:《后汉书》卷二四《马援传》,中华书局,1965年,第846页。

③ (南朝宋)范晔修撰:《后汉书》卷八六,中华书局,1965年,第2838页。

乡矣……邕州两江，水土尤恶，一岁无时无瘴。"①范氏从地理上对广西的区域特征有了初步的判定，尽管并未给出邕州两江"水土尤恶"的原因，但可以想见的是，这与当时开发程度较低、文化不发达不无关系。元代马端临也认为："自荔浦以北为楚，以南为越。今静江（即桂州，今桂林，绍兴元年以高宗潜邸升府）有中州清淑之气，荔浦相距才百余里，遂入瘴乡，是天所以限楚、越也。"②宋太宗平定南汉之后，欲派军队收复宣布独立的交州，但大臣田锡进言予以反对：

> 交州谓之瘴海，得之如获石田。愿陛下念征戍之劳，思用度之广，爱人惜力，无屯兵以费财，修德服荒，无略内以勤远，亟诏执事，其诛锄，又何必蕞尔蛮陬，劳于震怒，此大体之一也。③

北宋以后交州（即今越南）就基本脱离中央王朝而独立，时人认为"交州谓之瘴海，得之如获石田"，想必也是其中一种重要原因，所以就有宋神宗元丰初"时征安南，建顺州，其地瘴疠不堪守，固请弃之，内徙者二万户"的举措。④ 从此桂西作为与越南最近的外缘地带，已定型为政治性的边陲，不过对瘴气的文化模塑与心理恐惧仍在继续。

至明代，章潢在《图书编》中记录了瘴气在广西的分布情况，当时无瘴之区仅有桂林府的临桂和灵川县，其他绝大部分都或多或少有瘴的存在，而左右江地区，与云南、贵州交界地带尤其严重。⑤ 我们知道，左右江地区以及与云贵接壤处正是所谓的桂西，即是土司统治之地。当时一些流官对于瘴气恐惧至极，甚至不敢前往这些地区处理公务。宣德六年（1431年），都督山云上奏曰："广西左、右两江设土官衙门大小四十九处，蛮性无常，仇杀不绝。朝廷每命臣同巡按御史三司官理断，缘诸处皆瘴乡，兼有蛊毒，三年之间，遣官往彼，死者凡十七人，事竟不完。今同众议，凡土官衙门军务重事，径诣其处。

① （宋）范成大：《桂海虞衡志》，严沛校注，广西人民出版社，1986年，第111页。
② （元）马端临编撰：《文献通考》卷三二三《舆地考九》，中华书局，1986年，第8870页。
③ （宋）李焘修撰：《续资治通鉴长编》卷二二"太平兴国六年"，中华书局，1979年，第496页。
④ （元）脱脱等修撰：《宋史》卷三四一，中华书局，1977年，第10875页。
⑤ （明）章潢辑：《图书编》（《四库全书》本）卷四九《两广总图》，台湾商务印书馆，1983年。

其余争论词讼,就所近卫理之。"①

清代康熙时曾督学广西的闵叙,在其《粤述》中说"杜诗云'五岭皆炎热,宜人独桂林',以风高无瘴也,下至平乐、梧州及左右江,瘴气弥盛。早起氤氲,咫尺不相见,非至已,不见山也。"②左右江地区也有"瘴疠熏蒸,官斯土者,病之接踵"③的记载。雍正《太平府志》云:"太平所属多深山密菁,其间虫蛇草木之毒郁结熏蒸,遂成瘴疠……郡县城人烟稠密视他处稍减,惟三结、两茗、上下石、思陵、镇远等州至八月天气酷热,水土恶毒,诚非人所能居矣。太平一日之间具四时之气,亦由阴阳不和时令不正故也。谚言'亟脱亟著胜似服药'。此虽俗谈,实为此方要紧之决。太平原属瘴乡,仕官之人皆视为畏途。"④光绪《镇安府志》称该府所属的土司地区:"非夏秋亦有瘴,惟炎热之气稍减耳……向武土州山高雾重,多寒少暑。都康土州,四时瘴煨,遇雨则寒。上映土州,山深林密,岚烟四塞,瘴疠时行。"⑤

在清末乃至民国的地方文献中,有关桂西瘴气的描述仍十分普遍。林德均《粤西溪蛮琐记》告诫人们:"广西左右江地乃烟瘴极边,宦游者视为畏途。谚云:'莫起早,莫洗澡,莫吃饱,莫讨小。'四言可为瘴之金丹。"⑥华本松记录了百色的情况:"百色地处极边,四时皆瘴,春夏之交郁热熏蒸。至七八九月,新禾、黄茅诸瘴继作。风色峭厉,烟雾常昏,水土最劣。"⑦道光《上思州志》曰:"州居西南之极边,其东南,则层峦叠嶂,瘴气易生……迁隆土峒界,极边之区,山荒地薄,一岁之间,暑热过半,五六七月岚瘴更盛,热病甚多。兼之草木蓊郁,蛇虫出没,触其毒者,尤莫可解。"⑧

按理说,清代以后桂西在中央王朝日益深入的"教化"之下,"文明"程度已大大提高,为何还有众多关于瘴的记载呢? 一个可能的原因是土司尚存,

---

① (清)张廷玉等修撰:《明史》卷三一七《广西土司》,中华书局,1974 年,第 8203 页。
② (清)闵叙:《粤述》(《丛书集成初编》本),中华书局,1985 年,第 17 页。
③ 《清圣祖实录》卷二四,中华书局,1985 年。
④ (清)甘汝来编:《太平府志》卷二《气候》,雍正四年。
⑤ (清)羊复礼修,梁年等纂:《镇安府志》卷八,光绪十八年刻本,台湾成文出版社,1967 年。
⑥ (清)林德均:《粤西溪蛮琐记》补编,光绪二十四年。
⑦ (清)华本松撰:《百色志略》,王锡祺辑:《小方壶斋舆地丛钞》第七帙,杭州古籍西泠印社出版社,1985 年。
⑧ (清)陈兰滋纂修:《上思州志》卷六《舆地志》,道光十五年。

即便雍正朝较大规模改土归流后,土司在桂西仍占据庞大的势力。明清时期关于桂西的描写,无论是地方志,还是文人笔记,编撰者或作者都是久经中央王朝文化理念熏陶的知识分子,他们对于历史上那套说辞十分熟悉,所描绘的桂西地方形象无不遵循着"典范"的边陲书写。这种情况一直延续到已逐渐迈入"近代化"意识的民国时期,甚至与我们当前对西南少数族群地区一些刻板认识还存在着千丝万缕的联系。通过这些"记录",我们在高度程式化的表述脉络中体会中央与边陲的二元关系,有关"瘴"的景象只是这种关系的一个注脚而已。同时,中央王朝对边陲的整体认识为其选择行政制度的策略提供了文化逻辑与政治逻辑。

二 从羁縻到土司： 行政体制的历史透视

"天下观"是古代中国人世界观中的核心,在认识论和本体论范围内提供有关人与人之间关系(包括民族与民族、国家与国家关系)、人与"天地"之间关系、"天地"本身内在关系的认识论和伦理学模型。[①] 就第一个方面来说,中国人自古认为天下的人群大体呈华夏与"蛮夷"诸族共处的地理格局,在方位上华夏是中心,所以称中国,乃文明之邦;而"蛮夷"在方位上属周边,所以称边陲,乃"粗鄙野蛮"之地。华夏文明以"诗书礼仪"为基础,自诩优越,并伴随着中央王朝"圣王"的声威和教化,有着将这种文明扩散到人迹所至的每一个角落的冲动。[②] "天下观"历经久远,长期指导着中国历代王朝的政治运转,一直到了民国时期才被更符合时代潮流的"民族国家"观念所取代。

在理论上,"天下观"是一套完备的政治哲学,逻辑的自洽性自不待言,然而在政治实践上,存在着种种障碍。因为"天下"处处埋有危机,从地理维度来看,本章着重阐述的"瘴",就使边陲地区极端危险,很多时候成为难以跨越的"天堑";从族裔维度来看,东夷、西戎、南蛮、北狄,以及后来形形色色的族

---

① 王铭铭著:《作为世界图式的"天下"》,载赵汀阳主编:《年度学术 2004》,中国人民大学出版社,2004 年,第 6 页。
② 邢义田:《从古代天下观看秦汉长城的象征意义》,《燕京学报》新十三期,北京大学出版社,2002 年,第 28 页。

裔群体，皆"非我族类，其心必异"。① 在这种情况下，如何维系天下体系的稳定性与有序性，并掌控绝对主导权，就成为历代王朝的基本"国策"。当然，基于不同的方位和族裔，在战略上有所侧重，比如北方游牧族群始终是中国历代王朝的强敌，花费了最大的精力却疲于应付，甚至常有亡国于其铁蹄之下的危机；而南部之多元族群，虽不足以构成冲击中央王朝的势力，但中央政府也不具备完全掌控这一边陲的力量。

对于边陲族群的界定，是与这些地区地理上的荒茫、瘴疠联系起来的。白居易在《送客春游岭南二十韵》中描述道："瘴地难为老，蛮陬不易驯。土民稀白首，洞主尽黄巾。"②北宋刘攽送朋友至岭南做官有感而赋诗："过岭数千里，孤城近海涯。地温饶瘴毒，民恶半蛮家。"③王象之的《舆地纪胜》记录长期在广西任职的陶弼一诗曰："蛮水似鲜血，瘴天如死灰。吏忧民置毒，巫幸鬼为灾。"④王士性也有"岭徼瘴随风雨恶，蛮家路逐犬羊邻"⑤的诗句。可见中原人把对边陲瘴气的恐惧移植到种族的想象中，将之视为"禽兽"，其性为"犬豕之众"或"蜂虿之毒"，因而"狼子野心，顽不可革"。⑥ 在治理上则始终"无经久之策以控驭之"，这是由于边陲族裔"狌玃之性便于跳梁，或以仇隙相寻，或以饥馑所逼，长啸而起，出则冲突州县，入则负固山林"，即便兴师动众派遣大军征讨，有可能剿灭，但很快就会"死灰复燃"，况且战争伤民，为之奈何？⑦ 透过"瘴"与"蛮"意向所展现的边陲形象，不管是一种虚幻或现实困境的反映，赋予的意义却是真实的。

中央王朝的文化优劣论、地理观念以及种族意识交织为对边陲族群的总体认识，在这种基于不同空间等级格局认知模式的主导下，又实践化为一种特殊的边陲行政制度，即羁縻体制。这种情况的出现可以从心理学与管理学两个层次加以说明。若一个地区在经济和文化上较之他处长期享有（或自认

---

① 朱宠达著：《左传直解》，浙江文艺出版社，2000年，第360页。

② （唐）白居易：《白居易集》，岳麓书社，1992年，第273页。

③ （宋）刘攽：《彭城集》（《四库全书》本）卷一〇《送人之官岭南》，台湾商务印书馆，1983年。

④ （宋）王象之编纂：《舆地纪胜》卷一二二《广南西路·宜州》，文海出版社，1971年，第6页。

⑤ （明）王士性：《王士性地理书三种》，周振鹤编校，上海古籍出版社，1993年，第204页。

⑥ （宋）赵汝愚：《宋朝诸臣奏议》卷一四三《上徽宗论沿边纳土三害》，上海古籍出版社，1999年，第1627页。

⑦ （元）脱脱等修撰：《宋史》卷四九三《西南溪峒诸蛮上》，中华书局，1977年，第14171页。

为的)优势,那里的人群很可能会形成"文化中心主义",将自己想象成"中心",相邻四周则被视为"化"外之人,其生活方式也自然被冠之以"蒙昧"与"野蛮"。由于占据心理上的优势,中心之人群如果不需要花费太高的代价,就会直接使用武力征服周边族群;若征服难度过大,或成本太高,便会采用"怀柔"手段将之纳入符合自身利益的地缘政治格局。① 这种"怀柔"的手段,就是所谓的羁縻制度,是利用较低的代价维系天下格局、国家秩序的手段。而明清时期的土司制度,是操演羁縻理念的高峰与绝唱。

古人对于"羁縻"一词的理解来源于带有歧视性的观念。《史记》中说:"盖闻天子之于夷狄,其义羁縻勿绝而已。"其夹注曰:"羁,马络头也;縻,牛缰绳也。《汉宫仪》云:'马云羁,牛云縻',言制四夷如牛马之受羁縻也。"②马端临在《文献通考》指出:"昔先王疆理天下,制立五服,所谓蛮夷戎狄,其在要、荒之内,九州岛之中者,则被之声教,疆以戎索……其种类虽曰戎狄,而皆错处于华地,故不容不有以制服而羁縻之。"③用动物来指称少数族群,将驯服动物的技术套用到对这些群体的治理之上,体现了浓厚的"文化中心主义"情结。另一方面,说明中央王朝对于边陲少数族群也极为害怕,因为在其眼中,"动物"的野性常常爆发惊人的力量。羁縻的最终目的其实还是"驯化",使周边蛮夷达到一个理想的境界:"事天以礼,立身以义,事父以孝,成民以仁,四海之内,莫不为郡县,四夷八蛮,咸来贡职,与天无极,人民蕃息,天禄永得。"④

岭南自古为"百越之地",由于地理的关系又形成西瓯、骆越及南越等几个次生的文化单元,其发展多为内生性的。秦始皇一统七国,将视野投向南部百越地区,派遣数十万大军横跨五岭,最终征服岭南,国家疆域扩展至此,岭南自此成为南部边陲。然而,秦始皇并不满足暂时的军事征服,还尝试将此地纳入中央行政管理体制,从而设置桂林、南海、象三郡。象郡的辖地即包括今桂西全部和越南中部与北部、广东西部的部分地区,以及云南东部、贵州南部。⑤

---

① 阮炜著:《地缘文明》,上海三联书店,2006年,第181页。
② (汉)司马迁修撰:《史记》卷一一七《司马相如列传》,中华书局,1982年,第3048页。
③ (元)马端临编撰:《文献通考·自序》,中华书局,1986年,第22页。
④ (南朝宋)范晔修撰:《后汉书》卷九七《祭祀上》,中华书局,1965年,第3163页。
⑤ 张声震主编:《壮族通史》,民族出版社,1997年,第260页。

但是在这广大的区域内，秦王朝并无绝对掌控的力量，甚至在职官任命上都"捉襟见肘"，无奈之下的办法只能是仍令其君长治之，"以桂林、象郡，百越之君俛首系颈，委命下吏"①。这应该是中央王朝在桂西行羁縻之策的开端。而到了西汉，"汉连出兵三岁，诛羌，灭两粤，番禺以西至蜀南者置初郡十七，且以其故俗治，无赋税"。②17个初郡分别是南越地的南海、苍梧、郁林、合浦、交趾、九真、日南、珠崖、儋耳；西南夷地的武都、牂柯、越嶲、沈黎、汶山、犍为、零陵、益州。③较之秦代，西汉设置的"初郡"似乎有进一步细化的趋势，但"以故俗治"是恒定的策略。

其实，羁縻体制是不断演变的政策，行使羁縻政策的主体单位，其称呼在各朝有所差异。秦朝设置"道"的行政单位，相当于"县"，即"内郡为县，三边为道"。④汉代沿袭旧例，汉平帝时设有"道三十二"⑤，此外还增加了上文提到的初郡以及属国等行政单位补充之，另专门设有职官管理。《后汉书》言："又置属国都尉，主蛮夷降者。"⑥这里的"属国都尉"就是此类官职。这一时期的羁縻政策的界限并不是特别清晰，比如，在某些区域任命太守、县令等外来流官掌管郡县，但在郡县内任命地方头人为"王""侯""邑长"等职，两者混杂在一起行共治。朝廷任命太守统领初郡的军事，军队也由中央政府从内地派遣，而且初郡需缴纳赋税，各级土酋则上缴土贡。⑦到了南朝，其主流设置为"左郡"与"左县"两类，另有少量"僚郡""俚郡"。南朝刘宋，始创左县和左郡制；南朝萧齐时，该设置在地理分布上达到所能达到的最大值，左郡33个，左县更有100多个，最为鼎盛。⑧当然，南朝左郡与左县制度的历史意义主要体现在其承前启后之功，上承秦汉的"道"，下启唐宋的"羁縻府州"。

总体上说，汉唐之间的各朝，中央政府对于边陲的认识相对有限，羁縻之策或为军事征服之补充，整体框架笼统和模糊。唐代之后，该情况才有所变

---

① (汉)司马迁修撰：《史记》卷六《秦始皇本纪》，中华书局，1982年，第1963页。

② (汉)班固修撰：《汉书》卷二四《食货志下》，中华书局，1962年，第1174页。

③ 张声震主编：《壮族通史》，民族出版社，1997年，第422页。

④ (清)孙星衍等辑：《汉官六种》，《汉官旧仪卷下》，中华书局，1990年，第50页。

⑤ (汉)班固修撰：《汉书》卷二八《地理志下》，中华书局，1962年，第1963页。

⑥ (南朝宋)范晔修撰：《后汉书》卷一一八《百官志五》，中华书局，1965年，第3619页。

⑦ 林超民：《羁縻州府与唐代民族关系》，《思想战线》1985年第5期。

⑧ 方高峰：《试论左郡左县制》，《中国边疆史地研究》2006年第2期。

化,不仅"羁縻"的理念日趋成熟,具体到行政上,所推行的"羁縻府州制度"也更完善。从行政区划上看,在边陲少数族裔地区,主要设置有自治性最强的都护府以及自治性次之的都督府,两者之下则有州、县等行政层级。由于唐朝国力强盛,疆域广大,大量少数族群或内附,或招降,或被征服,最高峰时所设羁縻府州竟超过八百:

> 突厥、回纥、党项、吐谷浑隶关内道者,为府二十九,州九十。突厥之别部及奚、契丹、靺鞨、降胡、高丽隶河北者,为府十四,州四十六。突厥、回纥、党项、吐谷浑之别部及龟兹、于阗、焉耆、疏勒、河西内属诸胡、西域十六国隶陇右者,为府五十一,州百九十八。羌、蛮隶剑南者,为州二百六十一。蛮隶江南者,为州五十一,隶岭南者,为州九十三。又有党项州二十四,不知其隶属。大凡府州八百五十六,号为羁縻云。①

在"羁縻州府"内,设有都督、刺史、县令等职,皆由各族首领担任,中央政府有任免之权,"至荒区君长,待唐玺纛乃能国"。② 当然,"全其部落,顺其土俗"③,依然是治理羁縻州府的固有策略。唐高祖时,大臣窦静详细论证了实施这种政策的原因和价值:

> 臣闻夷狄者,同夫禽兽,穷则搏噬,群则聚麀,不可以刑法威,不可以仁义教。衣食仰给,不务耕桑,徒损有为之民,以资无知之虏,得之则无益于治,失之则无损于化。然彼首丘之情,未易忘也,诚恐一旦变生,犯我王略,愚臣之所深虑。如臣计者,莫如因其破亡之后,加其无妄之福,假以贤王之号,妻以宗室之女,分其土地,析其部落,使其权弱势分,易为羁制。自可永保边塞,俾为藩臣,此实长辔远驭之道。④

窦静的观点固然有"文化中心主义"情结,对边陲少数族群有"污名化"的

---

① （宋）欧阳修、宋祁修撰:《新唐书》卷四三《地理七下》,中华书局,1975年,第1114页。
② （宋）欧阳修、宋祁修撰:《新唐书》卷二一九《北狄传》,中华书局,1975年,第6180页。
③ （宋）司马光编:《资治通鉴》卷一九三,中华书局,1976年,第6076页。
④ （五代晋）刘昫修撰:《旧唐书》卷六一《窦静传》,中华书局,1975年,第2369页。

至深刻板印象。但不可否认的是，他的观点符合当时的政治现实和政治需求。在无比广阔的空间地域内，唐王朝无法用整齐划一的管理模式统合各族裔群体。羁縻府州制度照顾各群体的差异性和特殊性，不拆散其社会组织，不改变其生计方式，但政治和军事上臣服于中央统治，有利于边陲的稳定。唐代的"长辔远驭之道"影响到后世，"土司制度仿佛之"。①

唐朝在岭南设置羁縻府州，始于唐高祖武德四年（621年），"（冯）盎以南越之众降，高祖以其地为罗、春、白、崖、儋、林等八州，仍授盎上柱国、高罗总管，封吴国公，寻改封越国公。"②其后不断扩展，江南道黔州都督府11州，岭南道桂州都督府7州、邕州都督府25州、安南都护府8州。各州地望大部分在桂西，大致情况如下：③

> 明州、福州、鸾州、延州、双城州（今南丹县），峨州（今天峨县）、琳州（今河池市宜州区）、那州（今河池市长老乡等地）、添州（今百色市）、抚州（今环江县北）、姜州（今址不详），属黔州都督府。
>
> 纡州（今忻城县果遂乡一带）、归思州（今忻城县东南）、思顺州（今柳州市柳江区西南）、蕃州（今河池市宜州区南）、温泉州（今河池市宜州区三岔等地）、述昆州（今河池市宜州区北牙乡）、格州（今三江县），属桂州都督府。
>
> 青州、得州、员州、棍州、归顺州（今址不详）、思刚州（今来宾市迁江镇）、侯州、归诚州、伦州；石西州（今凭祥市）、思恩州（今平果市旧城乡）、思同州（今扶绥县西北）、思明州（今宁明县东北）、万形州（今大新县北）、万承州（今大新县东北）、上思州（今上思县南）、谈州、思琅州（今属越南）、波州（今大新县西南）、功饶州（今田东县东）、万德州（今平果市）、左州（今崇左市东北）、思诚州（今大新县西南）、鳄州、归乐州（今百色市）、七源州（今越南），属邕州都督府。
>
> 归化州（今柳州市柳江区北）、思农州（今罗城县）、西原州（今扶绥县西南）、龙州（今龙州县东北）、思陵州（今宁明县南）、禄州（今宁明县西

---

① 顾颉刚、史念海著：《中国疆域沿革史》，商务印书馆，2004年，第144页。

② （五代晋）刘昫修撰：《旧唐书》卷一〇九《冯盎传》，中华书局，1975年，第3288页。

③ 张声震主编：《壮族通史》，民族出版社，1997年，第429－430页。

南)、金龙州(今龙州县)、安德州(今靖西市西北),属安南都护府。

宋代继续推行羁縻州制,当时的广南西路(今广西大部分区域)所属羁縻州县的具体数量,说法颇为不一。据《宋史·地理志》载:

> 邕州　羁縻州四十四,县五,洞十一。(忠州、冻州、江州、万丞州、思陵州、左州、思诚州、谭州、渡州、龙州、七源州、思明州、西平州、上思州、禄州、石西州、思浪州、思同州、安平州、员州、广源州、勤州、南源州、西农州、万崖州、覆利州、温弄州及五黎县、罗阳、陀陵县、永康县、武盈洞、古甑洞、凭祥洞、镡峒、卓峒、龙英洞、龙耸洞、徊洞、武德洞、古佛洞、八钍洞,并属左江道。思恩州、鹈州、思城州、勘州、归乐州、武峨州、伦州、万德州、蕃州、昆明州、婪凤州、侯唐州、归恩州、田州、功饶州、归城州、武笼州及龙川县,并属右江道。初,安平州曰波州,皇祐元年改。元祐三年,又改怀化洞为州。)
>
> 融州　羁縻州一。(乐善州)
>
> 庆远府　羁縻州十,军一,监二。(温泉州、环州、镇宁州,领县二。蕃州、金城州、文州、兰州,领县三。安化州,领县四。迷昆州、智州,领县五。怀远军,领县一。又有富仁、富安二监。旧领思顺、归化二州,庆历四年,并入柳州马平县。)①

上述记录与北宋成书的《元丰九域志》有所差异,比如该书的"左江道"只录有 30 羁縻州县;又如《宋史》中的"庆远府",此书则为"宜州"。② 而《宋史·蛮夷传》也另有说法:"广西经略安抚使吕愿中谕降诸蛮三十一种,得州二十七,县一百三十五,砦四十,峒一百七十九及一镇、三十二团,皆为羁縻州县。"③一个可能的情况是,吕愿中将广南西路所有州县混为一谈,从而出现这

---

① (元)脱脱等修撰:《宋史》卷九〇《地理六》,中华书局,1977 年,第 2243 页。
② (宋)王存撰:《元丰九域志》卷一〇,王文楚、魏嵩山点校,中华书局,2004 年,第 507 页。
③ (元)脱脱等修撰:《宋史》卷四九四《蛮夷二》,中华书局,1977 年,第 14201 页。

个夸张的数字。但无论如何，从这些记载来看，宋代羁縻之地，即邕州的左右江流域，庆远府、宜州的红水河流域，正是元明清土司的核心区域。

有趣的是，北宋后期中央政府还曾尝试过失败的"行政改革"，试图将桂西边陲与内地同等视之："（宋神宗）熙宁间，以章惇察访经制蛮事，诸溪峒相继纳土，愿为王民，始创城砦，比之内地。元祐初，诸蛮复叛，朝廷方务休息，乃诏谕湖南、北及广西路并免追讨，废堡砦，弃五溪诸郡县。"但到了宋徽宗崇宁年间，"复议开边，于是安化上三州及思广诸峒蛮夷，皆愿纳土输贡赋，及令广西招纳左、右江四百五十余峒。寻以议者言，以为招致熟蕃非便，乃诏悉废所置州郡，复祖宗之旧焉"。所谓"复祖宗之旧"，也就是恢复羁縻体制。最后对桂西诸蛮得出结论："务在羁縻，不深治也。"[1]

以上对土司制度之前的桂西行政体制进行了粗线条的勾勒，由于这段历史不在重点考察之列，所涉及的一些具体问题就相当简化。不过总体而言，羁縻体制发展到唐宋，可以化约为对后世土司制度产生重大影响的几个特征：第一，不改变或调整土酋原辖地领土；第二，任原土酋为官；第三，不改变原有的经济生产方式；第四，以朝贡关系为纽带；第五，各族土兵要接受朝廷征调。[2] 鉴于历史强大的持续性与惯性，正是这些因素，奠定了元代实施土司制度的基础。元代开创了真正意义上的土司制度，明代高度成熟，直至清中期以后逐渐衰亡。

元代对边陲的层级管理愈加规范化和明确化，行政单位更加多元和复杂，设有军事性的安抚司、招讨司、长官司、溪洞军民总管府，文职性的土府、土州和土县等机构，皆有地方土酋充任各职。元朝大军军事征服的步伐不断向南推进，整个南方都成为王朝的"新边疆"，特别是在西南多元族裔地区，设置安抚司作为特殊的行政管理单位，直到政局稳定，设置总管府取代安抚司。[3] 元世祖至元年间（1264—1294 年），整个广西设置的安抚司主要有："南宁路……至元十三年，立安抚司，十六年，改为邕州路总管府兼左右两江溪洞镇抚""梧州路……至元十四年，置安抚司，十六年，改梧州路总管府""浔州

---

① （元）脱脱等修撰：《宋史》卷四九五《蛮夷三》，中华书局，1977 年，第 14209 页。
② 李昌宪：《宋王朝在西南民族地区的统治》，《宋辽金元史》1990 年第 4 期。
③ 陆韧：《元代安抚司的演化》，《历史地理》2013 年第 1 期。

路……至元十三年，置安抚司，十六年，改为总管府""庆远南丹溪洞等处军民安抚司……至元十三年，置安抚司，十六年，改庆远路总管府""象州……至元十三年，立安抚司，十五年，改象州路总管府""宾州……至元十三年，置安抚司，十六年，改下路总管府""横州……至元十四年，立安抚司，十六年，改总管府""融州……至元十四年，置安抚司，十六年，改融州路总管府"，又有"田州路军民总管府""来安路军民总管府"等①，其中"左、右江溪洞蛮獠，置四总管府，统州、县、洞百六十"②。

这些机构的首领普遍被称为"土官"。根据蓝武的考证，元代尚未出现"土司"一词，但"土官"在某种程度上具备了"土司"的内涵和外延。③曾以不同方式出现在元代文献资料中的各级土官很多，较著名的有镇安路总管岑斗荣，南丹州莫国麟，来安路总管岑雄，太平路总管李兴隆及麾下土官黄法扶、何凯，忻城土官莫保，延边溪洞军民安抚使岑世兴、黄胜许，思明路军民总管黄克顺，上思州土官黄志熟，全茗州土官许文杰，安隆寨土官岑世忠，思明州土官黄宗永，忠州土官黄祖显，太平州土官李以忠，镇远州土官赵省昌，茗盈州土官李铁钉，安平州土官李郭佑，思同州土官黄克嗣，万承州土官许郭安，龙英州土官李世贤，左州土官黄胜爵，陀陵县土官黄宣、黄富等。④从姓氏与土司名称来看，很难不会与明清的历史勾连起来。

元王朝在土官的任命、承袭、升迁、惩罚、贡赋等方面作出详细规定，其中赏罚制度分明，比如规定"诸左右两江所部土官，辄兴兵相仇杀者，坐以叛逆之罪。其有妄相告言者，以其罪罪之。有司受财妄听者，以枉法论。诸土官有能爱抚军民，境内宁谧者，三年一次，保勘升官。其有勋劳，及应升赏承袭，文字至帅府，辄非理疏驳，故为难阻者，罢之"⑤。另一重要举措则是严格管理土官的承袭。仁宗延祐六年（1319年），中书省建议："云南土官病故，子侄兄弟袭之，无则妻承夫职。"仁宗同意此意见，并形成定制。⑥按照朝廷的规定，

---

① （明）宋濂等修撰：《元史》卷六三《地理六》，中华书局，1976年，第1532－1536页。

② （明）宋濂等修撰：《元史》卷一五《世祖十二》，中华书局，1976年，第315页。

③ 蓝武研究认为，在没有任何特定要求的情况下，"土官"与"土司"两词可并行套用。蓝武著：《从设土到归流：元明时期广西土司制度研究》，广西师范大学出版社，2011年，第29页。

④ 张声震主编：《壮族通史》，民族出版社，1997年，第599－600页。

⑤ （明）宋濂等修撰：《元史》卷一○三《刑法二》，中华书局，1976年，第2635页。

⑥ （明）宋濂等修撰：《元史》卷二六《仁宗三》，中华书局，1976年，第589页。

土官的承袭，必须上报中央批准，一经任命，赠予诏敕、印章、虎符、驿玺书等信物作为凭证，极大助力于对土官的掌控。这种合作与臣服的姿态，使中央王朝的统治者得到很大程度的自我满足，也许这正是土司制度不可忽略的象征性意义。总而言之，元代之土司制度是对羁縻州制的继承与推进，此后明清两王朝又在此基础上发扬光大，开创了王朝边陲的土司时代。

当明朝大军南下广西时，那些为自己取名为诸如"岑伯颜""李赛都""赵帖坚"等带有强烈蒙古味道的土官们，有如他们的先辈归附元朝那样，甚至还未将这些痕迹抹除就非常"审时度势"地投入明军的怀抱，留住了这份前朝的政治遗产。明朝的统治者则继续挥动"胡萝卜与大棒"，经过制度内的完善与修补，将土司制度推向了新的高度。

明代土司制度蓬勃发展，所设土府、土州、土县、土长官司、土巡检司等广布于广西，甚至在桂东部的流官区亦有大量土巡检司，包括"首善之地"桂林府也设置有桐木镇、常安镇与富禄镇三个土巡检司。根据《古今图书集成》记载，广西有长官司三，隶兵部武选司；土官一百九十七，其中知府四人、知州三十三人、同知一人、知县六人、县丞一人、主簿一人、典吏二人、巡检十三人、副巡检一百二人。嘉靖初，设知州一人、吏目一人、巡检二十八人，皆属吏部验封司。① 当然，桂西地区才是土司的"大本营"。

庆远府：以莫氏为安抚司同知。东兰州，土酋韦氏为世袭土官；洪武元年（1368年）并那、地二州为那地州，罗氏为世袭土官；南丹州，土酋莫氏为知州；忻城县，莫氏为知县；永顺长官司和永定长官司，以邓氏等为长官；永安长官司，以韦氏为正副长官。

南宁府：归德土州，黄氏内附，授知州；果化土州，赵氏内附，授知州；上思土州，黄氏内附，授知州，州西有迁隆洞土巡检司；下雷土州，许氏世袭。

太平府：洪武元年黄英衍降，授太平府知府，领土州县十九。太平土州，李氏归附，授知州；镇远土州，赵氏归附，授知州；茗盈土州，李氏归附，授知州；安平土州，李氏归附，授知州；思同土州，黄氏归附，授知州；养利州，赵氏归附，授知州；万承土州，许氏归附，授知州；全茗土州，李氏归附，授知州；结

---

① （清）陈梦雷等原辑：《方舆汇编·职方典》（《古今图书集成》本）卷一三九六《广西总部》，中华书局，1986年。

安土州，张氏归附，授知州；龙英土州，李氏归附，授知州；结伦土州，冯氏归附，授知州；都结土州，农氏归附，授知州；上、下冻州，赵氏归附，授知州；思城土州，赵氏归附，授知州；永康土州，杨氏归附，万历二十八年（1600年）升为州；左州，黄氏归附，授知州；崇善县，赵氏授知县；罗阳土县，黄氏归附，授知县；陀陵土县，黄氏归附，授知县。

思明府：洪武二年（1369年）土官黄忽都归附，授知府。思明州，黄氏归附，授知州；上石西州，赵氏、何氏、黄氏相继更替；下石西州，闭氏归附，授知州；忠州，黄氏归附，授知州；凭祥州，李氏归附，成化八年（1472年）升为州；思陵州，韦氏为世袭知州。

思恩府：明初隶田州府，正统三年（1438年）升府，岑氏世袭。嘉靖七年（1528年）析设兴隆、那马、白山、定罗、旧城、下旺、安定、都阳、古零九个土巡检司。

田州府：洪武二年，岑伯颜归附，授知府。嘉靖八年降府为州，析府地设床甲、栱甲、焚凤、武龙、累彩、篆甲、下隆、寨桑、寨马、凌时、万洞、阳院、大田、县甲、怕河、思郎、思幼、侯周等十八个土巡检司；上林土县，黄氏归附，授知县。

镇安府：洪武元年（1368年）授岑天保卫知府。归顺州，弘治九年（1496年）设州治，岑氏授知州；上映土州，许氏世袭；湖润寨土巡检司，岑氏世袭。

恩城州：岑氏世袭，弘治五年（1492年）州废。

上隆州：岑氏授知州。

泗城州：洪武五年（1572年），岑善忠归附，授知州。州属程县，为流官；安隆长官司，岑氏世袭；上林长官司，岑氏世袭；利州，岑氏授知州。

龙州：洪武二年，赵贴坚归附，授知州。奉议州，黄氏授知州。

向武州：洪武二年，土官黄世铁归附，授知州。

罗白县：洪武初，土官梁敬宾归附，授知县。[①]

明代是土司制度的鼎盛时期，出现如此庞大的土司群体，并不奇怪。有清一代，特别是清代中期后，随着改土归流的实施，桂西土司制度逐渐衰落。据《光绪朝东华录》记载，时任广西巡抚张鸣岐奏折中的广西土司已大大缩减，只有四十三处。据《清史稿》，广西的土州二十有六，"曰忠州，曰归德，曰

① 张声震主编：《壮族通史》，民族出版社，1997年，第610－614页。

果化,曰下雷,曰下石西,曰思陵,曰凭祥,曰江州,曰思州,曰万承,曰太平,曰安平,曰龙英,曰都结,曰结安,曰上下冻,曰佶伦,曰茗州,曰茗盈,曰镇远,曰那地,曰南舟①,曰田州,曰向武,曰都康,曰上映";土县四,"曰罗阳,曰上林,曰罗白,曰忻城";长官司三,"曰迁隆洞,曰永定,曰永顺"。② 较之明代,各土司单位皆有减少,而且土司全部位于桂西。不过,"综其疆域,几占全省四分之一。幅员既广,形势尤胜",而且有的土司与越南接壤,政治上居要冲之区,"实为南服之屏障",另外,"其物产,亦实业上可为之地"。因此,土司依然有"臻富庶,固边陲"的重要作用。③

为了增强读者时间与空间的直观效果,兹引用谷口房男和白耀天两位学者对桂西各土司情况④归纳的简表,见表1-1:

表1-1　桂西土司地方一览表

名称	今地	土官姓氏	建立时间	改流时间
东兰州	东兰、凤山等县	韦氏	宋初	1919 年
南丹州	南丹县北中部	莫氏	宋初	1919 年
那地州	南丹县西南天峨县东北	罗氏	唐朝	1927 年
忻城县	忻城县	莫氏	弘治九年(1496 年)	1928 年
永定长官司	河池市宜州区石别镇	韦氏	弘治六年(1493 年)	宣统二年(1910 年)
永顺长官司	河池市宜州区西南都安瑶族自治县北	邓氏	弘治六年(1493 年)	宣统二年(1910 年)
永顺副长官司	河池市宜州区三合社区	彭氏	弘治六年(1493 年)	宣统二年(1910 年)
永安长官司	河池市宜州区东	韦氏	弘治九年(1496 年)	弘治十四年(1501 年)
忠州	扶绥县南	黄氏	宋朝	1916 年

① 疑误,应为"南丹"。
② (清)赵尔巽等撰:《清史稿》卷五一二《土司一》,中华书局,1977 年,第 14207 页。
③ (清)朱寿朋编:《光绪朝东华录》(第五册),张静庐等校点,中华书局,1958 年,第 5801-5803 页。
④ 两位学者将实施土司制度的时间上溯至唐朝。

（续表）

名称	今地	土官姓氏	建立时间	改流时间
上思州	上思县	黄氏	唐朝	弘治十七年（1504 年）
归德州	平果市东南	黄氏	唐朝	1915 年
果化州	平果市西南	赵氏	元代	1915 年
迁隆峒	宁明县东上思县西	黄氏	宋峒，元州，明洞	1918 年
思恩府	平果市、马山县、都安瑶族自治县、南宁市武鸣区	岑氏	唐州明正统升府	弘治十八年（1505 年）
下旺巡司	平果市	韦氏	嘉靖七年（1528 年）	1918 年
旧城巡司	平果市旧城镇	黄氏	嘉靖七年（1528 年）	1915 年
古零巡司	马山县古零镇、上林县镇圩乡	覃氏	嘉靖七年（1528 年）	1915 年
白山巡司	马山县白山镇	王氏	嘉靖七年（1528 年）	1915 年
那马巡司	马山县周鹿镇	先苏氏后黄氏	嘉靖七年（1528 年）	同治九年（1870 年）
定罗巡司	马山县永州镇	徐氏	嘉靖七年（1528 年）	1915 年
兴隆巡司	马山县林圩镇兴隆村	韦氏	嘉靖七年（1528 年）	1915 年
安定巡司	都安瑶族自治县东南	潘氏	嘉靖七年（1528 年）	1915 年
都阳巡司	大化瑶族自治县都阳镇	王氏	嘉靖七年（1528 年）	1915 年
田州	田东县、百色市田阳区等	明前为黄氏，后为岑氏	唐州、元路、明初府、嘉靖七年（1528 年）降州	光绪元年（1875 年）
恩城州	平果市西北	明前黄氏，后岑氏	宋朝	弘治十八年（1505 年）
上隆州	巴马瑶族自治县南	明前黄氏，后岑氏	宋朝	成化三年（1467 年）
阳万州	百色市田阳区西德保县北	岑氏	乾隆七年（1742 年）分田州立	光绪五年（1879 年）

（续表）

名称	今地	土官姓氏	建立时间	改流时间
奉仪州	百色市田阳区右江南	黄氏	元朝	嘉靖六年（1527年）
向武州	天等县西北	黄氏	元朝	1917年
富劳县	天等县西北	黄氏	元朝	洪武末
上林县	田东县东思林镇	黄氏	宋朝	1918年
都康州	天等县中部	冯氏	元初洞，后升州	1917年
上映州	天等县西部	许氏	元初洞，明升州	1917年
来安府	治今凌云县	岑氏	元朝	洪武七年（1374年）
泗城州（府）	凌云、乐业等县	岑氏	宋朝，顺治升府	雍正五年（1727年）
利州	田林县东	岑氏	宋朝	嘉靖间
上林长官司	田林县西及西林县	岑氏	宋元侬氏上林州	康熙五年（1666年）
安隆长官司	田林县西北及隆林各族自治县	岑氏	宋元侬氏上林州	康熙五年（1666年）
程县	天峨县西南	程氏	明初	宣德间
镇安府	原那坡县，后德保县	岑氏	宋归化侬氏，后来安岑氏	雍正七年（1729年）
归顺州	靖西市	岑氏	宋侬氏顺安州，元李氏归顺州，明为岑氏	雍正十年（1732年）
下雷州	大新县下雷镇	许氏	宋下雷洞侬氏，明许氏	1928年
胡润寨	靖西市胡润镇	岑氏	宋侬氏，明岑氏	乾隆十二年（1747年）
小镇安	那坡县	岑氏	宋归化州，后来安，元后为镇安洞	乾隆三十一年（1766年）
思明府	宁明县	黄氏	元设路，明后为府	1916年
思明州	宁明县西	黄氏	唐元分上下思明州	康熙六十年（1721年）

（续表）

名称	今地	土官姓氏	建立时间	改流时间
上石西州	凭祥市上石镇	赵氏、何氏、黄氏	唐置，元分上下二州	成化十五年（1479年）
下石西州	凭祥市夏石镇	闭氏	唐置，元分上下二州	1927年
思陵州	宁明县思林镇	韦氏	唐朝	1916年
凭祥州	凭祥市西	李氏	宋、元洞，永乐为县，成化十八年升州	宣统二年（1910年）
江州	崇左市南江州镇	黄氏	唐太州，宋改江州	1915年
崇善县	崇左市左江西北	赵氏	唐宋员州，元改县	正统三年（1438年）
左州	崇左市东北左州镇	黄氏	唐朝	成化十三年（1477年）
思同州	扶绥县西北	黄氏	唐朝	万历二十八年（1600年）
佶伦州	天等县东北	冯氏	元洞，后升州	1916年
结安州	天等县进结镇结安村	张氏	元洞，后升州	1916年
都结州	隆安县西都结乡	农氏	元洞，后升州	1916年
镇远州	天等县进结镇	赵氏	宋洞，元升州	1916年
龙英州	天等县西南龙茗镇	赵氏	宋洞，元升州	1916年
怀德州	天等县西南	零氏	宋元间元分上、下二州	元末
茗盈州	大新县全茗镇	李氏	元旧洞，后分置	1916年
全茗州	大新县全茗镇	许氏	元旧洞，后分置	1916年
养利州	大新县桃城镇	赵氏	元朝	成化十四年（1478年）
恩城州	大新县恩城乡	赵氏	唐朝	雍正十一年（1733年）
太平州	大新县雷平镇	李氏	唐波州，宋安平州，元末分为二州	1928年

（续表）

名称	今地	土官姓氏	建立时间	改流时间
安平州	大新县安平村	李氏	元末分为二州	1928 年
万承州	大新县东北龙门乡	许氏	唐置	1929 年
龙州	龙州县	赵氏	唐置元升万户府，明降州，雍正分为上下龙州二巡检司	下龙于雍正七年（1729 年）改流，上龙于1921 年改流
上下冻州	龙州县下冻镇	赵氏	宋置，元分上下二冻州，明初合为一州	1921 年
陀陵县	扶绥县西北、崇左市东北	黄氏	宋朝	康熙二十七年（1688 年）
罗阳县	扶绥县中东镇东	黄氏	唐朝	1927 年
罗白县	崇左市东南罗白乡	梁氏	元朝	1918 年
永康县	扶绥县北	杨氏	宋朝	成化十四年（1478 年）

（资料来源：［日］谷口房男、白耀天：《壮族土官族谱集成》，广西民族出版社，1998 年，第669—671 页。）

在本章中，我们依据朝代更替的线索以及羁縻体制的演进脉络，通过政治史的宏观视角，呈现了中国"天下观念"下土司制度的某些构成要素与运行逻辑。有关土司研究，制度层面的条分缕析，前人的工作甚巨（也是其土司研究的主要内容），成果已十分丰富。但这种相对"平面化"的论述，不足以诠释土司社会历史文化内含的权力关系、土司阶层依托土司制度的能动性与互动性。因而本著只是简单介绍，力求为读者提供总体概念与部分历史背景。诚如萧凤霞所言："历史过程是由充满文化创造性的人建设出来的。正是充满创造性的人的种种活动，形成了社会生活的起伏变迁，而社会生活，又不断地给经验赋予丰富的内容和结构。"[1]以下几章我们将通过土司们创造性的活动，描绘桂西边陲更为生动的历史图像。

---

[1] ［美］萧凤霞：《传统的循环与再生——小榄菊花会的文化、历史与政治经济》，《历史人类学学刊》2003 年第 1 期。

第二章　土司社会权力主导者的
内部结构与运作

在这里我们将土司社会的权力主导者视为具有同质化的群体，它们本质上是一种以父系家族为中心的血缘与地缘结合体。从历史上看，桂西的地方权力为大大小小"峒"的部落首领所掌控，至唐宋时期羁縻州峒的兼并战争仍十分频繁，但总体上已形成比较稳定统治的姓氏集团。明清时期，在中央王朝整体性社会变迁大环境的影响之下，姓氏集团发展为宗族群体，为权力架构的整合以及地方社会的发展提供了新的组织形式，奠定了这一群体或阶层基本的运作框架与方向。桂西土司宗族制度的建构基本上是与王朝中心汉人社会同步的，并伴随着系统化的汉人宗族"文化范式"的成长而成长，体现了汉文化在边陲地区传播与扩散的历史进程。通过对族谱、祠堂、族田诸宗族一般性要素的考察，从中可以发现桂西土司宗族的一些基本特点与文化意义。

土司社会的政治生活围绕权力主导者而设计，其内部权力分配与继嗣的游戏规则建立在宗族运行的基础之上。在此过程中，国家作为外在力量，扮演了非常重要的角色，各种势力都试图在国家与地方之间取得博弈的平衡点与制胜点。在区域性地缘关系上，不同土司的互动除了竞争、侵略和战争之外，主要还表现在上层之间交换性的婚姻形式中。这里的通婚既有为保存上等阶层"纯洁"的排他性内婚，亦有协调机制下政治结盟的动因，创建了交叉式的纽带关系。此外，如果从所谓"大传统"与"小传统"互动的层面来考察土司婚俗，他们的同姓婚制是被排斥在汉化议程与儒家语境之外的。但此种与汉人有鲜明对比的婚制并未引起那些自诩为汉人的土司阶层的反对而长期实行之，反映了他们在文化实践上的策略性与灵活多变性。

第一节　从姓氏集团到宗族组织

桂西历史发展存在着一种强大惯性力量的推动，唐宋羁縻州府时期出现诸多的大姓集团，与明清土司的宗族群体渊源至深。规模不等的父系继嗣群体构成此地区最基本的政治单位，随着地方势力的消长，其内部结构的分化与组合以亲属制度的形式赋予历史以鲜活感。

一　唐宋以来的姓氏集团

明嘉靖《广西通志》在叙述土司历史时，对于唐以来的桂西政治格局进行了大致的描述与分析，重点提到土司姓氏的连续性：

> 元以左、右两江羁縻州县隶属南宁帅府，分司管辖。左州二路，辖州二十六、县九；右江三路，辖州三十一、县十九外，庆远、南丹溪，其安抚司辖州十七，又有思州军民安抚司，辖州十三。及诸团蛮，其土辖旧有四道侬氏，谓安平、武勒、思浪、七源，皆侬氏。又有四道黄氏，谓安德、归乐、泗城、田州皆黄氏。抚水、安化有蒙氏，南丹有莫氏，西原州侬、黄之外又有韦氏、周氏，而黄氏为最强。侬智高乱后，侬氏之善良，许从宋姓，故多姓赵者。唐威制三边，中国兵未尝至岭南，故西原黄峒，久遗边患。宋苦于西北，岭南不暇宿兵，故抚水、安化数为寇钞，如广源贼首，则其乱又不可胜言矣。元都北方，相距益远，姑息尤甚。夷俗狃于仇杀，牲性侵盗边境。如黄圣许、岑雄等猖乱于前，黄英衍、许文杰等续之于后。虽有土地人民，曾何少获其用哉。[①]

---

① （明）黄佐撰，林富参修：《广西通志》卷五〇《外志一·土官总叙》，嘉靖十年。

文中出现的"岑、黄、莫、赵"等姓氏,在羁縻州府时代,便已登上历史舞台,频见于史册,在与朝廷的互动中掀起不少的波澜。因而以明代作为基点上推,按照这些姓氏的分布及势力,可以将之与唐宋时期建立一种时空联系,从而了解地方权力架构传承的系谱和脉络。日本学者塚田诚之指出,唐宋时期,在左右江流域出现了"西原蛮"黄氏、"广源州蛮"侬氏、结峒黄氏、田州黄氏、安平州李氏、思明州黄氏、右江岑氏等强势部落,这些强势部落通过武力征服或组成"部落联盟"等形式把周围相对弱小的"未开化"部落笼络到自己的势力范围内,从而以强势部落为中心形成若干个"地域集团"。[①]

有唐一代广西最为著名的"蛮夷"被统称为"西原蛮",其内部又分为几个大的姓氏集团,与后来的土司应该有相当大的关联。《新唐书》就其当时的状况有过描述:

> 西原蛮,居广、容之南,邕、桂之西。有宁氏者,相承为豪。又有黄氏,居黄橙峒,其隶也。其地西接南诏。天宝初,黄氏强,与韦氏、周氏、侬氏相唇齿,为寇害,据十余州。韦氏、周氏耻不肯附,黄氏攻之,逐于海滨。[②]

宁氏于南北朝至唐初为广西最有影响力的地方人群首领,连黄氏集团亦隶属之。但由于宁氏地处桂东,很可能随着中央王朝势力的推进而逐步汉化了,总之其后消失于史册。随后黄氏崛起于桂西,其头领黄乾曜、黄少卿、黄少度、黄昌瓘等人曾领导族人与朝廷对抗长达百余年之久,足见势力之强劲,因而在诸集团中处于首要位置,[③]并长久保持着强盛不衰,在左、右江地区呼风唤雨。北宋仁宗景德年间(1004—1007年),田州首领黄盈众曾受命于朝廷出任左右江防遏使,统帅此区域三十六峒的头领,听令邕州知州曹克明。"景德中,蛮寇邕州,(曹克明)改供备库副使,知邕州。左、右江蛮洞三十六,克明召其酋长,谕以恩信,是岁承天节,相率来集。克明慰拊,出衣服遗之,感泣而

---

① [日]塚田诚之:《唐宋时期华南少数民族的动向(下)——重点考察广西左右江流域的少数民族》,高凯军、贺崇武译,《民族译丛》1986年第2期。笔者认为"地域集团"的所指性不强,而采用"姓氏集团"的说法。
② (宋)欧阳修、宋祁修撰:《新唐书》卷二四一《南蛮下》,中华书局,1975年,第6326页。
③ (宋)欧阳修、宋祁修撰:《新唐书》卷二四一《南蛮下》,中华书局,1975年,第6326页。

去。独如洪峒恃险不至，克明谕两江防遏使黄众盈引兵攻之，斩其首领陆木前，枭于市。"①后来侬氏也逐渐强盛起来，至少从唐末开始成为桂西重要的势力。《新唐书》载：

> 黄氏、侬氏据州十八，经略使至，遣一人诣治所，稍不得意，辄侵掠诸州。横州当邕江官道，岭南节度使常以兵五百戍守，不能制。……其后侬洞最强，结南诏为助。懿宗与南诏约和，二洞数构败之。邕管节度使辛谠以从事徐云虔使南诏结和，赍美货啖二洞首领，太州刺史黄伯蕴、屯洞首领侬金意、员州首领侬金勒等与之通欢。②

其时，侬氏已积聚了与黄氏分庭抗礼的力量：

> 员州又有首领侬金澄、侬仲武与金勒袭黄洞首领黄伯善，伯善伏兵濠水，鸡鸣，候其半济，击杀金澄、仲武，唯金勒遁免。后欲兴兵报仇，辛谠遣人持牛酒音乐解和，并遗其母衣服。母，贤者也，让其子曰："节度使持物与獠母，非结好也，以汝为吾子。前日兵败濠水，士卒略尽，不自悔，复欲动众，兵忿者必败，吾将囚为官老婢矣。"金勒感寤，为罢兵。③

侬氏集团又因侬智高所在广源州而名为"广源州蛮"，《宋史》称："广源州蛮侬氏，州在邕州西南郁江之源，地峭绝深阻，产黄金、丹砂，颇有邑居聚落。"④其强劲势头一直延续到北宋的侬智高之乱时达到顶点。⑤ 侬智高事件之后，侬氏一蹶不振，而且很多族众易为赵姓，⑥成为赵氏土司的源头，虽仍有

---

① (元)脱脱等修撰：《宋史》卷二七二《曹克明传》，中华书局，1977年，第9317页。
② (宋)欧阳修、宋祁修撰：《新唐书》卷二四一《南蛮下》，中华书局，1975年，第6329页。
③ (宋)欧阳修、宋祁修撰：《新唐书》卷二四一《南蛮下》，中华书局，1975年，第6329页。
④ (元)脱脱等修撰：《宋史》卷四九五《蛮夷三》，中华书局，1977年，第14214页。
⑤ 宋皇祐四年(1052年)五月初一日，侬智高率兵五千攻下邕州，建立大南国，建元启历，自称"仁惠皇帝"。侬智高颁布赦令，释放囚犯，焚烧府库，杀知州、都监，接着挥师沿郁江东下，围攻广州，未克，返邕。侬智高被著名将领狄青率兵击败，次年元月，退出邕州，撤往云南。此一事件，最终以侬智高失败而告终。(元)脱脱等修撰：《宋史》卷四九五《蛮夷三》，中华书局，1977年，第14216页。
⑥《岭外代答》云："今黄姓尚多，而侬姓绝少，智高乱后，侬氏善良许从国姓，今多姓赵氏。"参见(宋)周去非著：《岭外代答》卷一○，屠友祥校注，上海远东出版社，1996年，第257页。

一定势力,但失去主宰大局的力量。

有关另一大族岑氏的先世,文献记载较为模糊,北宋时尚未引起人们太多的注意。《宋会要辑稿》讲述了"贼首"岑班被广南东路钤辖杨从先擒获的故事。[①]《续资治通鉴长编》则记录了神宗熙宁九年(1076 年)七月地方豪酋岑庆宾向朝廷输款的情况。[②] 据白耀天的研究,这个岑庆宾正是岑氏的关键性人物,岑氏土司与之具有传承关系。[③] 到了南宋,岑氏崛起之势已不可遏制。此后出现黄氏与岑氏争雄的局面,《粤西文载》卷六十三《范克信传》中记录了南宋两氏为控制朝廷马政、攫取利益而产生激烈冲突的情况,在此过程中"各驻兵五千于买马之左右",[④]可见实力之强劲。

其后又有岑邈公活跃于南宋理宗淳祐年间,他的两个儿子,岑从进据有七源、泗城、利州、露城等地,[⑤]岑从毅则于景定三年(1262 年)夺取归化州。[⑥] 岑氏的势力在元代继续膨胀,[⑦]与黄氏分别据有右江与左江流域的大片区域,从此在此地区基本奠定了岑、黄两氏的主导地位,土司时代地方势力的格局正是这种情况的延续。

在红水河流域,至唐朝末年,在大姓酋长的领导下,"诸蛮"还处于分立的状态,各自占据部分土地,互不统属,有的土酋甚至自封刺史等官职,独霸一方。到了宋代,此地与朝廷的羁縻关系逐渐建立,庆远府的羁縻州就有十个。南丹州莫氏、抚水州蒙氏、环州区氏等重要的姓氏集团也"浮出水面",并在一定程度上奠定了地方权力的格局。《宋史》有这样的记载:

---

① (清)徐松辑:《宋会要辑稿·兵一二》,刘琳等校点,上海古籍出版社,2014 年,第 8839 页。

② (宋)李焘修撰:《续资治通鉴长编》卷二七七,中华书局,1979 年,第 6768 页。

③ 白耀天:《百色壮族岑氏首领兴衰史略》,李富强主编:《中国壮学》第二辑,民族出版社,2006 年,第132 页。

④ (清)汪森辑:《粤西文载校点》卷六三《范克信传》,黄胜陆等校点,广西人民出版社,1990 年,第398 页。

⑤ (宋)李曾伯:《可斋杂稿·续后》《四库全书》本)卷九《奏边事及催调军马》,台湾商务印书馆,1983 年。

⑥ (元)脱脱等修撰:《宋史》卷四五《理宗本纪》,中华书局,1977 年,第 883 页。

⑦ 元泰定年间,在岑世兴与其子岑铁木儿的扩张政策下,岑氏已据有整个来安路的七源、泗城、利州、路程、往殿、唐兴、归化、龙川等十六州,以及上林、安隆二寨的总管府。参见白耀天:《百色壮族岑氏首领兴衰史略》,李富强主编:《中国壮学》第二辑,民族出版社,2006 年,第 144 页。

南丹州蛮，亦溪峒之别种也，地与宜州及西南夷接壤。开宝七年，首帅莫洪遣使陈绍规奉表求内附。①

抚水州在宜州南，有县四：曰抚水，曰京水，曰多逢，曰古劳。唐隶黔南。其酋皆蒙姓同出，有上、中、下三房及北遏一镇。民则有区、廖、潘、吴四姓。②

环州蛮区氏，州隶宜州羁縻，领思恩、都亳二县。③

虽为羁縻，但诸蛮并不安分，与宋廷多有冲突，制造了很多麻烦，如南丹州之莫公侁、莫公晟，抚水州蒙伹、蒙承贵，环州区希范等都曾领导过反抗朝廷的斗争④。在这些姓氏中，莫氏毫无疑问最为最强大，一直到明清土司时代都还牢牢控制着红水河流域，其他的几姓则淹没于历史中。

总之，明朝建立后，这些姓氏集团接受了前朝的政治遗产，形成桂西土司分别由各姓氏把持的局面。根据地理位置及行政设置，刘介曾将明清桂西主要的土司划分为三个系派，具体情况如下：

甲、右江系思恩军民府知府岑氏田州府知府岑氏归顺州知州岑氏镇安府知府岑氏泗城州知州岑氏上隆州知州岑氏恩城州知州岑氏利州知州岑氏上林峒长官司岑氏果化州知州赵氏归德州知州黄氏上林县知县黄氏（以上辖地最阔的府州，俱为岑氏管领）

乙、左江系思明府知府黄氏思明州知州黄氏上思州知州黄氏向武州知州黄氏江州知州黄氏忠州知州黄氏永平寨巡检黄氏左州同知黄氏陀陵县知县黄氏都结州知州农氏恩城州知州赵氏（按《桂海虞衡志》载，侬智高乱后，侬氏善良者多改从国姓——赵姓）镇远州知州赵氏上下冻州知州赵氏龙州知州赵氏龙英州知州赵氏养利州知州赵氏陵善县知县赵氏凭祥州知州李氏太平州知州李氏茗盈州知州李氏安崇州知州李氏万

① （元）脱脱等修撰：《宋史》卷四九四《蛮夷二·西南溪峒诸蛮下》，中华书局，1977年，第14199页。
② （元）脱脱等修撰：《宋史》卷四九五《蛮夷三》，中华书局，1977年，第14205页。
③ （元）脱脱等修撰：《宋史》卷四九五《蛮夷三》，中华书局，1977年，第14220页。
④ （元）脱脱等修撰：《宋史》卷四九四《蛮夷二》，中华书局，1977年。

承州知州许氏罗白县知县梁氏下石西州知州闭氏上石西州知州何氏康
平州知州韦氏结安州知州张氏

丙、庆远系南丹州知州莫氏东兰州知州韦氏忻城县知县莫氏永定长
官司韦氏那地知州罗氏永顺长官司邓氏永顺副长官司彭氏[①]

就刘介所论述的明清时代而言,土司的继嗣逐渐纳入国家议定的轨道,
已趋于稳定的宗族统治阶段。他的这种划分大致暗合桂西土司以左江、右江
及红水河三大流域为中心的空间范畴,不仅反映了桂西的区域历史特点,更
反映了唐宋以来以各大姓为主导的地方势力范围的传承特点。朝廷视之为
合法性土司的认识就建立在对这种传承体系的承认之上。明洪武元年(1368
年),朱元璋特遣中书照磨兰以权宣谕广西左、右两江溪峒官民曰:

> 朕惟武功以定天下,文德以化远人,此古先哲王威并施,迩迩咸服者
> 也。眷兹两江,地边南徼,风俗质朴。自唐、宋以来,黄、岑二氏代居其
> 间,世乱则保境土,世治则修职贡,良由其审时知几,故能若此。顷者,朕
> 命将南征,八闽克靖,两广平定,尔等不烦师旅,奉印来归,向慕之诚,良
> 足嘉尚。今特遣使往谕,尔其克慎乃心,益懋厥职,宣布朕意,以安
> 居民。[②]

明王朝意识到桂西地方社会的发展是由黄、岑等姓氏集团主导的,采取
了在不改变当地政治格局的情况下实行间接统治的策略。于是边陲的政治
稳定很大程度建立在地方土酋的威权之上,维护其继嗣的连续性与正当性极
为关键。与前朝一样,明王朝对此也十分重视,洪武二十六年(1393 年)就规
定土司承袭"务要验封司委官体勘,别无争袭之人,明白取具宗支图本,并官
吏人等具状,呈部具奏,照例承袭"。[③] "宗支图本"是土司"验明正身"最重要
的依据,将之递交朝廷有关机构进行资格审查和身份确认,信实无碍,方可承

---

① 刘介:《广西土官故实采访录》,《广西文献》1948 第 1 期(创刊号)。
② 《明太祖实录》卷三六上,上海古籍书店,1983 年,第 667 页。
③ (明)李东阳等撰,申时行等重修:《大明会典》卷六,广陵书社,2007 年,第 131 页。

袭。这一思想得到落实，明清时期皆需如此。

在这种情况下，为了满足朝廷的需要，土司们开始重视祖先世系的记录，后来仿效汉人，广修族谱，为土司宗族的建构创造了条件。而且立足于中央政权的历史来看，宗族作为一种社会组织在明清时期正经历着一场郑振满称为"宗族庶民化"的运动。[①] 宗族组织逐渐脱离士大夫阶层的藩篱，至少从明中期开始在民间社会得到普及与推广，形成一种全国性的潮流，对于基层社会的影响极为深远，并波及遥远边陲的土司社会之中，营造了一个时代性的社会契机。然而更为重要的是，明清桂西边陲与中央政府的互动日趋紧密，汉文化不断涌入，在地方历史中留下了不可磨灭的印记。从下文对土司宗族制度各种要素的分析中就可体会到这一点，汉文化已浸润于土司的观念与物质两个层面，此为宗族制度扎根桂西的关键性因素。

二、构成土司宗族制度的诸要素分析

日本学者井上彻认为，"宋以后的中国社会，特别是在明清时代，以血缘为纽带的有着共同祖先的宗族集团在华中、华南一带有了迅速的发展。这个宗族的特征是，在宗法之下聚集族人，拥有族田、祠堂等共有财产，并编辑族谱"[②]。相应地，族谱、祠堂与族田也就构成土司宗族制度最基本的要素。

（一）族谱

族谱作为血缘维系的纽带，对于始祖以下的父系亲族有着较为完整的记录，其内容主要包括每一个亲族成员的姓名、生年、卒年、生前业绩、子女数、居住地、坟墓位置等，同时，也会解释和附记整个宗族的来历及亲族应遵守之规范。[③] 通过这样的描述，从而为宗族大致勾勒出一个历时性与共时性兼具的线索，起着尊祖重本、敬宗收族的作用，其意义非同一般。《岑氏源流谱叙》曰："世家大族，莫不著宗牒，以昭示来兹，岂存荐陈其姓望之美丑？ 所以敦本

---

① 郑振满著：《明清福建家族组织与社会变迁》，湖南教育出版社，1992 年。
② ［日］井上彻：《宗族的形成和构造》，《西南民族学院学报》，1990 年第 3 期。
③ ［日］濑川昌久著：《族谱：华南汉族的宗族·风水·移居》，钱杭译，上海书店出版社，1999 年，第 4 页。

笃亲,使后世子孙不敢忘所自也。盖子孙繁衍,则迁析众多,倘非笔之,以致将数世以还,茫然不知祖考所自出,以视如秦越焉。"①对于土司宗族来说,更是如此。正如前述,土司宗族的族谱是为了明晰土官世系,严防冒袭现象的产生,满足朝廷有关继嗣的要求而发展出来的一种应时需要。在族谱修撰中往往还强调这样的认识,乾隆年间忻城土官莫景隆在族谱中云:

> 人相传而为世世相传,而为系,是祖祖、父父、子子、孙孙联属,而无间断者,按家谱系图一脉递承,而旁庶并及。余世袭斯土,家之乘即县之志。自始祖及今有十七世矣,虽族姓蕃昌,俱已亲尽从杀,故以官为世系属之,间有兄终弟及者,亦连而下,非敢自我作古,窃比列国谱系图例云。②

莫土官深谙汉人宗族文化之精髓,将继嗣与之深度挂钩,因此关于大宗、小宗、嫡子、庶子等宗族概念被完整地运用于职位的传递与家族的延续。既代表了土司的继嗣,实际上也代表了宗族的继嗣。因而那些文字化了的谱系,极大地促成和推动了宗族的实践进程。

根据现有材料推断,最早族谱的雏形当为永乐年间思明土知府黄广成委托大学者解缙撰写的《知思明府黄公神道碑》:

> 黄氏系绪陆终之封于黄,今湖广黄州,故国也。春秋时与会盟,尊周室。后并于楚,子孙益显且蕃。思明著族,宋仁宗时狄武襄奏补成忠郎,充路分官,镇遏境土,遂以得民,葬思明州南岸之离山。相传卜吉,连世有官。至训武君,二男:长游元都,累官奉政大夫,同汉阳路;次袭知思明州,元世祖命镇南王脱欢讨交趾,为向导供给,从王入朝。世祖悦之,手抚其背,亲酌,赐之衣服金帛,授勋虎符龙虎上将军、广西两江道都元帅,仍思明路军民总管。娶南宁宣化莫氏大族。讳用元,是为公之高祖,至

---

① 《岑氏源流世谱》,光绪二十二年岁次丙申重记。岑氏族人手抄本,这是以田州岑氏为中心的一份族谱,现藏于田阳县城田州镇岑贞辉处。
② 莫景隆主修:《忻城莫氏族谱》,乾隆九年。

武毅将军兼南宁路总管。讳克顺，是为公之曾祖。其讳万山，公之祖父，娶于万承许氏。六子皆贤。武略将军思明路总管、赐金虎符。讳武胜，公之伯也，继为总管，升擢广西两江道宣慰使都元帅。讳武宗，公之父也。公母夫人龙州赵氏，杞梓盛宗，世储休庆。①

这篇碑文梳理了思明土府黄氏的祖先谱系脉络，虽较简单，但由于是出自大名鼎鼎的解缙之手，在整个国家的知识阶层产生了一定影响。事实上，桂西最早的土司族谱或接近族谱形制的文字版本为明成化八年（1472 年）的《恩城州土官族谱》，其时土官赵福惠撰写序言刻在恩城街的石壁上，底下留着空栏，由后来的人将传袭土官的名字不断补充于上，而形成一份较为简单的族谱：

赵仁寿，本贯系山东青州府益都县人氏，跟随总兵官狄青来征邕州南蛮侬智高，获功绩，得水土一方归附。祖赵仁寿特令恩城州世袭土官知州职事，子孙相继，承授祖业，传之后嗣，耿耿不泯。故此刻石以为之记。（时成化八年岁次壬辰三月三十日 致仕知州赵福惠立）

祖知州赵仁寿，生子任知州赵国安，生子任知州赵胜保，绝；孙任知州赵斗清；生子任知州赵雄威，绝；弟任知州赵雄杰；生子任知州赵智晖；生子任知州致仕赵福惠；生子任知州赵存宣；生子任知州赵忠顺；生子任袭赵明；生子掌印赵鉴；生子服色赵彭年；生子冠带赵继英；生子赵朝缙任知州；子赵芳平；生子赵应机绝，接任二男赵应极；生子任知州赵贵炫；生子任知州赵东垣。②

按体例严格来说，上述文字只是将土官世系进行了简要记录，与成型的族谱相去甚远，不过其开创性意义不可忽视，而且土司先祖随狄青征蛮的故事也已载入。另外从文献上看，较早出现的还有泗城州的岑氏族谱。明弘治十八年（1505 年），土官族人岑九仙向朝廷奏报道："自始祖岑彭以来，世袭土

---

① （清）汪森辑：《粤西文载校点》卷七三，黄胜陆等校点，广西人民出版社，1990 年，第 330－331 页。
② ［日］谷口房男、白耀天：《壮族土官族谱集成》，广西民族出版社，1998 年，第 405－416 页。

官,至岑豹子知州岑应罴难,恩城州知州岑钦之祸,子孙灭亡殆尽。其弟岑接众推护印,累著劳勋,乞令袭职俾掌辖夷众。"其时兵部尚书刘大夏不仅认为岑接为冒袭之人,而且还对岑九仙将始祖推至岑彭进行了严厉的驳斥:"臣大夏先在两广见岑氏谱系云:'始祖木纳罕于元至正年间,与田州知府之祖伯颜冒,一时受官。'今岑九仙妄援汉岑彭世次,尘渎圣听,请治其罪⋯⋯"最后岑九仙被"收查发落"。① 从这一事件中,我们至少可以获取两则信息:其一,弘治十八年(1505 年)之前岑氏已有了谱系,而且可能比较忠于事实,只是将始祖上推至元末明初;其二,当时有关土官攀附的现象应还处于初始阶段,尚未大规模出现,朝廷对此还保持着警惕的心态。

到了天启年间,泗城州石刻版的《岑氏宗支世系》便十分完备,其中有关岑氏先祖宋代随狄青征蛮的事迹已臻经典化:

> 岑仲淑,派自余姚,善于医道,立功于宋高宗朝,授麒麟武卫怀远将军。随狄襄公征侬志高(原文如此),克林州城,破邕州,志高奔广南。襄公还朝,仲淑公善后,驻镇邕州,建元帅府,督桂林、象郡三江诸州兵马以御志高。始通市马于水西,大火合兵扫荡西南夷梗,有牂牁。布露上京,封粤国公。②

此外,各世系土官姓名、官职封号、功绩、子嗣皆有介绍,并理清了有关房份家支情况。总体而言,这一石刻谱系在格式、体例上都较为接近族谱的形制,其核心的表述为以后的岑氏谱书所模仿。

类似的土司宗族的谱牒、宗支世系在崇祯间成书的《土夷考》中多有反映,说明至少在明朝末年,族谱修撰已蔚然成风,其时东兰、泗城、田州、果化、向武、都康、下雷等各姓壮族土司,都已经撰修了族谱。③ 不过除了石刻版本的尚流传下来之外,其他纸质版本的早已荡然无存。现存桂西土司族谱多系清中期以后增修、续修的,或由土司宗族保存,或在地方志书中出现。其中最

---

① 《明孝宗实录》卷二二二,上海古籍书店,1983 年,第 4198 页。
② 刻于今凌云县城五指山脚。凌云县博物馆藏有手抄本,也收录于《壮族土官族谱集成》,第 157 - 203 页。
③ [日]谷口房男、白耀天:《壮族土官族谱集成》,广西民族出版社,1998 年,第 24 页。

完整、最典型的当属田州岑氏于光绪二十二年(1896年)重修的《岑氏源流谱叙》[1]、忻城莫景隆于乾隆九年(1744年)主修的《忻城莫氏族谱》以及莫萱莛民国二十五年(1936年)修撰的《续修忻城莫氏族谱》[2],三者无论在格式、体例、内容以及反映的中心议题上皆与一般汉人大宗族之族谱毫无相异之处。此外,还有道光六年(1826年)抄存的《思陵土州志》(又称《思陵州韦氏家乘》),王言纪修于嘉庆六年(1801年)、道光十年(1830年)付梓的《白山司志》[3],虽言为方志,但主要围绕土司家系而作,实为土司族谱之一种。

从理论上讲,族谱并不是由第三者做出的"纯客观"事实的记录,而是由作为当事人的某一家族、宗族的某个成员亲手编纂并保存下来的文献。族谱虽然会对整个家族、宗族成员的事迹以及他们之间的系谱关系进行某些符合事实的"历史"记录,但另一方面,也会产生一种有意无意的选择行为,即何种内容应该写入族谱,何种内容不该写入族谱等,其结果就有可能在相当大的程度上赋予族谱记录的内容以某种虚拟的性质。之所以如此,是因为对于编纂者自身来说,族谱的内容也是一种与自我认同和自我夸耀直接相连的东西。[4] 这种夸耀体现在中国人的族谱上,从来都有将宗族的传递与国家宏观的大历史联系起来的企图,即根深蒂固的"汉民族"认同。日本学者濑川昌久对此也进行了至为透彻的分析:

> ……族谱的重要性并不仅仅取决于它是个人及其所属群体的自我认同的根据,还在于它具有沟通个人以及宗族的自我意识,与汉民族乃至整个中华文明的历史的媒介意义。也就是说,族谱所记录的系谱之终极起源一般都是黄帝或古代中国王朝的王族,这就使得族谱的保持成为自己具有作为中国人、作为汉民族的正统性的根据。通过其系谱,就有可能使自己及其群体的存在,认同于从神话时代就开始起步的中华文明辉煌的历史。

---

① 现岑氏土司后裔有手抄本,《壮族土官族谱集成》中也有收录。
② 莫氏土司后裔存有两谱,后者也收录于《壮族土官族谱集成》中。
③ (清)朱锦纂修,王言纪监修:《白山司志》,道光十年。
④ [日]濑川昌久著:《族谱:华南汉族的宗族·风水·移居》,钱杭译,上海书店出版社,1999年,第2-3页。

……因此，父系世系就不仅是表示个人之间社会关系连续性的媒介点，对于他们来说，这一世系还是为使人真切地感受中国历史的连续性和实在性所不可缺少的坐标轴。只要去连续和追溯族谱中各代祖先的系谱联系，人们就能够共同拥有追寻中华文明从古代神话时代一直到现代为止的时间。就像祖先系谱一直延续到自己从来没有中断过一样，中国的历史也使人真切地感受到它从未中断，源远流长。①

族谱的确具有"作为中国人、作为汉民族的正统性的根据"，而且这种"正统性"具有深层次的象征价值。在国家边陲的桂西，更是如此。土司们在族谱中改变了祖源记忆，以汉人身份炫耀来自王朝中心的宗族门第，从而与当地土民形成族群和阶层的区隔，达到合理化其统治的目的。这种方式与珠江三角洲地方族群的做法如出一辙，后者也是通过确认"汉人"身份，划清了自己同当地原居民之间的界线。② 一定程度上，族谱是一种连通古今的媒介，借助文字表述拥有"漂白"族裔身份的功能。在桂西地区，创制族谱不仅对土司来说意义十分重要，还引发了区域性的社会变迁（详见第四章）。

（二）祠堂

从外在的形式上来看，土司宗族祠堂首先仍然是一种炫耀性的物质载体。除了建筑物本身作为家族"朝圣"中心的吸引力之外，大凡祠堂建成之后，都会勒石撰一碑记以资纪念，所包含的信息便具有很强烈的展演性质。竖立于万承土州冯氏土官宗祠的碑刻为我们提供了这样的范本：

尝读礼而至筑为宫室，设为宗祧，以别亲疏远迩，使民返古复始，不忘其所由生，则饮水思源，古今初无殊致；报本追远，上下俱有同情，由是立宗祊以修祀事，典至巨也，礼至重也，恶在其容已乎。粤稽家谱，旧传始祖讳廷宗公，原籍江南安徽歙县人氏，在宋朝荣任山东青州府总统。

---

① ［日］濑川昌久著：《族谱：华南汉族的宗族·风水·移居》，钱杭译，上海书店出版社，1999年，第23—24页。

② 刘志伟：《地域社会与文化的结构过程——珠江三角洲研究的历史学与人类学对话》，《历史研究》2003年第1期。

因皇祐乙丑年，广源蛮侬智高反，寇邕州。杨畋等久战不胜，蛮寇扰乱日甚。至皇祐壬辰四年九月，朝廷乃命狄襄公征讨。时我始祖，官授总统，系狄襄公将下，是偕二世祖讳大胜公随征至广南，合孙沔、余靖之兵，进次左、右两江等处。未几，夺昆仑关，大败智高于邕州，击智高死于大理，蛮寇悉平，南土底定。大宋皇论功升赏，以始祖父子皆同□功，升始祖为协镇副使，二世祖为左指挥，三世祖恩荫总统，自此聿来胥宇，卜居于香寿山之下焉。缅想始祖在昔韬略扬徽，大树之家风克振，鼎彝纪绩，西京之宗绪聿光，基业垂裕，大开世袭之祥，德泽孔长，远贻枝孙之福。至我朝康熙十七年间，吴三桂贼令帅吴世琮、将兵马成龙、钱一龙等自云南省寇反，霸占粤地。朝廷命简亲王行定广西等处，即调各土司带兵随征。时我高伯祖讳时俸公随州尊到云南，奋勇杀寇，幸有军功，敕授参□□职，诗所谓克绳祖武者是也。厥后进士明经，蜚声庠序，或读或耕，能创能守者代不乏人。□□□□显职，克继美于宗公，而生前懿行，亦皆谷贻夫孙子者多矣。念我族分支派（缺七字）繁，而食德服畴，均蒙福泽于未艾。顾千年华表，难忘雨露之恩，而百世（缺十字）世世相沿，祠宇不设，祀事弗修，则历代先灵何所凭依。而（缺十五字）捐资鼎建，今幸落成，经营敢云尽善，断度聊颂实枚，奕奕维新，寝（缺十一字）构显唅正之章，南则三台朝迎，天马腾伏，遥从玉带向西流，东则香山（缺八字）帽峰居北秀。五方共献瑞色，四面昭来壮观，自此地灵丕振，庙貌觇世泽之隆，人杰（缺四字）绵俎豆之荐，各房宗亲，共式凭之，益思其笑语而加虔也，入户出户，如将见之，一瞻其几筵而倍凛也。香烟喜篆祥于万年，衣冠仰钟灵于百代，伫看龙文蔚起，迪惟千人之光，骏烈繁兴，□衍始平之庆矣。是为序。①

在这些文字表述中，忠实地表达了土司对儒家宗族伦理的解读和拥戴，以及对于祖先丰功伟绩的追述等与国家宏大叙事能够紧密联系起来的主题，跟族谱构成了相互呼应的关系。当然更为重要的是，祠堂之建设是儒家伦理的重要实践，直接推动了土司的宗族化。因为从理论上来说，"祠堂是宗族的

① 广西民族研究所编：《广西少数民族地区石刻碑文集》，广西人民出版社，1982年，第111－112页。

观念、组织、制度的空间形态表现。一个姓氏血缘群体成为自觉性的宗族的关键,在于形成共祖的认同,祠堂的始祖之祭就是将共祖这一隐性事实转化为显性的客观实在,从而在宗族成员的观念和情感上确立这种认同,并通过不断的祭祀仪式加以维系。正是宗族祠堂的设置使自在性的宗族开始转变为自为性的宗族。作为自为性宗族就会建立相应的组织、制度来进行宗族社会的运作。因此,祠堂是宗族本质的表征"。[①] 尽管土司宗族建设大都采取"拿来主义"的实用策略,其宗族的"自为性"伴随着宗族要素的不断完善而成长,当发展到一定历史阶段,祠堂的修建也就提上正式日程。

桂西各土司宗族最早的宗祠创建于何时已不可考,不过可以想见的是,必然要晚于族谱的形成时间。原因可能有三:其一,土司修族谱以明世系的需求十分紧迫;其二,自为性宗族的形成需要一个过程;其三,就工程量而言,祠堂也远较族谱费时费力。只是时间上也不会太晚,资料显示,雍正年间,定罗土巡检司徐氏宗族已着手重修祠堂了,在其《重修宗祠碑记》中有如下的记载:

> 我徐系出苏州府昆山县,于明嘉靖七年随新建伯王征剿思田有功,袭封定罗司职,历今十传,先有族谱、祠宇,世世蒸尝勿替,巨因草署叠遭回禄。迨我七世祖凤山公顶职,仰体本朝雅化,无远不届,于雍正四年告休……祖垦田租价与子孙,延师膏火,或及衣食之用。章程既毕,各付钤印、遗书执照,随传族众,重建祠宇,修族谱,立家法,戒匪为,尝田有所,时祭无亏,古来忠臣孝子,不是过焉。书曰"丕癸佑启",其我凤山公之谓欤,后人宜遵守勿违,方可上不负朝训,下不愧祖宗。乃传至十一代孙顶父袭,矜持坐视祠宇倾随,不修不祭,惟知享其禄而忘其报国是。仪等目击心伤,不忍坐视,随即邀齐,后问弟侄协捐资,备办砖瓦、木料,于嘉庆二年季春,山向吉利,重起宗祠大殿一座三间。工成醮荐遵守家法,仍循时祭尝,不能济伍公创造之鸿模,凤山公丕承之大志,志可稍酬,祖恩绵长,未报于万一耳,为此勒石永志不朽云。[②]

[①] 郭志超、林瑶棋主编:《闽南宗族社会》,福建人民出版社,2008 年,第 59 页。
[②] 《徐氏族谱》附录《原州圩祠堂部分碑文》,2002 年,马山县志办。

从碑文中我们看到，徐氏在雍正四年（1726年）前已建有祠堂，只不过还比较简陋，不堪时间的侵蚀而废圮，因而此时才有重建之议，但因种种原因直到嘉庆二年（1797年）才完工。定罗土巡检司只是偏于一隅小土司，实力相当有限，在宗族化的过程中尚且能紧跟潮流，可想而知，其他强宗大族更是如此。

其实从清中期起，一些土司家族不仅建有总祠，在此基础上，随着族众的分化，支祠也陆续建成。《百色厅志》记载："土田州岑氏小宗祠三，一在婪凤，一在那岜，一在愣村，皆官族分支先后建。福德祖祠在阳万故治大街，未经分治之前，其祠先建由来久矣。"①笔者曾在那岜进行过田野调查，据了解那岜祠堂大约建于乾隆年间，婪凤与愣村分支出去的时间要比那岜为早，想必建造祠堂的时间不会晚于那岜。

支祠之建是宗族不断裂变的结果，那些在空间上分离的群体，为了维系与祖先的联系，一个个新的祖先崇拜的仪式中心也就建立起来。关于建祠的原因，思陵土州韦氏宗族的分支在新建的支祠碑记中是这样解释的：

> 至十五世祖讳世禄继袭父职……乃公始为五房，小宗支派也……韦氏亦旧有祠堂矣，然此为宗主之祠堂，族众不应共也。按礼，诸侯不宗天子，大夫不宗诸侯，士不宗大夫，明矣。今余表弟昆玉人，别建小宗祠堂一座，三间，外则头门一座，内则有庖厨，为春秋蒸尝祭烹之所，以固本支、尊祖，考慰祖宗在天灵，此真孝子慈孙之用心，为不可及也！②

作为韦氏第五房的小宗支派建祠，反映了韦氏宗族不断繁衍的一种结构性需要，支祠的多寡体现的是宗族裂变的程度。莫里斯·弗里德曼（Maurice Freedman）曾指出，汉人地方宗族中，结构上重要的单位，在系统的一端是作为整体的宗族和房，在系统的另一端是家庭和户，中间的单位是不同范围的支系。③ 宗族逾大，分支逾复杂，当支系成长到一定的程度，初具次级宗族的

---

① （清）陈如金修，华本松纂：《百色厅志》卷三，光绪十七年刊本，台湾成文出版社，1967年。《田州岑氏源流谱》有这样的记录："嘉庆三年，以应祺公第三子分管阳万州判。"文中说祖祠未分治之前已建，说明早于嘉庆三年已建，但究竟久到何时，则无从得知。

② 《思陵土州志》，据道光六年正月二十日抄存本，藏于广西壮族自治区博物馆。

③ ［美］莫里斯·弗里德曼著：《中国东南的宗族组织》，刘晓春译，上海人民出版社，2000年，第49页。

规模,建祠堂、修族谱也就势在必行了。

不过,无论是开基宗族还是支系小宗,能够将家户等单位有机地联系起来,最重要的纽带是祠堂中祖先崇拜的仪式。家族组织进行族化的形式很多,但最主要的无疑是"宗教"。这里所指的"宗教"并非通常意义上信奉神祇的宗教,而是宗族教化。所谓宗,即"尊也,为先祖主也,宗人之所尊也"。简言之,就是家族的祖宗、列祖列宗。家族的宗教,就是通过各种手段,使家族成员认识家族的基本状况,如祖先、家族结构、家族功能、家族规范等。而实现这种认识的最主要手段,则是祭祖与祀神。

土司家族祠堂中的祭祀仪式,礼仪完备而复杂,阵容十分宏大。《忻城莫氏族谱》对此记录颇详。比如仅祭器就有桌子 10 张,椅子 10 张,碟数 10 个,爵杯 10 个,酒壶 7 把,素菜碗 35 个,五寸围盘 35 个,羹碗 30 个,饭碗 55 个,五牲盘 35 个,盥盆 1 个,手巾 1 条,花瓶烛台 5 副,铜炉 5 个,牙香 1 盒,另有火炉、铁筷、木炭等;祭品有猪、羊、鸡、鸭、鹅、醴酒、果品、酱、醋、素贡、羹汤、饭、茶、鱼脯、点心、盐、烛、帛、宝、线香等,另有执事者有通赞 1 人,引赞 1 人,读祝 1 人。可见其隆重之程度。祭祖活动名目繁多,其中最主要的为与祭祀祖先有关的春秋二祭、清明节、中元节等,此外一些重要的年节祭礼亦在此举行。大祭之日,在宗主的率领之下,族众一干人等无不毕恭毕敬向列祖列宗焚香祷告,以示恭敬之心。①

清代后期不仅土司宗族建祠堂,一些取得权势的土目也不甘于落后,纷纷建祠,比如万承土州三大姓土目张氏、李氏、麻氏等都建有祠堂。② 张氏土目在宗祠碑记中说道:"尝闻朱夫子家训曰:祖宗虽远,祭祀不可不识。子孙虽愚,经书不可不读。苟不读经书,不明追远之义,不祭祀,无以伸如在之诚。故自天子及庶人,皆立祖庙焉……夫祀先必有庙,然后灵爽式凭,而格祖必立祠,乃能时食可荐,所以春息秋霜之惨,亦以笃报本追远之谊,因纠我房众,相荫而观□□,各抒丹诚,捐工金子而启栋宇。虽曰泥墙土阶,聊云庙貌庄严,庶几春祀秋尝,可以我列祖,左昭右□,堪序厥宗亲,螽斯之衍庆可卜,人文之

---

① 具体情况可参阅莫景隆主修:《忻城莫氏族谱》,乾隆九年。
② 广西民族研究所编:《广西少数民族地区石刻碑文集》,广西人民出版社,1982 年,第 85 - 110 页。

蔚起足征矣。"①在"祖先崇拜"这样一个神圣的命题之下,即使"泥墙土阶"的祠堂,在人们看来亦具有实现宗法伦理的功能。

宗族所承载的不仅有实体的意义,亦有抽象的意义。在宗族发展中,我们看到有关的象征符号扮演了很重要的角色,这是以宗教性力量对宗族进行统合的必然结果。定罗土巡检司徐氏祭祖的一篇祝文,展现了作为一个土司宗族的光荣与梦想:

> 恭惟我祖,昆山毓秀,香水钟灵。勤王仗剑,为国投军。时逢田目,叛顺纵横,特起新建,秉钺澄清。我祖奋勇,来粤先征。山川昼暗,瘴疠云屯。越峰超岭,扫寨攻城。虽云武健,实系忠贞。贼今巢破,祖也茅分十二城头,二百年零。父作子述,报主爱民。藩篱巩固,土地康宁。书宗孔孟,理究朱程。陶门种柳,潘水采芹。凡兹后福,皆赖前勋。不有报功,何以萌心。今当春、秋仲,敢负良辰?爰齐叔伯,遍集儿孙。行礼雀顶,乐奏鸾笙。龙香朝炳,凤烛宵明。初奉觉觥,三献牺尊。维羊维牛,或剥或烹。外多谨恪,内亦殷勤。以盛以湘,采藻采苹。维祖有知,鉴我至诚。式饮式食,来格来歆。尚飨。②

总之,祠堂是宗族组织实践宗族精神的场所,"有了祠堂的始祖之祭,才有宗族在始祖认同进而宗族认同的状态下进行自觉的整合。在此之前,宗族的人口群体也照样存在,但严格来说,那只是缺乏组织结构和制度形式的姓氏群体"。③从这一角度来说,桂西土司宗族组织的严密性和制度化已达到较高的层次。

(三) 族田

祠堂与族田是相伴相生的,两者之间关系紧密。清人张永铨指出:"祠堂者,敬宗者也;义田者,收族者也。祖宗之神依于主,主则依于祠堂,无祠堂则

---

① 广西民族研究所编:《广西少数民族地区石刻碑文集》,广西人民出版社,1982年,第109页。
② 《徐氏族谱·祝文》,马山县志办,2002年。
③ 郭志超、林瑶棋主编:《闽南宗族社会》,福建人民出版社,2008年,第64页。

无以妥亡者；子姓之生依于食，食则给于田，无义田则无以保生者。故祠堂与义田原并重而不可偏废者也。"①义田即族田，可谓是宗族赖以存在、运作之经济支柱。在东南的汉人宗族社会，族田一般有三种主要的来源：第一，提留。分家析产时提留一定数量田产作为祖、父辈的赡养费来源。祖父辈殁后，此田即为家庭或家族祭田，当家族发展为宗族，即为宗族祭田。第二，义捐。殷实之家主动捐银购置族田。第三，派捐。按人丁、田产和身份摊派银钱，甚至娶妇、添丁也有"喜庆银"之捐的额定款，然后用这些钱款购置族田。② 而在桂西地区，土司及宗族为辖区内"独一"的天然领袖，名义上拥有所有的土地，并按其实际需要设置了种类繁多的田产类型，族田之设也只是一种特殊的形式。不过在土司自我认定上，族田与其他官田又有所不同，主要体现在改流后所谓官田要收归政府，而族田则作为私产保留下来。民国时期，当地政府欲将族田强行收回国有，凌云县（即原泗城州土司）岑氏宗族为此与国民政府治下之县府打了一场官司，并将之勒石为记：

> 凌云岑氏族产田庄四，为祖宗艰难创业以子孙，具有悠远之历史，千数百年无持异议。民元以来，不知者倡为异议，以为庄田称苟同，指为官产，起意侵夺，悠悠之口，积非成是……同人具理由书称，始祖岑仲淑随宋狄武襄征侬智高，庵有邕管田州、泗城诸徼，辟地至红水江尽处，子孙世职泗城土府。当时田野未辟，沿边初政，悠军民开垦升科，除公田以外，复以官族生齿日繁，禄养有限，令子弟就东南西北各地耕垦，是为食田，与公田有别。至雍正五年改土归流，除官庄公田均没入官外，并食田亦尽被剥夺。先祖岑映翰，乃诣阙讼冤，蒙给田庄田产，即前之剥夺食田以为岁时荐祀之资产，其余尚被剥夺无算，载在族谱，班班可考。③

经过岑族的力争，四处田产最终还是复为岑氏宗族所有，因而在祠堂中勒石为证，说明政府承认了岑氏族田的私有权。在帝制时代，朝廷对于土司

---

① （清）贺长龄辑：《皇朝经世文编》卷六六，《礼政十三》，光绪二十四年。
② 郭志超、林瑶棋主编：《闽南宗族社会》，福建人民出版社，2008年，第18-19页。
③ 广西壮族自治区编辑组：《广西壮族社会历史调查（四）》，广西民族出版社，1987年，第283页。

宗族建设是十分重视的，即便在土司倒台之后，还会给予照顾，至少在族田上采取了较为宽松的政策。田州于光绪元年（1875 年）改流后，朝廷主动拨出一些田产供岑氏土司宗族蒸尝之用。此事在方志中有记载：改流后，"田州旧署应即拆毁，其材料拨归归顺、奉议建署之用，有屋三楹给为岑氏祖祠，以百色下田里田五十一玮、奉议中田里田四十九玮零一百五十地，俾奉蒸尝族目，各田免征米令。佃定于光绪元年，原定纳粮新章每亩一玮，每岁于交官项下，拨钱一千八百，作族民养赡之资"。① 那些不纳国课的田亩，之前是否为宗族之族田，无从考证，但据此而推知，朝廷承认土官家族拥有祀祖的族产也是无疑的。这样的情况也反映在镇安土府岑氏家族中。镇安府于雍正七年（1729 年）改流，乾隆年间天保县知县姜国诚出面，在原镇安土知府岑氏宗祠前立《禁卖祀田碑》，以保证祠堂的运转、宗族的延续。碑文内容如下：

> 据土裔岑上述禀称，土府岑继祥故绝，惟一女名如宝，誓志不嫁。上宪悯其贞孝，合择近支岑统藩接祀，并给渠灰、逐豆二庄田三十三玮，及孟村官庄田以为养赡。嗣因渠灰、逐豆之田难耕，呈请换给近城腰、兵二庄田一十六玮零一什，俾世守在案。如宝故后，统藩将腰、兵二庄田典卖，作殡葬费，复修建祖祠，找价作用，以致祀田日耗。兹公议找断腰庄、收赎兵庄，再将府厢、渠贵、莲塘等处零田一并找赎，庶丞当不缺，而贞孝亦不致泯殁，等情。当批如禀妥办，积据找断腰庄及渠贵、莲塘、府厢四处田一十七玮，计找价银四百七十九两，赎出兵庄田六玮零一什，共去价银四百七十六两，将所收禾谷为土府祀费及修理祠宇之用，勒石不准违禁谋卖。倘或子孙盗卖，通同容隐，许即禀究……②

土司宗族在族田的管理上一般采取三种方式：其一，利用土民耕种，由耕种者提供春秋祭祀的各种服务，有点类似于役田的范畴。比如太平土州李氏土官为春秋祭祀而置一些蒸尝田，由固定的村屯农民耕种，每年祭祠时，提供

---

① （清）羊复礼修，梁年等纂：《镇安府志》卷二〇《纪事之三》，据光绪十八年刻本，台湾成文出版社，1967 年。

② （清）羊复礼修，梁年等纂：《镇安府志》卷一四《坛庙》，据光绪十八年刻本，台湾成文出版社，1967 年。

劳役。① 思陵土州韦氏家族春秋二祭则摊派到派钦、汪浩两村头上,"每年额收田钱贰拾肆千文足,每家各谷一箩,每家棉花贰拾斤,蓝靛贰斤"。② 其二,也是由土民耕种,但不需服役,而是缴纳一定量的粮食。全茗、茗盈两州许氏与李氏各有不等蒸尝田,许姓家族的蒸尝田在板孩、小山两村,都是出租给百姓耕种的,每年收谷一万斤左右,四六分,官得四千斤,耕种的人得六千斤;李姓家族的蒸尝田在何处不明,估计可收谷六千斤左右。下雷许氏的蒸尝田,在硕龙街阳杜屯和下雷街邑驰屯,由当地农奴领种,每年交一半产量,供土官春秋祭祀时备办祭品。③ 再如上文提到的泗城州岑氏,改流后的族田由佃户耕种收租,每年的收入一部分用于春秋二祭和清明、中元节、春节三大节,其余由土司的直系后裔支配使用。④ 其三,由宗族各房轮耕。典型者如忻城莫氏土司,其宗族设置大量的祭田,据族谱记载有"县门前田""木万村田"等三处田产:

> 县门前田:当碑田大小十三丘,秧种壹百斤;栋旗田大小六丘,秧种壹百斤;古良田大小十丘,秧种壹百斤;门口田大小八丘,共秧种壹百斤;那统田壹丘,秧种六十斤;那鸢田壹丘,秧种二十斤。木万村田:古朗田大小十二丘,秧种六十斤……以上祭田大小三处共田壹百陆拾贰丘,秧种壹千三百玖拾斤,每年招佃耕种,收获时临田分租。⑤

这里的招佃应该是由各房族来执行的,因为载于族谱的《芝州家训》中对族众有如下的告诫:

> 一守祭田,报本追远,自由同情第对俎豆而致欢,无田陈器设馔之日,不殊多抱歉乎。余不预族人自置田亩,分交亲房轮年管耕,将新收谷以备春秋祭品。如有盈余,务须储积。经营按年列册交代,为修祠庙、坟

---

① 广西壮族自治区编辑组:《广西壮族社会历史调查(四)》,广西民族出版社,1987年,第87页。
②《思陵土州志》,据道光六年正月二十日抄存本,藏于广西壮族自治区博物馆。
③ 广西壮族自治区编辑组:《广西壮族社会历史调查(四)》,广西民族出版社,1987年,第169页。
④ 广西壮族自治区编辑组:《广西壮族社会历史调查(四)》,广西民族出版社,1987年,第291页。
⑤ 莫景隆主修:《忻城莫氏族谱》,乾隆九年。

茔及亲房婚丧、出考公费。承袭者其世守之。或有敢慢祖先，私废是业，不论亲疏俱鸣官告究，以为后来子孙不孝者戒。①

由上文也可看出，祭田虽交给亲房轮耕，但地权是全族所有，不可私自转卖、转让，否则将等同于犯罪。正由于是宗族共有的财产，倘若土官仗势侵犯族产，损害到族众的利益，人们还可向流官上司申诉。定罗土巡检司徐氏在乾隆年间便遭遇了司官侵权事件，后在上司的调停下得以解决，碑刻记录如下：

> 愣苗村租垦田二百三十九亩，乃祖士贤公经分给老三房士伦、士获、士珠公，去九十六亩，实存一百三十九亩，每年应租价四十四千文，足以（此处缺字）作膏火之费。讵至乾隆五十三年，掌印官侵蚀，教读概废，致合族赴前府色（族谱原文如此）控诉。蒙批移分府丁，审明公断，与老十房子孙钱四十千，经远公子孙钱廿千，任各赴馆，每年仍抽出七千文办二月初十日春祭添物之用，并支祖垦田粮，及十六房之粮，尚剩多少千，留与掌尔官修理宗祠公用。秋祭八月初十日，系老三房子孙办祭；冬祭冬至日，系愣苗村远族办祭，遵祖成法，毋得更改。②

宗族的规范化运作，也许在族田的管理上体现得最为突出，因为这是能直接产生利益纠葛的宗族要素，若处理不当，将无法提供宗族运转的物质资源。通过族谱与祠堂等载体，族田的使用被纳入宗法的层面，成为族众必须遵守的规章。正是这种相济的局面，为宗族群体的延续与发展创造了条件。

桂西壮族土司是一群善于掌控资源、运用资源的能动者，他们力图塑造一个中央王朝的"正统"边陲代理人的文化形象，借此稳固权力和统治，因而非常巧妙地操控了自上而下的大传统文化的象征，用国家的话语表达着地方权力中心的地位。"宗族"作为一种文化和政治的象征，被整合于桂西土司"权力的文化网络"中，为其权力建构提供了丰富的议题和文化操作空间，于

---

① 莫景隆主修：《忻城莫氏族谱》，乾隆九年。
② 《徐氏族谱·重修祠堂碑》，马山县志办，2002 年。

是"来自中原"的历史记忆成为土司威权建构的重要内容。在此基础上,修族谱、建祠堂、置族田,形成了壮族地区历史上最为完备的宗族制度。纵观桂西土司的历史,以一家之力统治地方往往数百年,完善的宗族制度起到的作用不容忽视。

"明清华南宗族的发展,是明代以后国家政治变化和经济发展的一种表现,是国家礼仪改变并向地方社会渗透过程在时间和空间上的扩展。这个趋向,显示在国家与地方认同上整体关系的改变。宗族的实践,是宋明理学家利用文字的表达,推广他们的世界观,在地方上建立起与国家正统拉上关系的社会秩序的过程。"[1]朝廷的教化无远弗届,宗族的传播过程在边陲地区同样具有普遍意义。但我们应该认识到,宗族制度作为宋明理学思想的直接实践,在桂西土司社会的渗透与扩散说明以儒学为核心的汉文化在这里已经有了坚实深厚的底蕴,否则就是无根之浮萍,飘荡不定。实际上明清时期是桂西地区历史上最为重要的转型期,其时以汉文化为主导的边陲"文明化"无论在速度、力度、深度与广度上都达到了历史的高点,并首先在统治阶层掀起了"汉化"的潮流。桂西土司对于宗族制度的接纳和利用,既有现实的需要,同时也是汉文化不断向桂西社会推进的结果。更重要的是,桂西土司的上述做法对地方土民产生了示范作用,使边陲地区对中央王朝及其文化、政治的认同日渐增强。

第二节 土司的继嗣与婚姻

明清时代,桂西土司权力主导群体以汉人宗族组织的面貌而出现,这一特征也反映在继嗣上。陈其南认为宗族的"宗"如果用人类学术语表达,就是"Descent"(继嗣),而"族"是指具有共同祖先认同(Identity)的一群人,即是今天所谓群体或团体。"宗族"之称就是说明父系继嗣关系,即所谓同"宗"所界

---

[1] 科大卫、刘志伟:《宗族与地方社会的国家认同——明清华南地区宗族发展的意识形态基础》,《历史研究》2000 年第 3 期。

定出来的群体。① 理论上说,宗族共同体内的人们能根据亲属组织的规则而提升职位,而且所有成员对宗族共同拥有的财产具有平等的要求,在仪式及其提供的世俗的设施也同样如此。但事实上权益和权力的获得的归属是不平等的,宗族的精英行使更多的权力,而且控制着经济和仪式特权的分配。② 一般来说,土官作为最高掌权者既是宗族的族长,亦是地方的行政长官,它的继嗣交织着"公性"的宗法规例与"私性"的权力欲望。

一 承嗣: 权力传递的"规则"

嘉庆年间,南丹土州土官莫遐昌在为自己撰写的一篇墓志铭中,对于他这两代土司承袭的情况有这样的描述:

> 余姓名遐昌,字宏远,青云乃其别号也,生于康熙五十九年庚子岁秋八月九日亥时。乃宋时始祖莫公讳伟勋者之二十二代嫡派苗裔也。始祖讳伟勋,本系山东青州府益都县人氏,于元丰年间奉命征剿南丹溪峒猛蛮有□(功),即以军功授为世袭刺史。始祖讳伟勋,伟勋生二世祖讳尚……。先君生三子,嫡长荫袭,即余也,名生乃即树立;仲弟名遐龄,字永年;季弟名遐豫,子介石。余幼为荫袭,年二十三而承袭任事。盖先太人□于簿书,乾隆七年秋九月间,乃为托疾出文告休,至乾隆八年春二月十五日,部中号纸即到,令余袭职,莅任视事。余奉君父之命,乃待罪而不敢辞焉! 余原配罗氏,于余犹为荫袭之时,已生一子,先君命名曰敌,系己未年十月三日生也。余莅任日,敌已五岁矣! 余即照例报明,立为荫袭官男。休致后,继室陈氏见生一子,余亦因姓安名,命名为散然。乾隆二十三(疑漏年字),余见长子已渐次成立,可以代劳,遂为告休,详请替袭。荷蒙恩允,颁发新印并号纸,至今敌袭职。敌供职九载,不幸染疾而卒于任。因无嗣,在同父之弟,又先天夭殁,所以序及血叔遐龄。龄系

---

① 陈其南著:《家族与社会:台湾与中国社会研究的基础理念》,联经出版事业股份有限公司,1990年,第217页。
② [美]莫里斯·弗里德曼著:《中国东南的宗族组织》,刘晓春译,上海人民出版社,2000年,第87页。

余同胞仲弟也。窃余荷君之恩，承祖宗之业，待罪一十六载，实无一长，惟有自知短于才力，乃安分守拙，夕惕朝乾，悉守成规，不敢妄行更改。事上以礼，不敢骄矜，不敢谄佞……。今余恐后人之为余作序者，或为虚妄粉饰之词，或为苟简草率从事，或虽不欲为粉饰虚浮、苟简草率，而不能知之，所以不能不自序矣。嗟乎，余之自序此，不惟冀亿万年之士君子见而知余之世系始终，乃欲略识字之樵夫牧童见亦知之，更望余之若若目睹口念，而自悉其源流宗派之所自来，不似他人之茫焉。①

按照莫土司的自叙来看，承袭的事务首先要与朝廷有密切的沟通，立官男或袭职都要取得其授权，朝廷扮演着仲裁者的角色。上述个案中几次权力交接大致上风平浪静、无波无澜，较好地体现了嫡长尊、庶幼卑，兄终弟及等汉人宗法伦理一般性的原则。这些原则也被朝廷以制度的形式整合于土司承袭的管理办法中，试图以自上而下的方式操控之，在《大明会典》《大清会典事例》等典籍中有较为详细的记录，已有先人择其要者归纳如下：

至前明洪武间定制，土司继世皆取具宗支图册、地方官吏结状，令应袭之人赴京呈部勘明，回任管事。俟著功劳，乃授冠带；功劳再著，乃命署职；屡著功劳，乃予实授。或以地方窵远，及有边警，暂免赴京，就彼袭替。如土官无子，许弟袭职。如无子、弟，其妻或婿为夷民信服者，许袭职。其应袭子孙未及十五岁者，令协同流官管事。凡应袭土舍俱令赴京听勘，如自冠带，管事者革究。国朝沿明制，土司承袭由部给牒书，其职衔、世系及承袭年月于上，曰号纸。应袭职者督抚察覈，先令视事。令司府州县邻封土司具结，及本族宗图、原领号纸，纳部具疏请袭。嫡庶不得越序，无子许弟袭，族无可袭者或妻或婿为夷众信服，亦许袭。子或年幼，由督抚选本族土舍护理，竢其年十有五，请袭。土官年老有疾，请以子代者，听土官支庶子弟，有驯谨能率众办事者，许本土官详报督抚，题请给予职衔。令其分管地方，所授职衔视本土官降二等，所分管地方，视

<hr>

① 《南丹土官莫遐昌墓志碑》，嘉庆三年（1798年）岁次戊午仲春月清明吉时立。广西民族研究所编：《广西少数民族地区石刻碑文集》，广西人民出版社，1982年，第173页。

本土官多不过三分之一，少则五分之一。此后再有子孙可分者，亦再许详报题请，照前例分管地方，所授职衔再降一等，给与印信号纸。①

根据上述规定，土司承袭时需赴京象征性地接受朝廷的册封，这在信息闭塞的时代，不失为一种较为稳妥的办法。在这里，记录土司家族世系的宗支图谱十分重要，成为承袭正当性的依据。不过在此过程中存在着许多漏洞，明人沈德符在其《万历野获编》中揭露了这些弊端：

> ……至于土官则全凭宗支一图为据。今惟云南布政司贮有各土司宗系，以故袭替最便，而贵州、广西诸土官竟自以所藏谱牒上请，以致彼此纷争，累年不决，称兵构难，而不肖监司又借以收渔人之利，此最大弊事。②

这段话说明两个问题：其一，"权钱交易"部分扰乱了土司承袭的秩序；其二，贵州、广西土官族谱的不可靠性也显露无遗，往往成为权力争夺的道具。南丹土官莫遐昌墓志铭最后那一番感叹，也就颇耐人寻味。莫土官当然明白土司家族对待族谱世系的实用性原则，故而以"清者自清"的姿态高调宣称自我谨慎的态度，以证其明世系的真实可靠以及承袭的合理。

就承袭的资格来说，据上述内容来看，规定的理想状态，依次为土官的子（又有嫡庶之分）、弟、妻、婿等层次，不过承袭一般多发生在土司子弟间，即便袭官年幼无知，也要安排亲人协助管理，待成年后袭职。20 世纪 50 年代的壮族调查为我们记录了这样的一些案例：

> （土司）一般实行嫡子承袭制，没有嫡子，就立庶长子，倘若嫡庶都没，有则要弟弟承袭，即所谓"父殁子承，兄终弟及"；若再没有亲弟弟，就要弟弟之长子承袭。但仍以头脑清醒、五官齐全为合格。如全茗土州第二十世许长椿，因为愚傻就不能承袭。茗盈也有类似的事。如果亲友没

---

① （清）英秀修，唐仁篡：《庆远府志》卷一四《职官志·土司》，道光九年。
② （明）沈德符：《万历野获编》，杨万里校点，上海古籍出版社，2012 年，789 页。

有人,则立三服或五服内之人。如果承袭人未及十六岁,可以通过族长,推举有功名的族人出来协理。如茗盈土官李维钧,年幼时由李茂恒出来协理数年,待维钧年稍长,始将官位交给他。[1]

办理承袭的过程中,需要临近土司的甘结(画押字据)作为证据,《广西少数民族地区碑文、契约资料集》收录的一份碑文为我们展示了这样的案例:

> 广西太平府茗盈土知州,今于与印结。为土司办承袭事,依奉实结得厅袭龙英土知州官男现年□□岁,系长房正妻丁氏所生。嫡长子奉查承袭,按以土司定例序,应嫡长子赵栋承袭其职,名正言顺,众心悦服,并无假冒僭越情弊。官男亲供,开叙明晰,毋庸繁琐。卑土州系属邻封,不敢隐饰。理合出具印结是实。
> 同治□年□月□□日。茗盈土知州李惟均印结。[2]

此外,土官的妻、婿等拥有继承权力,作为一种通例,在所有土司地区实行,因此就难以将之与某个少数族群的特殊习俗联系起来,概而论之,可能更多的是朝廷稳固边陲的一种策略。尽管这样的例子在桂西土司历史上仍属少数,但土官之妻以外来女人身份承袭大位,或掌握大权,领兵作战,进而青史留名,也有一些记录。《庆远府志》载:"韦氏,永顺长官邓德杨母也。万历三年,广东罗旁地方扰,调土兵征之。德杨年幼不能行,氏应调随征,擒获贼魁罗天威、罗大勇等,共斩获首级三十颗。两院奖赏花红、银两、绸缎,亦巾帼中丈夫也。"[3]至于明嘉靖时期田州土官岑猛的妻子瓦氏夫人,率领狼兵抗倭的传奇故事,想必已经是耳熟能详的了:

> 田州女土官瓦氏,嘉靖十四年调之征倭,至苏州,索有司捕蛇为军中食。败倭于王江泾。时人语云:"花瓦家,能杀倭,腊而啖之有如蛇。"

---

① 广西壮族自治区编辑组:《广西壮族社会历史调查(四)》,广西民族出版社,1987年,第143页。
② 广西壮族自治区编写组:《广西少数民族地区碑文、契约资料集》,民族出版社,2009年,第127页。
③ (清)李文琰修,何天详纂:《庆远府志》卷八《人物志·烈女》,乾隆十九年。

嘉靖甲寅，倭寇吴中。广西女土官瓦氏，率万人来援。泊胥关月余，驭众有法度，约所部不犯民间一粒。军门下檄，辄亲视居亭民诉。部夷夺酒脯者，立捕杀之，食尚在咽下。其出，军帜分五色，以别行伍。头裹方素，无他色者。或问瓦，云："身是孟获裔孙，感武侯七赦恩，诫子孙世世戴编，以识不忘耳。"①

沈德符记录的一则思城州土司轶事则更具戏剧化色彩：

土官入为京朝近吏者，隆庆辛未进士宋儒为礼部主事；中国人出为土官者，近年思城知州赵天锡，皆奇事也。宋为麻哈州世袭土同知，冒北直隶定州籍等第，且选为庶常；赵本江南女优，游粤西见嬖于土酋，因得袭职，尤为之奇也。……赵善笔札，曾与旧知书，婉媚纤弱，全是黛查本色。乃闻其得官之故，则鸠所天及正室，而赵氏无他子，遂以夷法妇袭夫官，其人至今在。然则此妇虽夏而变于夷，似贤于宋多矣。②

其实，如果站在赵氏土司主位的立场来认识这一事件，或许就具有一定的合理性。土司向来认为其家族是来自中原征蛮的汉人，赵天锡为江南汉人，在其眼中并不存在夷夏的区辨，只不过土官的婚姻多来自周边土司家族，赵氏从千里之外的江南远嫁瘴蛮之地的边陲，而且承袭土司职位，显得有些突兀罢了。当然，与此类似的女土官十分有限，由女婿继嗣的现象更为稀少，主要的承袭案例还是产生于土司家族内部子弟的传递。

美国人类学家克利福德·格尔兹（Clifford Geertz）观察到，在印尼巴厘岛，上层种姓在被称为宗族（Lineage）的群体内部，随着时间的流逝和新分化群体的不断产生，它们的等级也相应发生变化：一旦新群体出现，较老的次级群体即沉降到一个相对较低的地位上。其结果是产生了一种等级性的、富有弹性同时又具备完整体系的继嗣群体结构，政治权威的实际配置就基于这种

---

① （清）汪森辑：《粤西丛载》卷二四，黄振中等校点，广西民族出版社，2007年，第1047-1048页。
② （明）沈德符：《万历野获编》，杨万里校点，上海古籍出版社，2012年，第646页。

结构。① 实际上,新老群体交替的现象应是一般宗族群体运作的共性。不过土司在承袭的过程中,正如朝廷所规定的那样,还附带着一种权力的分配,即支庶子弟的利益安排。如据《百色厅志》记载:"(雍正)七年,田州岑应祺请以第三子岑洁分管阳万二里及下田里之四都。部议,视知州职降二等,给州判世袭。应祺又请以第四子岑游分管恩城里。部议,无二子并举。例不果行,因援例捐通判。十年,改授西城兵马司正指挥引。"②这样的做法,其出发点是为了家族成员更好分担土官的职责,控制地方,以稳固土司的统治,或者是对这些没有取得最高权力的"失意者"的一种安抚。但一些次级群体并未在衰降的过程中猝然失势,或者说他们为了进行一种向上的流动而努力。争袭土官之位就成为最佳的选择,也因此而留下了隐患。

明清土司政权呈现出家族主义倾向,是土司家族组织与基层政权相结合的产物,从而构成一种新型的地区自治。数量众多的家族子弟凭借其血缘和亲缘关系,在土司行政机构中担任各种要职,插手土司管区的军事、司法、财税、监察、朝贡等事务并监管土司的基层政权组织,从而代替土司行使家族统治职能。③ 官族常常把持地方大权,霸占大量官田,组织各种工程,甚至拥兵自重,在经济上和政治上都掌握了一定的话语权。④ 因此在一些土司地区甚至形成官族强而土官弱的局面,甚至土官已丧失基本的威仪。《思陵土州志》记载了一件袭官被官族殴打的事件:

> 署理思陵州卑官男韦象贤,谨禀大老爷钧座:
>
> 敬禀者卑官男,世受国恩,守斯边土,均有民事之责。于本年正月二十九日,早饭后,适卑官男审案,忽有不法之韦琰、韦瓒等,乃系嘉庆十年间,卑官男祖父韦一彪任内纠众行劫韦锦屏家徒犯韦瑶之胞弟,邀带伊子武生韦东达……等十数人,手执凶器,蜂拥到堂,要捉卑官男殴打。幸

---

① [美]克利福德·格尔兹著:《尼加拉:十九世纪巴厘剧场国家》,赵炳祥译,上海人民出版社,1999年,第30页。

② (清)陈如金修,华本松纂:《百色厅志》卷八,光绪十七年刊本,台湾成文出版社,1967年。

③ 成臻铭:《论明清时期的土舍》,《民族研究》2001年第3期。

④ 李小文:《国家制度与地方传统——明清时期桂西的基层行政制度与社会治理》,厦门大学博士学位论文,2006年,第219－226页。

各目拦阻得脱，不致受伤。斯时，胞叔韦组闻知，奔到理劝。而恶等吾俱酗醉，不由分说，竟将卑官男叔父韦驱逐出街，用拳头棍殴打重伤。[1]

官男即相当于预备土官，竟在衙署内被公然殴打，且对于官族屡次行凶亦无可奈何，只能诉诸流官上司，其颓势可见一斑。此外一些异姓土目也往往积聚了一定的力量，成为不容忽视的实力派，极可能在土司地区掀起风浪：

> 岑绍袭为田州知府。天顺三年，绍老，传嫡子镛。而州目吕赵，挟绍庶子鉴，拒绍而逐镛于外。时官府暂令镛寄住省城，令鉴袭其职。赵于是纵兵攻破镇安、奉议、南丹等州，上隆、恩城并受其害。擅为铁钩吊挂之刑，兴贩私盐，伪称名号，私通交趾。复夜杀鉴，既而鉴子玹亦故。赵遂以幼孙吕婴冒玹名而袭其职。副都御史叶盛会兵讨执，赵伏诛。令镛袭父职。镛死，子溥袭。[2]

土目竟可搅动整个土司社会风云，可见其势力之强，对土司家族而言是个极大的威胁。雍正初曾任广西巡抚的李绂，对于土舍、土目等横行地方的行径深有感触，从而有声讨之议，在《禁土舍土目僭妄檄》中说：

> 为严禁土舍、土目私刻钤记，擅用朱笔事。
>
> 照得各府、州、县地方，向有委充土舍、土目、堡目、隘目诸名色，原以资其巡缉，保固村庄。近因滥委无良之徒，往往委牌未下，先置旗伞，公然私刻关防印记，行票标朱，俨同官府，横行出入，罔知顾忌。当此光天化日之下，岂容此辈魑魅，赫诈愚民，滋事地方，殊堪发指。为此牌，仰该府官吏，文到，即将各土舍、土目、堡目、隘目查明，存无私印钤记、朱笔，僭行官制，妄用旗伞等项，严行禁革，毋许衙役容隐。其有官吏原经受

① 《思陵土州志》，据道光六年正月二十日抄存本，藏于广西壮族自治区博物馆。韦琰等人为韦氏土司第五房后人。
② （清）汪森辑：《粤西丛载》卷二四，黄振中等校点，广西民族出版社，2007年，第1153页。

贿,私委交通,衙门辄复纵容妄行,一有此弊查出,定行参处。至各土舍、土目、堡目、隘目各名色,各府、州、县某处,原委某人,是何名姓,现在所管何事,果否守法,某州共有几人,某系某年旧委,某系新委,现在曾否有案,年岁多寡,住处何地,该府官吏逐一查明确实,另造一清册送查。务宜详晰,毋得听书役视为上司牌行故套,辄用"现在遵照"及"无凭查造"等语验文混行,率覆了事,致干咎戾未便。①

从李绂的檄文来看,土舍、土目的这种私妄行为普遍存在,并已严重干扰了土司的统治秩序,形成尾大不掉之势,官府只有通过直接干涉进行弹压。当土司与土舍、土目之矛盾无法缓和时,便不可避免地爆发激烈的冲突。咸丰十年(1860年),东兰土州官族韦清仪、韦清相等,擅权横肆,酿成"一印九官"之祸。土官韦昆年独拥虚位,其母李氏深恨官族,乃与黄、罗、陈等目家合谋,议留协理韦清政一人,其余尽数灭之,以绝篡夺后患。先事派协理韦清政往芝山哨收粮,暗约三目家(俗又称棒家)夤夜将韦清仪(官族)等九门男女四十八人灭之。后三棒家与李氏、韦昆年又成仇敌,各据山寨,互相械斗。朝廷委派白宝书为凤山弹压兼查办官目械斗原因。白一到任,而李氏母子往安定土司寄居(即今都安县),三棒家亦略解甲。此事同治八年(1869年)方结束。②

忻城莫氏家族的族谱中有一条专门约束官族的家训,也从侧面为我们展现了这种情况:

> 一束头目奔于外,为手足役于内,为腹心治失其道,多为泛驾之马,待得其法,自是善御之。夫自宋以来,土司相延,害于头目之手者,亦代有人。是为官之羽翼,反作家之鹰鸷。严以约之,勿使假威凌民;宽以处之,勿使离心叛主。则渠奉法而行,不啻指臂之相应,无往不得其力也。③

掌握了权力的土舍、土目固然对于土官的独裁政治起着牵制作用,但这

---

① (清)李文琰修,何天祥纂:《庆远府志》卷九《艺文志》,乾隆十九年。
② 黄光国:《凤山县志》第七编《前事》,广西壮族自治区博物馆据民国三十五年油印本,1957年。
③ 莫景隆主修:《忻城莫氏族谱》,乾隆九年。

种权力分配奉行利益最大化的哲学。正因为这样，那些土舍经过若干年的苦心经营，逐渐树立了自己的威信，积累了各种有利的政治与经济资本，为争袭奠定了基础。他们常伺机而动，或亲自上阵争袭，或通过积极扶持某个对自己有利的承袭人选上位，最终获取利益，在权力博弈中扮演了重要的角色。以土舍为主导，土目参与的争袭，非自然地中断传承世系，是制造土司地区混乱的重要因素。

土司承袭问题实质上就是一个家族内部整合的问题。正如格尔兹所指出的，对于一个家族而言，远非简单地模式化，无论作为一个整体的群体能够获致怎样的政治权威，其内部的权力配置也不会均衡，其方式既纷繁驳杂，又明确无误。一个家族愈是强大，它的内部结构就愈是分化。其内部结构愈是分化，所面临的整合问题愈是棘手。对外的政治成功导致的是内部的政治紧张。当一个强大家族开始走下坡路时，它更多的是遭受内部削弱而非外部压力。① 土司家族亦面临这样的状况。朝廷的规范化措施很大程度复制了汉人宗族的宗法伦理，并被作为一种观念形态广泛流布于土司地区。但争袭问题本身就是宗族裂化不可逆的结构性问题，况且在权力的欲望面前，那些措施就更显空洞化，难以阻止地方势力对权力的争夺，这大概也成为土司制度的痼疾。

在桂西土司历史上，有关争袭的记载广见于各种文献。如在安平土州，"光绪年间的土官李超绪，只生一子名李英，理应由其承袭。但土官之弟李超荣之妻，为使其子能够袭职，竟将李英毒杀，其嫡子李德普袭职后，李超荣之妾所生的长子李德明，因未能袭职当官，怨气冲天"。② 由此可见，土官之位的争夺是残酷的，毫无亲情可言。

据《忻城莫氏族谱》记载，莫氏土司争袭不断，从10世起至14世时达到顶峰，争夺十分惨烈，直到十五世莫元相于康熙四十八年（1709年）以嫡长袭位后，除了康熙五十年（1711年）官族莫元彩制造了小麻烦外，"自此以为亲疏房族俱知敛迹，盖百十年间而亲亲相残之风从此息矣"。争袭的情况以十一世

---

① ［美］克利福德·格尔兹著：《尼加拉：十九世纪巴厘剧场国家》，赵炳祥译，上海人民出版社，1999年，第31页。
② 广西壮族自治区编辑组：《广西壮族社会历史调查（四）》，广西民族出版社，1987年，第22页。

莫恩辉在位时为例,土官、土舍、土目三大势力交织在一起,其过程可谓惨烈,族谱记载:

> 恩辉(号君荣)以兄终弟及例袭职。当时,八、九两世祖尚在,已致不管事,顾谓族人曰:"若子袭,恐吾家自此多事矣。特限于例,无可如何。"乃令从父权官暨头目杨双帮理之。有奸人卖弄,不告祖父,娶县治寨构村民女麦氏,生子名昂。帮理者每以村民女微,则未便作主母为言。麦氏闻而恨之。一日,权官同杨双游黄竹岩,酌酒。适土民付刚经过,邀之同饮。奸目萧士文查知,诬二人歃血,欲辅抚子恩耀为官。言于麦氏,愈恨焉,计杀之心遂起。着人密探二人行踪,刺权官于板石村。伊子付稳、付定、付连、付才等知,而奔告无门,且惧祸延及己,遂窜马平之三都住焉。麦氏随计擒杨双,缢杀之,其妻、子亦奔往宜山。两愤既泄,而恩耀未除,尚难安枕而卧,日与奸目谋。耀知之,逃三都。设计诱归毡条村,勒杀之。家人惧,负伊子莫贵、莫接奔三都,与付稳等纠八堡民莫老龙、莫良护、莫洪志,同三都蛮韦志贤、韦志道等攻县,焚掳一空。恩辉伯祖宵奔永定。次日,起兵拒之。良护等势莫敌,星散奔逃,未获斩。遂请南丹州兵同永定兵征之。连破数村,良护等惧而远遁。搜山莫获,收兵回县。是岁,万历三十三年也。九月二十五日,莫付稳复结龙门之石牛村群贼数百,来攻县治,毁城焚署。恩辉伯祖与子昂俱遭难。麦氏奔都乐村乃免,私立莫贵为官。八世祖闻变不能起,九世祖久病在床,不得有为。①

如果土司家族就这样陷入无尽的僵局,而其内部又无法自我生成整合的机制,那么是通过何种方式来维持统治秩序,以至延续数百年?回答这一问题,也许需要从外部来找原因。我们应意识到,土司的秩序内在于国家的秩序之中。历代王朝一个重要的目标即是要极力维持边陲稳定的状态,并且认为土官继嗣能够在家族世系的范围内展开是较为稳妥的办法。因此若有"不法之徒"企图挑战土司的权威,造成动乱,则为朝廷所不容许,朝廷必要时采

---

① 莫景隆主修:《忻城莫氏族谱》,乾隆九年。

取军事与武力的干预,于是国家成为土司最大的庇护者。上述莫氏土司之乱也是由朝廷出面才最终平定,"遣目民韦承献等奔永定,同司官韦世兴报郡侯,随檄调永定邓长官协谭指挥,合兵剿洗,擒付才、良护等,缚送上司,斩之。传首诣县悬示,乱平"。①

一般而言,对于承袭之争的处理,朝廷较为讲究原则,以维系土司继嗣的秩序以及政局稳定为要务,可见以下两例:

> 万历十四年,东兰头目陈星等作乱,参议陈性学调兵擒而戮之。初,东兰土知州韦应龙以老告休,废其长子文焯,立幼子文韬。应龙弟应虬纠南丹、那地土兵攻之。万历十四年,文韬死,头目陈星、陈蒙等欲立其幼子文略,图专擅。乃囚应龙于武篆,杀家丁,执官男文焯,藏匿州印。性学计取应龙、文焯。星、蒙遂据寨叛,因调兵擒星等戮之,以文焯袭。②

> (嘉庆)十四年六月,田州岑煜卒,无子,其次兄勋与长兄子裕垲争袭。大府援旧案不直勋,以裕垲承袭。未几病死。裕垲妻任氏,遗腹生子锦。勋又以奸生控知本省,不受理。遂愬于广东督府,仍断归锦。锦方周晬,令取小儿诸玩物,杂田州印与号纸,置锦其间。锦乃左握印,右持号纸,不释手。观者粲,然,而勋犹屡渎不休,遂押解回西庐。其不利于孺子也,羁管省垣。未几死于狱。③

尽管宗族作为一套"权力的语言"在土司社会无所不在,美化祖先的族谱、高大雄伟的祠堂、丰厚的田产,都可将土司群体与普通土民区隔开来。但制约土司家族间争斗的宗法规则,在权力面前都黯然失色,很多时候只有依靠朝廷武力的"护卫"才能得以贯彻。中央王朝乃"天下"秩序的仲裁者,其调停是终极的行动,在一定程度上保证了土司继嗣能够延续下去。这种庇护关系也部分消解了中央王朝与边陲,即"中心"与"边缘"二元对立的矛盾。

---

① 莫景隆主修:《忻城莫氏族谱》,乾隆九年。
② (清)李文琰修,何天祥纂:《庆远府志》卷五《武备志》,乾隆十九年。
③ (清)陈如金修,华本松纂:《百色厅志》卷八,光绪十七年刊本,台湾成文出版社,1967年。

二、婚姻：地域基础与文化策略

光绪《镇安府志》记载了许多孝女、烈妇的故事，其中有这样一则，若按当时之情景读来，颇为感人：

> 岑孝女如宝，（镇安）土知府吉祥女也。吉祥年越四十始生女，珍爱之，故名如宝。女性贞静，亦慧悟，教之女儿篇，辄成诵。稍长，明大义。见父母年老无子，焚香露祷曰："天乎，我父母固善人，胡不早锡之嗣。"居常喜读诸女史，至北宫婴儿事，则唏嘘长叹。年十四，父为议婚。女闻之，泣，不食。母怪，询其故。曰："儿年艾幸，缓之。"越二年，更议婚，女却食，泣如前，形且日悴。父召而诘之，泣对曰："儿誓不愿也。"父为张目，瞪视曰："儿不愿嫁人，胡不为男子生我家，而女身生耶？"女泫然泪下，伏地不能起，徐对曰："儿尊重，恨不男子身。缓急无益，枉父母劬劳。顾父母老矣，无兄弟侍晨夕。倘嫁儿远，违怙恃，儿心痛如赝刃，恐无活理。"父曰："是不难，觅婿而赘之家，即两得矣。"女曰："是益不可。父觅婿必选土官子弟，承祖父世袭。今日赘之，明日稍拂意，即胁以去。勿从，则为不顺妇。偕往，则儿一息违父母，立当郁结死。父觅婿，何如活女？"……顺治间，吉祥夫妇相继卒。孝女哀毁尽礼。葬之日，手畚土成封，哭尽哀而返。嗣是，足不逾阁，蔬食蔬布，以终年七十卒。族人葬其父母墓侧，立祠祀焉。[1]

我们也许会说，这种孝女传记在中国历朝浩如烟海的文献及地方史志中可谓九牛一毛、沧海一粟。确实，如果仅仅作为一般的考察，此类故事似乎没有太多的意义，它体现的无非是朝廷利用粉饰的话语，描述一些"典型"案例，作为对妇女驯化的某种努力罢了。但考虑到这里是桂西最为边远的土司地区，土司上层对儒家化道德操守的理解和实践程度之深亦是令人惊讶的。不过更令笔者感兴趣的是，岑如宝就有关招赘的问题与父亲的对话，其中透露

---

[1] （清）羊复礼修，梁年等纂：《镇安府志》卷二四《烈女》，光绪十八年刻本，台湾成文出版社，1967年。

了两个信息：一是在婚姻对象上，必须要求土官子弟，即使是招赘的形式；二是朝廷规定的女婿承嗣之言非虚。只是岑如宝决意守节终生，最后镇安土府因绝嗣而于康熙二年（1663 年）改土归流。

在所有阶层对立的社会中，"门当户对"的婚姻要求实际上不难理解，而且具有符合社会功能的"正当性"。土司群体作为一种特殊的社会阶层，在区域性的框架内通过与其他土司结成相应的婚姻关系，并因此构成排他性的婚姻联盟。因此岑如宝所言反映了这一普遍的事实。这种互惠性的婚姻交换，可以追溯到羁縻时代。南宋周去非《岭外代答》记载了被称为"入寮"的溪峒头领的婚俗：

> 邕州诸溪峒相为婚姻。峒官多姓黄，悉同姓婚也。其婚嫁也，唯以粗豪痛扰为尚。送定礼仪多至千人，金银币帛固无，而酒鲊为多，然其费亦云甚矣。婿来就亲女家，于所居五里之外，结草屋百余间与居，谓之入寮。婿家以鼓乐送婿入寮，女家亦以鼓乐送女往寮。女之婢妾百余，婿之仆从至数百人。结婚之夕，男女家各盛兵为备。少有所争，则兵刃交接。成婚之后，婿常袖刀而行。妻之婢少忤其意，即手杀之，谓之逞英雄。入寮半年，而后妇归夫家。夫自入寮以来，必杀婢数十，而后妻党畏之，否则以为懦。①

据上文可见，宋代桂西溪峒上层同姓之间互通婚姻，当时婚俗似乎较少受到汉化的影响而更具"地方色彩"。这种"夸富宴"式的婚俗带有一定的炫耀与树威的性质，其过程给头领们带来了浓厚的"仪式荣耀"。至明清时期，土司阶层之间的通婚，也存在这样的文化演绎，以及由此带来的稳固阶层地位与权力的象征性意义。20 世纪 50 年代的民族调查中，发现桂西土司的婚姻案例中隐含强烈的尊卑观念和阶层意识。有关情况摘录如下：

> 太平土司：土官的婚姻不论嫁娶，以门当户对为原则。土官的正妻一定要其他土官家的女子。举行娶妻时，将官印带至女家，待新娘将

---

① （宋）周去非：《岭外代答》卷一〇，屠友祥校注，上海远东出版社，1996 年，第 261 页

上轿时,将官印挂在颈上。未讨得妻子时,可以先纳妾后娶妻,妾氏可不须具备上述条件和作法,只求得年轻美貌,不论其出身门第。……官家的小姐是不嫁给百姓的,就是长大没有人娶也留在家里活守寡,给她一份田作养老,死了为她立贞节牌坊。所以土官家里常有许多嫁不出去的老处女。据李珤家里一位老处女说:"不是我不愿嫁,而是命不好,没有人问。"……过去的官族、土目与村民不通婚,城市与乡村也不通婚。

万承土州:土官是全土州最高的主宰者,他和官族是最高等级的。婚嫁时一定要官族对官族,只有土官或官族从民家娶妾媵,而他们的女儿宁愿空守闺房到老,而不愿嫁给目家以下的人家做妻子。

下雷土州:土官分给未嫁的官女之田,约八至十亩,由佃耕种的农奴每年交产量的一半谷租,作为官女的生活费用,称作养姑田。官女死后,田和租谷归官。……原先封建等级森严,有"木门对木门,竹门对竹门"的等级限制。土官和官族为统治者,耻于与低贱的农奴通婚,只是玩弄民女或强占为妾,他们从不愿将女儿嫁给农奴。俗话说:"月中丹桂美艳丽,可叹生养太娇贵。千年未有降下来,万年无鸟飞上栖。"①

在数百年的历史中,土司阶层一直强调这种婚姻与地位相对应的信条,似乎还坚持着"宁缺毋滥"的原则,家族女性若无合适人选,即使在痛苦中终生不嫁,亦在所不惜。通俗地讲,如果婚姻交换就像货物买卖互通有无的话,那么只有在两个或多个土司中才能开展这种交换。于是土司与土司之间就不可避免形成通婚的关系,并达成一种跨土司交往网络的共识。我们以具体的案例来进行论说,其中万承土州的例子较为典型。

万承土州位于左、右江中间的区域,有关婚姻材料记录在明末清初万承土官许祖兴的两位夫人的墓碑上,共记录20多桩婚姻。其中21桩的具体情况见表2-1:

① 广西壮族自治区编辑组:《广西壮族社会历史调查(四)》,广西民族出版社,1987年,第79-188页。

表2-1　万承土官婚姻表(以土官许祖兴以下部分女性婚姻为例)

土官	女子名	讨妻者	讨妻者身份	备注
许祖兴	名字不详	岑廷铎	田州土官	许祖兴长女
许祖兴	名字不详	黄戴乾	思明府土官	许祖兴次女
许嘉镇 (土官)	遂茸	黄中玉	思明州土官	
	遂瑶	李缵鼎	茗盈州土官	
	遂雯	许弘祚	上映州土官	
	遂婧	赵振刚	龙英州土官	
	遂贞	梁光福	罗白县土官	
	遂暇	周承德		身份不明
	遂仙	黄玉晓	向武州土官弟	
许嘉铨 (授建威将军)	遂林	赵乘龙	下冻州土官	
	遂昭	李开锦	太平州土官	
	遂玄	许绍武	下雷州土官	
	遂嫌	许邦题	全茗州土官	
	遂宁	张天祚	结安州土官	
	遂婵	赵殿辉	龙州土官侄	
许嘉福	遂严	赵国梁	龙州土官	
	遂娥	黄嘉德	向武州土官弟	
	遂争	李友棣	太平州土官弟	
	遂孕	杨叁桂	桂平县训导	
	遂缵	李子宴	安平州土官兄	
许嘉禄	遂姬	李长略	安平州土官弟	

(资料来源：张江华：《明清广西左右江地区土司的婚姻与策略》,《中国西南地区历史文化与社会变迁国际学术研讨会论文集(上)》,2007年,第53页。)

　　从表2-1来看,土司家族之间的通婚占据绝对多数,符合当时"门当户对"的要求。从通婚地域上看,万承土州所构织的婚姻网络确实非常惊人,几乎与左江流域和左、右江之间的大部分土司都有稳定的婚姻关系。不过也可以说,其时万承土州女性人口众多,且居于左、右江之要冲,地理位置优越,有利于与众土司进行通婚。那么红水河流域的土司情况又当如何？下面以忻城莫氏土司家族的部分通婚状况为例,笔者亦将之列表2-2:

表2-2　忻城莫氏土司家族部分婚姻表

娶妻者(土官)	嫁出者	官妻或夫婿姓氏	来源和身份
莫应朝		罗氏	那地土官女
莫镇威		罗氏	那地土官女
莫志明		韦氏	东兰土官女
莫　猛		韦氏	永定土官女
莫宗诏		莫氏	南丹土官叔女
	莫宗诏长女	韦国柱	永定正长官司司官
	莫宗诏四女	邓启聪	永顺正长官司官叔
	土官莫元相长女	韦廷壁	永定长官司司官
	土官莫元相三女	邓朝宸	永顺长官司司官
莫振国		邓氏	永顺长官司司官女
	莫振国四女	覃延玺	古零土巡检司官
	土官莫昌荣妹	潘凤岗	安定土巡检司官

(资料来源:莫景隆主修:《忻城莫氏族谱》,乾隆九年;莫宣莛:《续修忻城莫氏族谱》,民国二十五年)

　　表2-2中都是有据可查的案例,至于无明确记载的通婚是否亦如此,则不得而知,不过可从侧面的情况来了解。关于莫氏宗族的婚姻,土官莫宗诏在族谱中的《遗训》中进行了阐发,或可见其婚姻思想之端倪。他说:"凡为荫官择配,必聘名门。选有德者,则内政有籍,家室克宜。壶范既端,男女莫乱,后来之秀,风流将有似矣。切勿弃桂树鸣鸾,漫使村鸡为我司晨。"[1]莫土官的"名门",所指多为土司家族应无疑问。依托族谱,这样的意识已成为一种文字化的信条。

　　随着土司世系的传递,其婚姻交换也不断延续,就逐渐演化成一个较为

---

① 莫景隆主修:《忻城莫氏族谱》,乾隆九年。

稳固的通婚圈。从表2-1和表2-2记录的情况来看，土司间的通婚有一明显的特点，即通婚圈与地缘关系极为密切。万承土州与左、右江的土司皆有婚姻交换，但与右江流域的田州只有一例，而主要与无论是地理上还是文化上都更为接近的左江流域思明府、思明州以及周边土司通婚。忻城莫氏家族的情况大致类似，这一群体主要与同处红水河流域庆远府属的几个土司以及思恩府属的安定（今都安瑶族自治县）、古零（今马山县境）土巡检司家族通婚。当时这种情况的出现固然有交通、通信等技术上的原因，但婚姻的地缘政治策略亦不可忽视。因为邻近土司通常产生最直接的竞争，通过持续性婚姻纽带建立起来的亲属同盟可部分消解他们之间的紧张关系。

在汉人宗族社会中，家族间的通婚是一种地方性的协调机制和互助机制。家族存在于一方土地，不可能独立发展，必然与外界保持联系和交往。而婚姻是这种互动的"润滑剂"，扮演着极为重要的作用。通过婚姻的交换和互惠关系，一种超越家族的网络（通婚圈）得以建构。在此网络中，既有个体的互动，也有宗族的互动，形成较为稳定的多层次互通有无的关系。[1] 土司宗族的婚姻交换亦具有同样的功能。

由于土司之间相互婚姻，具有不同程度的关联性，稍有动乱便波及很广，朝廷极为头痛，便有了禁止越境通婚的规定。《明实录·穆宗实录》有如下记载：

> 先是，广西泗城州狼夷黄豹、黄豸等据贵州程番府麻向、大华等司，时出卤掠。官军剿之，豹等遁去。至是，巡抚都御史杜极等条上善后事宜："……黄氏族繁，声势相倚，诸土司多与连姻，借兵报仇，衅有此起。乞行禁约，自今婚姻毋越境，有与狼缔婚者，以重论。"兵部上其议。上允行之。[2]

虽然其后朝廷如何推行这个规定，因缺乏记录不得而知，但很显然未见成效，在数百年的时间里，土司之间的通婚继续存在，直至土司时代的终结。

---

[1] 王铭铭著：《社区的历程——溪村汉人家族的个案研究》，天津人民出版社，1996年，第45页。
[2]《明实录·穆宗实录》卷二〇，上海古籍书店，1983年，第543—544页。

土司通婚的运作模式不仅是文化性与象征性的，而且是社会性与结构性的需要，因而与儒家伦理相悖的同姓婚亦大量存在。

或许正如白耀天所言，历史上壮族中同姓并不一定是属于同一血缘关系，异姓并不一定为非同一血缘关系，这样就不能如汉族"同姓不婚"那样以姓氏来辨别父系血缘的远近，从而以姓氏作为发生婚姻关系的取舍标准。白耀天又引宋人乐史《太平寰宇记》描述贵州（今广西贵港市）壮人"居止接近，葬同一坟，谓之合骨头；非有戚属，大墓至百余棺。凡合骨者则去婚，异穴则聘女"[1]的婚俗，认为这种"合骨辨婚姻"与汉族"姓氏辨婚姻"是不同的概念，也说明历史上壮族姓氏观念淡薄。[2] 实际上，从生态来看，桂西那种喀斯特地区"峒"形式的居住模式，婚姻只能在一个很小的地域范围内展开，通常包含一两个村落的继嗣单位。为维持这样一个共同体内婚，该地的壮族将有同一族源的同姓群体分裂成若干个外婚集团，从而彼处通婚。超过五代，从原则上就可以通婚。[3] 故此，同姓婚是不可避免的结构性需要。

比如在安定[4]，有韦、覃两姓。据称，其先祖均来自山东江夏县益都镇白米村，为逃难结伴来此处，立下祖训，同姓不婚，因而两姓世代通婚。但后来由于两姓男女比例失调，婚姻交换出现问题，只能渡河寻找他姓通婚。一次，韦家老人带儿子寻亲，遭遇大雨无法渡河，遂夜宿河边大树下。半夜时分，一位满头白发、满脸胡须的老丈飘落树下站定，于是发生了以下对话：

> （白须老丈）问："为何雨夜露宿于此？"韦家人言："因儿子长大需要求婚，无奈南岸皆同姓，无法择偶，今欲渡河寻亲，不料雨大水涨，无法渡河而宿于此。"白发老人道："你们不见这棵大树有三大枝，每大枝又有十几个杈枝吗？不见同一块田几种秧吗？韦家繁衍世代已久，血源已远，可以分秧嘛！回去叫你们大妈和二妈在正月初一分别蒸米饭供祖神，她

---

① （宋）乐史编：《太平寰宇记》卷一六六，王文楚点校，中华书局，2007 年，第 3178 页。
② ［日］谷口房男、白耀天：《壮族土官族谱集成》，广西民族出版社，1998 年，第 17 页。
③ 张江华：《广西田东县立坡屯 $\text{II}\,\text{ou}^{33}\,\text{puN}^{11}$ 的考察》，《社会、民族与文化展演国际研讨会论文集》，台湾汉学研究中心，2001 年。
④ 现广西壮族自治区都安瑶族自治县，旧为潘氏安定土巡检司辖区。

们两人蒸的饭必有相异，韦家便可分类了。"①

韦姓老人感觉有理，回家后着手实施。待到大年初一，大妈起得早，将糯米染上颜色之后才上锅蒸，蒸出的米饭就是黑色的；而二妈起床较迟，匆匆忙忙来不及染色，蒸出的米饭只能是白色的。于是，两人供奉祖先的糯米饭就分黑白二色，韦姓也就分成两类，并据此类别相互通婚。后来，覃姓"依葫芦画瓢"，也接受了同姓婚配的现实。

覃、韦二姓是当地最为普遍的姓氏，应为土著无疑。其传说固不可信，但通过这样的描述，足以说明人们在婚姻上面临的实际困难。随着汉化程度的加深，"同姓不婚"作为一种重要的道德规范流播于整个区域，虽然说各地渗透的力度未必均衡，但还是给同姓通婚状况造成了极大的文化压力。为了应对这样的矛盾，这些姓氏便创造了同姓可以通婚的"神话"，以合理化现状。

相对而言，土司为维持阶层权力的高贵象征，通婚范围更为有限。在汉文化涌入之时，同姓婚这种约定俗成的习惯并未被土司抛弃。比如，明朝大名鼎鼎的瓦氏夫人，乃是归顺土知州岑璋之女，后来成为田州土官岑猛的妻子，而岑猛的祖母也姓岑，大概是当地他处岑氏土司家族之人。明万历年间，镇安府土知府岑缘的女儿岑玉颜嫁至泗城府岑家，成为当时土官岑绍勋的妻子。② 在土司族谱等自我表现的文献资料中，对这样的婚姻状况十分坦然，据实记录，未曾有过质疑的声音。不过也有土司认为同姓婚姻略显尴尬，从而进行非常有趣的处理。《新宁州志》载：

> 两江土属多黄姓，忠、江、迁三属同祖黄胜奇。忠与江宗支尤近，黄姓每自为婚姻而嫌于同姓，称其女家曰："广下氏"，"广"字下是"黄"字，故以易之，或曰重氏。土官但取邻土属女为妻，不肯与该处绅民通嫁娶。③

这种自欺欺人的做法未免有些可笑，但由于通婚限定在狭窄的范围之

① 韦成球：《安定壮族婚姻制度研究》，《广西民族研究》1997年第1期。
② 参见张江华：《明清广西左右江地区土司的婚姻与策略》，《中国西南地区历史文化与社会变迁国际学术研讨会论文集（上）》，2007年，第36页。
③ （清）戴焕南修，张璨奎纂：《新宁州志》卷四，光绪四年刊本，台湾成文出版社，1977年。

内,甚至"不肯与该处绅民同嫁娶",要取得合适的婚配确实有一定难度,因此同姓婚或许就是一种"两害相权,取其轻者"的策略。而对于汉人士大夫来说,土司同姓间的婚姻往往被看作是一种土俗,并未有太多的讨论与非议。光绪《百色厅志》在《节孝》中为一位土司节妇做如下传记:

> 下旺司巡检韦应赞妻,韦氏。土俗不讳娶同姓,亦犹前明田州岑猛妻瓦氏,实归顺州岑璋女也,相夫卅年,克尽妇道,寡而训子能守其官。……年已七十有五,而神明不衰。人辄比之田州瓦氏。[①]

依据上述文字,我们可以看到,地方志作者不仅忽略了对韦氏/岑氏嫁与同姓这种违背儒家道德婚姻的"讨伐"和"清算",反而因韦氏"尽妇道"的事迹将其列为节妇,有褒奖之意,大致反映了王朝知识分子对于边陲社会根深蒂固的"他者"认知。

从土司婚姻的各种表现形式以及实质性内涵来看,土司对待儒家伦理的态度,既有镇安土府岑如宝为孝顺父母誓死不嫁的"孝女",亦有"违反伦常"的同姓通婚,在两个方面似乎都顺理成章。可以说土司在通婚的过程中摆脱了汉俗与土俗中的任何一种文化对他们的束缚。相对于土民,土司阶层是来自中原的汉人,遵从某些汉俗,藐视土俗,不予遵守;对于汉人知识分子或政治精英来说,土司为边陲蛮夷,其"怪异"行为又符合土俗的标准,可以不用接受国家文化的制约。因此,土司的婚姻,是一种建立在自主性之上的文化适应与文化策略,游走于汉/土文化之间。两者的界限模糊,根据不同的情境可以随时权变。在这里,土/汉文化都变成土司维护自身利益的策略性工具。[②] 也或者说"地方"习俗的实践,是地方社会结构与不断扩张的国家结构相互作用、妥协的过程和结果。[③] 土司对于婚姻文化的操弄使得这一过程更为复杂,当然这也就不可避免地呈现地方文化的多样色彩。

---

① (清)陈如金修,华本松纂:《百色厅志》卷七,光绪十七年刊本,台湾成文出版社,1967 年。
② 张江华:《明清广西左右江地区土司的婚姻与策略》,《中国西南地区历史文化与社会变迁国际学术研讨会论文集(上)》,2007 年,第 48 页。
③ [美]萧凤霞:《妇女何在?——抗婚和华南地域文化的再思考》,张小军等译,《中国社会科学季刊》1996 年春季卷第 14 期。

第三章　土司社会权力的象征表达：
朝贡、神明与信仰

人类学家克利福德·格尔兹(Clifford Geertz)指出,文化是指"从历史沿袭下来的体现象征符号中的意义模式,是由象征符号体系表达的传承概念体系"。① 在这里,格尔兹将文化视为一种象征符号的体系,反映了象征人类学最为核心的认识,反过来即可以说,象征承载了文化的基本价值。其实无论是格尔兹的"巴厘剧场国家"②抑或维克多·特纳(Victor Turner)的"社会戏剧"理论③,都格外重视文化的象征形式,他们都通过仪式的解释来揭示社会的内在结构与秩序。据此将象征置于更为宽泛的视野,其中作为重要一环的政治生活亦可进行符号化的演绎,实际上,权力及社会等级的布局与象征的意义体系本来就有着不可分解的内在关联。就统治阶级而言,象征为其形象的塑造提供了某种神秘化的基础,起着难以估量的作用。

我们认为朝贡可以理解为一种象征性的仪式活动,通过朝廷与土司程式化的互动表演,既展现了"天朝上国"夸耀性的政治宣言,也构成国家权威不

---

① ［美］克利福德·格尔兹著:《文化的解释》,纳日碧力戈等译,上海人民出版社,1999年,第103页。
② ［美］克利福德·格尔兹著:《尼加拉:十九世纪巴厘剧场国家》,赵丙祥译,上海人民出版社,1998年。
③ ［美］维克多·特纳著:《戏剧、场景及隐喻:人类社会的象征性行为》,刘珩、石毅译,民族出版社,2007年。

可或缺的让渡方式。对土司而言，朝贡包含着"朝圣"的某种意涵，即对天子皇权以及王朝文化中心的膜拜。这一象征过程之后，地方情境的"中心—边缘"关系得以复制。此外，在国家文明化的进程中，国家观念形态也以正统化的神明和信仰形式投射到土司社会的精神空间，国家祀典以及与土司有"关联"的汉人征蛮"名臣"信仰皆具有神圣力量。

具有地方色彩的神明则很多与土司家族的"英雄祖先"有关，像"岑大将军""岑三爷""蕾沙大将"等泛化的、具有同质性的家族神在数百年的流播过程中，逐渐演化为当地社会最基本的神祇，以神权对应现实的社会秩序，合理化土司家族的统治。作为民间信仰体系的重要构成，地方神明虽是最具活力的象征形式，但其建构也反映了地方文化传统与官方宇宙符号整合的历史，这些神明"保家卫国""抗击侵略"等各种"爱国"事迹也常常被吸纳进入信仰的建构中。

第一节　国家权威的让渡与分解

有关朝贡的讨论，本著引入一个"朝圣"的概念，作为其喻指性含义。两者具有某种程度的同一性，当然这里的"朝圣"更符合"中国化"的语境。正如王铭铭所言："在汉语中，'朝'在这个文脉中的意思是'进贡'（'贡'既有'供物'之义，又有'尊敬'之义），比方说，'朝贡'。而'圣'则指的是'圣人'，同时又指圣人的神圣品性（'灵'）。因而'朝圣'的基本含义是指'朝圣人进贡'。"[①]朝贡抑或"朝圣"，是土司从王朝中心获取象征性统治力量的重要源泉。

一　朝贡，抑或一种"朝圣"

中国的朝贡体系有着古老的历史渊源，大致体现了"天下"意识的宇宙观。在中国古代先贤的心目中，天地皆有"中心"，围绕中心的则是"四方"，依据与中心距离的疏远，四方在文明上存在等级差异，愈是接近中心，文明程度

---

① 王铭铭著：《走在乡土上——历史人类学札记》，中国人民大学出版社，2003年，第180页。

越高,反之越低。反映在不同地域的人群之上,同样有着文明与野蛮的分野、阶序上的差别。这一整套体系的运行不仅有国家军事力量的保障,也建立在宗教仪式、风俗习惯、生产方式以及行为准则等权力和知识话语之上,它们支撑着现存社会与思想的秩序,以及维护这种秩序的国家与政权。① 而"中国"之地处于最为中心的位置,具有无法抗拒的向心力,战国时期赵国公子成说:"中国者,聪明睿智之所居也,万物财用之所聚也,贤圣之所教也,仁义之所施也,诗书礼乐之所用也,异敏技艺之所试也,远方之所观赴也,蛮夷之所义行也。"②基于这样的意识形态,中国至少从商周时代就发展出一套极具特色的社会与族群的差序结构,即是影响深远的"五服"观念。所谓"五服",就是以天子所居的京师为中心,以五百里为单位,分五个层级向东、南、西、北四方逐次延伸,然后按甸服、侯服、绥服、要服与荒服五种不同方式进行控制和管理。《禹贡》曾如此描绘:

> 五百里甸服:百里赋纳总,二百里纳铚,三百里纳秸服,四百里粟,五百米。五百里侯服:百里采,二百里男邦,三百里诸侯。五百里绥服:三百里揆文教,二百里奋武卫。五百里要服:三百里夷,二百里蔡。五百里荒服:三百里蛮,二百里流。东渐于海,西被于流沙,朔南暨声教讫于四海。禹锡玄圭,告厥成功。③

在"五服"观念的基础上还形成了具体化措施,《国语·周语》曰:"先王之制,邦内甸服,邦外侯服,侯、卫宾服,蛮、夷要服,戎、狄荒服。甸服者祭,侯服者祀,宾服者享,要服者贡,荒服者王。日祭、月祀、时享、岁贡、终王,先王之训也。有不祭则修意,有不祀则修言,有不享则修文,有不贡则修名,有不王则修德,序成而有不至则修刑。于是乎有刑不祭,伐不祀,征不享,让不贡,告不王。于是乎有刑罚之辟,有攻伐之兵,有征讨之备,有威让之令,有文告之辞。"④很显然,周与四裔族群的关系都只是一种较为松散的政治上服从与被

---

① 葛兆光著:《中国思想史》卷二,复旦大学出版社,2001年,第29页。
② (汉)刘向:《战国策》卷一九《赵二》,上海古籍出版社,1978年,第656页。
③ 尹世积著:《禹贡集解》,商务印书馆,1957年,第51-56页。
④ (春秋)左丘明:《国语·周语上》,鲍思陶校点,齐鲁书社,2005年,第2-3页。

服从的关系,但以仪式化的方式规定了各种权利与义务,这大概是朝贡体制的最早原型。

周以降,中国人心目中的世界始终是由中国和四夷所组成。尽管两千年来与中国接触的外族代有不同,在中国人眼中皆为"蛮夷戎狄"。宋人说:以古验今,戎夷之情,宜不相远。近代西方人东来,中国人仍作如是观。自《史记》《汉书》起,稍微完备的正史无不在叙述中国之余加上四夷或外国传,清初修《明史》也不例外。这就足以反映这个基本看法的延续。[①] 因此直到近代以前,朝贡体制作为这种观念形态的具体实践,不因朝代的更替而改变,甚至从未遇到过真正的挑战,明清时代则发展到了顶峰。何伟亚(J. Hevia)指出:"中国在其历史发展中孤立于其他伟大的文明中心,并洋洋自得于自己的文化优势,很早便以一种独特的方式处理对外关系,其他区域的统治者必须认可中国天子高高在上的权威地位。外族王公以两种'象征性'方式表达他们对这一要求的接受:进贡和行三跪九叩之礼。在过去的两千多年里,日益复杂的官僚机构和规章制度维系着这套制度的象征,现代学者称这套由机构和文字构成的复合体为'朝贡体系'。"[②]

在朝贡体系的横向结构中,四夷环绕于帝都如同心圆般层层向外延伸而又紧密相连。按照来自中央影响力的强弱顺序,朝贡可以分为以下几种类型:第一,土司的朝贡;第二,羁縻关系下的朝贡(女真及其东北部);第三,关系最近的朝贡国(朝鲜等);第四,双重关系的朝贡国(琉球等);第五,位于外缘部位的朝贡国(暹罗等);第六,可以看成是朝贡国,实际上却属于互市国之一类(如俄国等)。这是中央王朝基本统治关系即地方分权在对外关系上的延续和应用。将中央—各省的关系延续扩大到外国和周边,将中央—各省—藩部(土司、土官)—朝贡诸国—互市诸国作为连续的中心——周边关系的总体来看待,并将其整体作为一个有机的体制来把握。"[③]在这个意义上,土司与

---

① 邢义田:《从古代天下观看秦汉长城的象征意义》,《燕京学报》新十三期,北京大学出版社,2002年,第29页。

② [美]何伟亚著:《怀柔远人:马嘎尔尼使华的中英礼仪冲突》,邓常春译,社会科学文献出版社,2002年,第10页。

③ [日]滨下武志著:《近代中国的国际契机——朝贡贸易体系与近代亚洲经济圈》,朱荫贵等译,中国社会科学出版社,1999年,第31-36页。

朝廷的朝贡关系属于最内层和核心的内容，更外围的地区和国家的朝贡不过是这种关系距离不等的投影。

在抽象的层面上，所有的朝贡形式都可化约为象征性的总体呈现，政治意义的宣示与实践都依赖于朝贡国与被朝贡国之间制度化的象征交换。从王朝的角度来看，正如费正清（J. K. Fairbank）认识到的，如果四方的人群不认同和承认天子的统治，天子又如何能令臣民信服？权威是一种统治的工具，而朝贡是产生权威的手段。① 朝贡体系维系着微妙的"天下"秩序，牵引着国家之远大宏图，即明成祖朱棣所谓："推古圣帝明王之道，以合乎天地之心——远邦异域，咸使各得其所，闻风向化者，争先恐后也！"②天子的地位建立在君与臣、中央与地方、"中国"与"藩属国"之间互动的关系之上，朝贡制度的践行无疑提供了这样一个孔道。

实施朝贡的基础是物品交换，物品交换带来经济价值的同时，也能够产生象征价值。这些象征大多包含着"下"对"上"的进贡，也包含文化意义上区分了地方向"上"的"报"。③ 物品的流向表达着明显的尊卑色彩，将朝贡者流向中原王朝的礼物称之为"贡"，反之则称之为"赐"，语义中隐含着等级的高低差异。为了进一步强化这种关系，中央王朝制订了一系列措施，将朝贡的次数、规模和朝贡时采取的仪式等都作了程式化的规定，展示其主动性与主导性。《明史》记载：

> 主客分掌诸蕃朝贡接待给赐之事。诸蕃朝贡，辨其贡道、贡使、贡物远近多寡丰约之数，以定王若使迎送、宴劳、庐帐、食料之等，赏赉之差。凡贡必省阅之，然后登内府，有附载物货，则给直。若蕃国请嗣封，则遣颁册于其国。使还，上其风土、方物之宜，赠遗礼文之节。诸蕃有保塞功，则授敕印封之。各国使人往来，有谕敕则验谕敕，有勘籍则验勘籍，毋令阑入。土官朝贡，亦验勘籍。其返，则以镂金敕谕行之，必与铜符相比。凡审言事，译文字，送迎馆伴，考稽四夷馆译字生、通事之能否，而禁

---

① John K. Fairbank, "Tributary Trade and China's Relations with the West", *Far Eastern Quarterly*, Vol. 1, No. 2, 1941, p. 135.

② （清）张廷玉等修撰：《明史》卷三二六，《古里》，中华书局，1974年，第8443页。

③ 王铭铭著：《走在乡土上——历史人类学札记》，中国人民大学出版社，2003年，第192页。

饬其交通漏泄。凡朝廷赐赉之典，各省土物之贡，咸掌之。①

《大明会典》详细记录了土司的"朝贡通例"，涉及更多细节问题，不同皇帝在位或有不同，以下以嘉靖朝为例：

> 凡土官差人到京，鸿胪寺即与引见，并授进实封奏本。其方物，赴礼部验进。
>
> 嘉靖元年议准。
>
> 圣节止许各宣慰、宣抚、安抚官具方物差人赴京，其余佐贰官以下及把事、头目、护印舍人，止许朝觐年入贡。每司量起的当通把三二人，赍执方物。多者给与本册咨批，少者给与咨批。各给关文应付马匹，就彼变卖银两贮库。降香、黄蜡、茶叶等物，要实重五十五斤为一杠，每杠赏阔生绢二疋，照杠递加。其不由本布政司起送，或斤重不足，差人过多，不待朝觐之年擅自起贡，礼部不与进收，责谕遣回。赏赐、应付通行停止。
>
> 二年议准。前数须及过限一月，俱属违例，止减半给赏。若违例多端者，不赏。②

通过这些规定，中央王朝在朝贡体系中掌握绝对的话语权和主导权，以制度化的方式营造了朝贡的庄严性与神圣性。在赏赐品的量化方面，国家一贯执行的是"厚往薄来"的原则。正如朱元璋所言"朝贡无论疏数，厚往薄来可也"③，反映了长期以来的大国心态，也是中国华夷论辩中形成的惯势思维。实际上，朝贡体系所营造的"天下"这个等级秩序，并不仅仅是要构造国家与地方之间的关系，它更是为了生产一个包容性的宇宙观。这些模式中的"朝圣"可以被描述为皇权的一个内在组成部分，与中国式的礼仪分不开，即中国式宗教宇宙观与"礼仪"的结合，是"帝都"与较低层次政治"中心地点"的政治

---

① （清）张廷玉等修撰：《明史》卷七二《职官一》，中华书局，1974 年，第 1750 页。
② （明）李东阳等撰，申时行等重修：《大明会典》卷一〇八《礼部七十一》，广陵书社，2007 年，第 1618 页。
③ （清）张廷玉等修撰：《明史》卷三二五《外国六》，中华书局，1974 年，第 8425 页。

107

生活中的基本组成部分，它们构成了一种"仪式的政治学"。①

在仪式的另一端，朝贡者亦实现了政治的象征价值。在以中华为中心的朝贡体系中，朝鲜是最典型的朝贡国。但朝鲜参与朝贡体系，并非是被迫的，而是积极主动的行为，其目的是为了实现国家政治利益的最大化。在朝鲜看来，通过朝贡强化了与中国的同质化，与其他周边国家形成差距，提升它在整个朝贡体系中的地位。此外，朝贡对于国家安全也大有裨益，因为借助中华天子的权威，获得国内政权的正统性，提高支配和统治效率。历代朝鲜国王对此有深刻的认识："外邦的国家如果不相信中国的威令，就不能号令百姓"；"小邦只有像先代王朝一样在王位继承初期及时请求（中国的）恩典，才能安定国家的根本，安定人心"。②

与其他类型的朝贡形式一样，土司也需要从朝贡中获取来自中央王朝的恩典，而且土司作为王朝内部的有机构成，其朝贡的意义也许更为直接、更为重要。在明清土司时代，随着中原文明在国家边陲的推进，地方土酋的自然权威逐渐为国家的权威——渗透在诸如汉字、汉人族群意识等形态中——所取代，因此国家的授权就极为重要。特别是王朝鼎革之际，土司若及时朝贡，宣布效忠新兴王朝，这时候国家的册封往往是决定性的。《明实录》载：

> （洪武二年七月）丁未，广西右江田州府土官岑伯颜、来安府岑汉忠、向武州黄世铁、左江太平府黄英衍、思明府黄忽都、龙州赵帖坚，各遣使奉表、贡马及方物。诏以伯颜为田州府知府、汉忠为来安府知府、世铁为向武州知州、英衍为太平府知府、忽都为思明府知府、帖坚为龙州知州兼万户。皆许以世袭。③

实际上，田州府本为土官黄志威所有，却被岑伯颜趁乱捷足先登，直到洪武六年，"田州府总管黄志威"才出来"招抚奉仪等州一百一十七处，人民皆来

---

① 王铭铭著：《走在乡土上——历史人类学札记》，中国人民大学出版社，2003 年，第 190 – 191 页。

② ［韩］郑容和：《从周边视角来看朝贡关系——朝鲜王朝对朝贡体系的认识和利用》，《国际政治研究》2006 年第 1 期。

③ 《明太祖实录》卷四三，上海古籍书店，1983 年，第 852 – 853 页。

款附。上嘉志威招抚之功，命以安州、侯州、阳县属之"。① 黄志威虽挽回了些许颜面，但已失去了大部分的势力范围，从此田州已为岑氏所据。

表 3-1　明洪武朝桂西朝贡土官简表

土府	土州	土县、峒、长官司
思明府	龙英州　江州　龙州　向武州　养利州　上下冻州　思陵州　万承州　结伦州　镇远州　左州　茗盈州　南丹州　结安州　思同州　东兰州　那地州　全茗州　利州　泗城州　奉议州　思明州　上隆州　思恩州	陀陵县　罗阳县　崇善县　永康县　安隆峒　永顺长官司
镇安府		
太平府		
来安府		
田州府		

（资料来源：蓝武著：《从设土到改流——元明时期广西土司制度研究》，广西师范大学出版社，2011 年，第 234 页。）

土官朝贡，在时间上分为循定制的朝觐年贡和因贺圣节、悼哀丧、谢皇恩等不定期的入贡两种。朝觐年贡是指三年一贡，属于常规的朝贡，但在国家限制性的语境中，朝贡的"时间"已被神圣化了。其他入贡虽无定时，但也有严格的规定，在特定时机下才可朝贡。比如土司袭职须朝廷的旨准而朝贡，从官男到土官的转换需要在朝贡这一仪式中完成，这一过程类似于人类学所阐述的"通过仪式"，②朝贡者长途跋涉，历经千辛万苦获取皇帝的"恩准"，终于迈上地位的新阶梯。他们一旦成为正式的土官，就可在统治区内行使各种权力，并得到朝廷的庇护。土司虽未纳入国家科层化的官僚体系，但通过朝贡作为中介，中央与边陲形成结构性的关联，提供了权力传递的管道。

对于中央王朝而言，"朝贡制度"指的是一种整合进文明的物质方式。"蛮夷"的朝贡是体现王朝价值的标志，是皇帝之文明力量的外化形式。借用

---

① 《明太祖实录》卷八五，上海古籍书店，1983 年，第 1521－1522 页。

② 法国学者范吉内普（Van Gennep）曾指出，"任何社会里的个人生活，都是随着其年龄的增长，从一个阶段向另一个阶段过渡的序列"，"从一个群体过渡到另一个群体，从一种社会状态过渡到另一种社会状态，都被看做是天经地义的事情，由此人的一生变成了由一连串有着相似终点和起点的阶段所组成：出生、社会性的青春期、结婚、为人父母、提升到更高的等级、职业的专门化、死亡。这些事件中的每一个都有庆典，其根本目的是使个人离开一种确定的位置而转入另一种同样确定的位置"。参见 Arnold van Gennep, *The Rites Passage*, The University Of Chicago Press, 1960, pp. 2－3.

萨林斯在《历史之岛》中的观点，通过天子富有牺牲精神的帮助以及圣人般行为的样板，通过他那以下属官员为媒介的人格价值，天子独一无二地在人性和人间事务的超凡天界资源之间发挥着中介作用。他是等级制的典范性力量：政治上与文化上都是无所不能的包容性与绝对性。① 如果要用一个更广泛的含义来描述中国古代的朝贡体系，是指国家对外关系中的"天子"，以全人类所不能仰视的"神的世界"行使无所不能的世俗权力。简言之，朝贡体系包含了国与国之间的尊贵和卑贱，并通过可视的礼仪制度表现出来，这是儒教政治秩序在向外延伸的一种社会价值与理念。天子所具有的地位和尊严在国内与国外皆不可撼动。② 由于天子代表着"神的世界"，很容易将朝贡与朝圣联系起来。

从外在形式以及象征内涵上来看，朝贡都具有朝圣的一些特质。纵观汉、唐、宋、元、明、清，每代皇帝都下诏撰修礼书，并同历法一起颁赐各地。在这些朝代中，皇帝也接见许多外国使节，即贡使，他们荷蒙皇恩，被赐以中国的礼书和历书。这些礼物被认为是应诸"蕃"之请所赐，而外藩都怀有"化成人文"之心，"欣然"接纳。在西方汉学研究当中，这种朝贡体系曾被视作一种"生产方式"，或者是贸易方式。但实际的情况却并非如此，它是一种"不平等价值"的交换方式，是外藩之"贡"与天子之"恩赐"之间的交换。这种交换关系中所体现的方式，与王朝封禅及郊祀等"朝圣"中所展示的方式并没有什么不同。③ 朝圣作为一种政治表演，目的在于加强国家对其他人群的统治，而不是为了感化精神。④ 历代皇帝热衷于通过封禅等"朝圣"活动来进行仪式展演，同样的，土司之朝贡亦可达到这样的效果，只不过面对的对象不同。

当然，在朝贡体系中，不是以某位皇帝或天子为偶像，而是以中华"皇权"作为象征图腾的。皇帝是皇权的化身，也是一个具有多重意涵的象征符号。葛兆光认为，古代中国王权是一种"普遍皇权"(Universe Kingship)，它较一般意义上的帝制(Imperialization)更深厚而且稳定，是因为它将政治统治、宗教

① [美]马歇尔·萨林斯著：《历史之岛》，蓝达居等译，上海人民出版社，2003年，第372-373页。
② Edwin O. Reischauer, John K. Fairbank, *East Asia: the Great Tradition*, Houghton Mifflin Company, 1960, pp. 317-319.
③ 王铭铭著：《走在乡土上——历史人类学札记》，中国人民大学出版社，2003年，第190页。
④ [美]彭慕兰：《身份的反观：中华帝国晚期的泰山朝圣》，刘晓译，《民俗研究》2007年3期。

权威与文化秩序合于一身。每一个古代中国王朝，都经由天地宇宙神鬼的确认、历史的传统与真理系统的拥有和军事政治的有效控制与管理，它才能获得合法性。① 因此，如果按照对朝圣模式的理解，王朝的皇权就是位居天下的"圣"，它是"中心"，为土司、外藩朝拜的对象，或者说形成一个以皇权为中心的信仰圈，以象征表达的方式将朝贡者聚拢。由于中国自古便奉行"皇权至上"的理念与原则，皇权至上又是中央对地方等级关系的一个核心，皇帝的神性使地方的界线被模糊化，超越于实际控制范围之外。因此中国皇帝集君、道、神、师、圣人的身份于一身，推动了朝贡体系范围的最大化。②

　　通过上述分析，我们或可认为，国家并非仅仅是一台行政化、组织化的机器，也可看作为一个庞大的象征体，既需从边缘吸纳象征的意义，亦可将巨大的声望价值部分分解至边缘，赋予其塑造自身权力的力量。朝贡的过程中，土司的主体性也得以呈现。不同层次的朝贡活动都具有这样的特性，一如朝圣，带着明确的目的，却以隐喻的方式呈现"礼"的仪式化。

国家祀典：庙宇与神明的正统化

　　古代中国并非一个以宗教立国的国度，但神明与信仰在国家的精神世界与政治生活中亦扮演着十分重要的角色。经过数千年的积淀，更形成一种以城市为中心，以官僚、士绅阶层所共享和支撑的"大传统"，即所谓的国家祀典。康熙《思明府志》在《祀典志序》中有这样一段话：

　　　　国家大事，在祀与戎。故圣王之制祀也，德施于民则祀之，以死勤事则祀之，以劳定国则祀之，能御大灾、捍大患则祀之。非是族也，不在祀典。故天子祭天地，诸侯祭社稷，大夫祭五祀，士庶人祭其先。③

　　上述文字描绘了有关国家祀典的功能以及等级性，这些都是按照古典传

---

① 葛兆光著：《中国思想史》卷二，复旦大学出版社，2001年，第177页。
② 王冬青：《明朝朝贡体系与十六世纪西人入华策略》，复旦大学博士学位论文，2005年，第5页。
③ （清）陈达修、高熊征纂：《思明府志》卷三《祀典》，康熙二十八年，1994年据日本藏本复印。

统记录的制度化仪式。因为事实上，祀天祭地的仪式古已有之，所谓"国家大事，在祀与戎"一语就反映了周人的社会现实，不过直至春秋战国，乃至秦汉时代才最终形成规范化、影响至深的国家祀典。此时期为中国的大一统奠定基础的重要时期，逐渐建立了统一和制度化的祀神规定。特别是后来儒家占据主导地位，以重德教民的祀神思想为核心，以大众所熟知的各族祖先神和天、地、山、川、星辰等自然之神为祭祀对象，并为不同社会等级规划了祀何与以何祀的具体内容，载于官方的《礼制》和《汉书·郊祀志》等典籍，为以后历朝所沿用而见于各朝正史中的有关志书中，从而最终形成影响深远的国家祀典体系。① 按照人类学的说法，这就是所谓的"大传统"。

就朝廷来说，国家祀典不仅是富含宗教意义的祭祀仪式，也起着教化的作用，向百姓灌输忠孝节义等正统思想，作为控制其精神世界的工具。因此历代王朝对此极为重视，皇帝、贵族、大臣等在京城要开展各种仪式展演，具有广泛的象征含义。《清史稿》记录了清代京城的祭祀情况：

> 清初定制，凡祭三等：
>
> 圜丘、方泽、祈谷、太庙、社稷为大祀。天神、地祇、太岁、朝日、夕月、历代帝王、先师、先农为中祀。先医等庙，贤良、昭忠等祠为群祀。乾隆时，改常雩为大祀，先蚕为中祀。咸丰时，改关圣、文昌为中祀。光绪末，改先师孔子为大祀，殊典也。天子祭天地、宗庙、社稷。有故，遣官告祭。中祀，或亲祭，或遣官。群祀则遣官。②

同样的，各级地方政府（府州县）亦需要建立不同层次的祀神机制。当然，对有资格享祀的神明也有着严格的要求，不符者谓之"淫祀"，面临取缔的危险。明太祖朱元璋《禁淫祠制》曰：

> 朕思天地造化，能生万物而不言，故命人君代理之。前代不察乎此，听民人祀天地，祈祷无所不至。普天之下，民庶繁多。一日之间，祈天者

① 朱迪光：《封建国家祀典的形成及其对古代中国宗教活动的影响》，《青海社会科学》1990 年第 1 期。
② （清）赵尔巽等撰：《清史稿》卷八二《礼一》，中华书局，1977 年，第 2485 页。

不知其几，渎礼僭分，莫大于斯。古者，天子祭天地，诸侯祭山川，大夫、士庶各有所宜祭。具民间合祭之神，礼部其定议颁降，违者罪之。①

鉴于前朝的弊端，朱元璋十分重视神明的"管理"，在其统治的三十多年间发布了多项规定，不断修正和完善地方祀神制度，以期在全国范围内形成层次分明，但又可把控的神明体系。首先从神明的认定入手，《大明会典》记载了诸神的来源以及禁忌：

　　洪武元年，令郡县访求应祀神祇。名山大川、圣帝明王、忠臣烈士，凡有功于国家及惠爱在民者，具实以闻，著于祀典，有司岁时致祭。二年，令有司时祀祀典神祇。其不在祀典，而尝有功德于民，事迹昭著者，虽不祭，其祠宇禁人毁撤。三年，遣官访历代帝王陵庙，令具图以进。四年，遣使祭历代帝王陵寝，始罢天下府州县祀三皇。又令，历代帝王但在中原安养人民者，俱春秋祭祀。虽贤而在偏方，与在中原而昏愚者，俱不祭，亦不禁樵采。七年，令礼部颁祭岳镇海渎仪于所在有司。九年，遣官行视历代帝王陵寝，凡三十六陵，令百步内禁樵采，设陵户二人看守。有司督近陵之民，以时封培，每三年一降香致祭。二十六年，定各处圣帝、明王、忠臣烈士，载在祀典，不淫祠者，其庙宇陵寝，皆要备知其处，每年定夺日期，或差官往祭，或令有司自祭。②

由此可见，神明讲究的是一种符合儒家道义的正统性观念，其来源需要满足王朝政治的驱动力。③ 对于各级地方政府的祭祀仪式更有具体而微的规定，在一个具有弹性的模型之下，按照统一的步调而行进。以风、云、雷电、山

---

① 《明太祖实录》卷五三，上海古籍书店，1983年，第1037页。

② （明）李东阳等撰，申时行等重修：《大明会典》卷九三《有司祀典上》，广陵书社，2007年，第1466-1467页。

③ 当然，正如罗冬阳所言，明代的祀典体系并不是一个封闭僵化的体系，而是一个开放发展的体系，这一点也可以说是中国古代祀典体系的共同特征。按照神的起源，明代祀典中的诸神可以分为两类，一类是自然诸神，如风云雷电诸神；另一类是人鬼诸神，如先师、功臣、孝子等。未列入祀典的诸神，通过一定的历史过程和申报程序，可以获得朝廷赏赐的庙额、封号，载于祀典，成为国家祀典体系中的神明。参见罗冬阳：《从明代淫祠之禁看儒臣、皇权与民间社会》，《求是学刊》2006年第1期。

川、城隍诸神祭祀实践为例,"洪武二十六年,著令天下府州县合祭风、云、雷、雨、山川、社稷、城隍、孔子及无祀鬼神等。有司务要每岁依期致祭,其坛壝庙宇制度、牲醴祭器体式,具载洪武礼制。"①

通过这一系列硬性规定,朝廷对国家主导的仪式进行了重新整合,形成了庞大有序的祀典体系。其神性从国家中心逐步向地方辐射与扩散,贯穿于政治运作的方方面面。尽管这种所谓的"大传统"与民众有一定距离,但其思想意识的渗透是直接而广泛的,中国各地繁复的民间信仰无不深受影响。②

诚如王斯福(Stephan Feuchtwang)所言,"官方宗教与民间宗教的区别之一在于前者强调其行政层级,而后者强调神的灵验"③,说明国家祀典存在着层级与阶梯,比如"府称府社之神、府稷之神,州称州社之神、州稷之神,县称县社之神、县稷之神"。④ 正是这种可拆解的垂直结构使国家祀典能在广大的地域间作为"合宜"的权威形象凸显出来。因此也就不难理解,即便最为边远、财力匮乏的流官州县,那些基本的国家性神祇都会有安身立命之所,以期护佑地方。

如果说国家祀典在流官府州县是朝廷为了满足地方教化和控制的努力,而具有强制的色彩,⑤那么土司社会作为有别于这些地区的他者"蛮夷"世界,游离于正式的国家体制之外,对于自上而下的神明体系,则完全采取一种主动拥抱的姿态。他们不仅按照流官州县相似的要求,接纳了许多广为流布的神明与信仰,并将因地制宜,巧妙地利用了所谓"征蛮"名臣,使之神圣化,成为"正统"神明的重要组成部分。

明成化五年(1469年),思恩土知府岑镠修建了一座祠庙名曰"崇真观",

---

① (明)李东阳等撰,申时行等重修:《大明会典》卷九四《有司祀典下》,广陵书社,2007年,第1469页。
② 这方面的讨论可参见王铭铭著:《社会人类学与中国研究》,广西师范大学出版社,2005年,140 - 145页。
③ [英]王斯福:《学宫与城隍》,载施坚雅主编:《中华帝国晚期的城市》,徐自立译,中华书局,2000年,第708页。
④ (明)李东阳等撰,申时行等重修:《大明会典》卷九四《有司祀典下》,广陵书社,2007年,1469页。
⑤ 从国家与地方社会的角度来看,"大传统"与"小传统"有一定的冲突性,国家祀典着力于"正统"意识的培植。

其与田州土知府岑镛合立的"崇真观碑"记录了此观创建的始末。全文引述
如下：

> （登仕佐郎思恩军民府儒学教授香山卢瑞撰文，中训大夫田州府知
> 府兼来安守御事舞阴岑镛篆额，承值郎思恩军民府通判陵水李丹书）
>
> 州郡有观宇，岂徒侈轮奂、耸瞻仰而已哉？是必上敬乎君，下福乎
> 民，以祈境土之宁谧焉！若思恩旧州之地，在宋为南海县，元并为南海
> 庄，我朝洪武八年岁，移思恩占据其地。于时知州岑公永昌既建玉皇阁，
> 孚佑下民，尤慨观宇弗立，无以表诚达虔以祚鸿休。永乐丙申岁乃于地
> 名圹利建创玉皇阁，□妥灵□。然岁久将圮，且偏于一隅，其子今都指挥
> 使岑公瑛既为守牧，欲大先志，正统己未□□□中坡心之地前建诸天大
> 殿，后创玉皇阁，庄塑□设，以严花事。天顺改元之七年，公以边务暂还
> 旧治，仍集砖包砌台阶，规划大备。诚为□□□功，既完□曰崇真观。俾
> 瑞记□□其始末，以垂悠久。
>
> 窃为圣皇御极，统有万邦，虽暇荒僻壤，□皆鼓舞振作于治教之中
> 者，由边将□宣天休帝力而达，答天休也。谨案思恩图志，东接邕州，北
> 连庆远，山林险隘，夷僮杂居，时或啸聚，即肆攻劫。今幸削平，乘谬悉归
> 版图，□销其兵器，尽为农具。使非宣布盛朝武定文功，绝域威德何以致此
> 耶？是为都阃公竭诚殚虑，经营观宇以答天休，上□□皇图由之巩固，下福
> 万民于无穷焉。铭曰：世守华勋，其诚孔殷。有阜迥知，名曰坡心。经营
> 观宇，爰奂义轮。旻旻□□，罗列诸天。尊祀文祀，厥祀伊何？翊我圣君。
> 厥神伊何？福我生民。时和年丰，嘉瑞骈臻。边尘不动，风俗还醇。
>
> 成化岁次己丑孟春月良日。
>
> （中慎大夫思恩军民府知府舞阴岑鑯，奉议大夫同知南海彭馥，承值
> 郎通判陵水李，将仕郎经历同知事鹤峰彭澄立石）①

崇真观为道教重要祠庙，在全国许多地方都建此观，宋人赵汝鐩作诗《崇

---

① 碑刻在今平果市旧城镇文化广场内，但碑文已磨损不堪。转录自[日]谷口房男、白耀天：《壮族土
官族谱集成》，广西民族出版社，1998 年，第 21 页。

真观东轩》曰："东轩面水枕山阿,左右云烟湿翠萝。风度鹤声闻远壑,日移松影转前坡。愁来独靠清樽遣,老去休憎白发多。道士罢琴挥醉笔,诗成自唤小童哦。"① 南宋末曾渊子拜谒陶渊明生祠时,也曾感怀赋诗《初春过崇真观拜靖节先生祠》一首,祭奠先贤。实际上崇真观与道教的一个派别有着渊源关系,道教之阁皂宗即是灵宝派发展到以阁皂山崇真万寿宫为传播中心时的别称。宋庆元二年(1196 年),周必大作《临江军阁皂山崇真宫记》叙述了崇真宫的历史,可以发现这一教派可以追溯至唐代。直到明嘉靖间,阁皂宗才日趋衰落,甚而一蹶不振。② 思恩土官建这个道观,无疑受到当时道教传播的影响,反映了汉文化的渗透。然而更重要的是,道观也许只是一个工具,承载着宗教符号之外的象征意义。碑文中,土官毫不避讳土司地区的边缘位置,但认为通过对皇权的效忠以及地方"德化"的努力,能改变了当地的面貌,并借助崇真观这类"大传统"的神明媒介将国家与地方有机连接起来,也在一定程度上表达了强烈的国家认同。

对于土司地区的信仰活动,朝廷仍将之视为"化外"之域,并未设置强制性的规定,况且不同的土司因实力、财力、文化水平有别,所建的庙宇、供奉的神明或有不同(就国家祀典而言),因此没有形成统一的祀典体系。但一般来说土司地区大都供奉一些最基本的神祇,如文庙、城隍庙、关帝庙、社稷坛、北帝庙等。以太平土州为例:

> 文庙:雍正二年建筑于太平州治之西的板巴屯附近。
>
> 城隍庙:康熙十一年七月建筑,以后尚有重建,庙址在西街尾。
>
> 西华庵:即观音庙,康熙十一年建筑于南街左侧之三角塘。
>
> 关帝庙:道光二十八年五月建。
>
> 狄武襄公庙:建筑时间不可考,料为狄青征南之后所建。
>
> 北帝庙:康熙二十一年四月建筑,庙址在振武街。
>
> 文昌庙:康熙十一年七月建筑,庙址在振武街下段水马头处。
>
> 神农庙:庙址在西街附近池塘边。

---

① (宋)赵汝鐩:《野谷诗稿》(《四库全书》本)卷六,台湾商务印书馆,1983 年。
② 卿希泰主编:《中国道教》第一卷,上海知识出版社,1994 年,第 123 - 125 页。

北府庙：庙址在城隍庙后隔一塘。

大王庙：康熙十一年七月建筑。①

白山土巡检司官王言纪曾感叹道：

记曰："有功德于民则祭之。"又曰："祭则受福。"故凡有斯民之责者，莫不竭虔妥灵、恪恭将事也，顾或者谓土司非郡县比，其所奉祀，自关帝外，大都不载祀典。然观今郡县中，设主于祠、肖像于庙者，岂尽载于《会典》，颁自祠部耶！至二氏之所居，土社之所奉，亦祈禳报赛之资也。苟非淫祀，有举勿废，均宜附《祠庙》以见焉。②

王言纪所言非虚，不要说这个偏于一隅的土巡检，即便一般流官州县，所谓的"淫祀"亦是屡禁不止，历代都曾兴起过废"淫祠"的活动。③王司官显然是一位中国传统的"信仰实用主义者"，对于"正祀"与"淫祀"的解释固然是为本地开脱的说辞，但这一认识还是隐含了一种"正统"意识，在其重修关帝庙的碑记也有所反映：

今皇帝御极之六年春二月，世袭白山巡检，加州同衔王言纪，改建忠

---

① 广西壮族自治区编辑组：《广西壮族社会历史调查（四）》，广西民族出版社，1987年，第101页。再如《庆远府志》载：忻城土县"关帝庙，县治西康熙三十五年土知县莫宗诏建，乾隆十八年土知县莫景隆重修。文武帝庙，县东思练墟岭，县绅士公建。城隍庙，县治北，康熙三十八年土县莫宗诏建。北帝庙，县东思练墟中"；永顺长土司"社稷山川神祇坛，司治东。文武帝城隍庙同在司治前，旧在司治南，倾圮"。（清）英秀修，唐仁纂：《庆远府志》卷六《建置志·坛庙》，道光九年。思明府改流之前则有风、云、雷、雨、山川坛，社稷坛，文昌祠，城隍庙，伏波庙，真武庙，关王庙，雷王庙，北府庙，五显庙等。（清）陈达修，高熊征纂：《思明府志》卷三《祀典·坛壝》，康熙二十八年，1994年据日本藏本复印。清末民初由那马、定罗等土巡检司合并而来的那马县，"仅一十有四团，各团皆立有庙，其庙所安之神，类皆以北帝、观音、文昌、关圣为唯一。各庙皆立庙祝一名，管理朝夕焚香。"马山县志办：《那马县志草略》第三章"建置·六坛庙"，据20世纪30年代民间抄本印。

② （清）朱锦纂修，王言纪监修：《白山司志》卷八《祠庙》，道光十年。

③ 实际上，朝廷虽制订了许多政策法令，包括祀典制度，地方官府在执行这些政策法令时，也还存在着一个"本土化"的问题，因为地方传统对于神明与信仰建构的影响亦十分重要。桂西为现在壮族的主要聚居区，其信仰体系自有其"原生"的民族性特色。参考玉时阶著：《壮族民间宗教文化》，民族出版社，2004年。

义神武灵佑关圣大帝庙成，谨拜手而为记。曰：惟圣帝忠贯日月，气壮山河，三分著翊汉之功，千古仰佑民之德。粤稽前代，聿焕威灵，迨及我朝，益昭崇敬。春尝秋祭，典侔宣圣之隆，易谥追封，秩迈百神而上。是以寰中城外，莫不尊亲，僻壤穷乡，遍皆祠宇也。白山旧有圣帝庙，地狭势卑，久经倾圮。纪祖父屡次兴改建之议，因卜地未得，不果。纪仰承先志，日夕孜孜，敬求善地。兹卜于司治西门，当金兑之宫，居刚柔之位，高明爽洁以妥神灵，庶几可乎？爰出土俸金，鸠工兴作。经始于嘉庆五年十月，至六年二月工竣。限于地不能宏大规模，仅成正殿三楹、头门三楹，四围墙垣悉以砖石，钟疑斯设，轮奂一新，今而后风雨无忧，拜瞻有地，我官民之荷神麻而邀庇佑者，当何如也。因于落成之日，敬书岁月，勒之贞珉。①

关帝作为王朝典范的神明，是国家正统意识的化身，而那些所谓"忠肝义胆""浩然正气"的精神品质，在普通民众的心目中已形成难以磨灭之印记，这也是朝廷不断对之加封、推广的动力。关帝信仰在桂西土司区内较为盛行，土官们纷纷建祠庙奉祀，成为土司所接纳的国家祀典中的重要神明之一，即便"僻壤穷乡遍皆祠宇也"。

另外，城隍信仰在明代经过朱元璋的大力塑造，从一"小神"一跃成为地位显耀的神明，留下了深刻的历史痕迹。《明史·礼志三》记载：

> 洪武二年，礼官言："城隍之祀，莫详其始。先儒谓既有社，不应复有城隍。故唐李阳冰《缙云城隍记》谓'祀殿无之，惟吴、越有之'。然成都城隍祠，李德裕所建，张说有祭城隍之文，杜牧有祭黄州城隍文，则不独吴、越为然。又芜湖城隍庙建于吴赤乌二年，高齐慕容俨、梁武陵王祀城隍，皆书于史，又不独唐而已。宋以来其祠遍天下，或锡庙额，或颁封爵，至或迁就傅会，各指一人以为神之姓名。按张九龄《祭洪州城隍文》曰：'城隍是保，亭庶是依。'则前代崇祀之意有在也。今宜附祭于岳渎诸神之坛。"乃命加以封爵。京都为承天鉴国司民升福明灵王，开封、临濠、太平、和州、滁州皆封为王。其余府为鉴察司民城隍威灵公，秩正二品。州

---

① （清）朱锦纂修，王言纪监修：《白山司志》卷八《祠庙》，道光十年。

为鉴察司民城隍灵佑侯，秩三品。县为鉴察司民城隍显佑伯，秩四品。衮章冕旒俱有差。①

这些封爵、定品秩等制度化措施的实施，使得城隍信仰被赋予了强大的国家意志，有明一代可谓风光无限，清代后稍有衰落之象，不过仍然信众芸芸。在土司地区也产生了广泛的影响，城隍庙的建置普遍存在。康熙三十八年(1699年)，忻城土官莫宗诏在《重修城隍庙序》中说道：

> 邑有城隍，所以驱灾逐厄，而护国庇民者也。古载，祀典以老定国则祀之，有大功德于民则祀之，而城隍尤其相关最切者也。故尊而奉之，报以俎豆，飨以春秋。主持香火者，日夜相继，躬行积拜者，朔望循环，无不备物而尽志焉。然犹念栖神之所，灵爽凭焉，观瞻肃焉。岂以历多年，而瓦木参差，墙壁倾圮，无不为之触目而怆怀乎？夫为之前者，区画缔造，无非有本而溯源；为之后者，踵事增修，犹然肯堂而肯构。以是尽其力量，极其经营，基址犹旧，焕然一新。则神镇此方，上恬下熙，相安无事之褐。而予承兹土，民安物阜，共仰有道之长矣。②

实际上，上述莫土官所介绍城隍神的灵异与诸种功能不过是朝廷为之"定调"与"构想"的结果，体现了国家的象征权力渗透于边陲的深度。而神明的价值主要依靠这样的象征意义并通过一些具体仪式展演加以实现。《广西壮族社会历史调查》记录：

> 过去，在土官和商人的倡导下，安平街还建有关帝庙、观音庙、北帝庙、雷坛、城隍庙等。土官自命为境内神权的代理人，每月初一和十五，便披挂起皇帝赐给的"八宝铜衣"(战袍)，在三响火炮之后，排开仪仗，坐上四人抬的大轿出衙，先拜自己的土地庙，又逐一到各庙跪拜。在旁司仪的吏目喊道"一叩首，二叩首，三叩首"，共三拜九叩。在旁伺候的家

---

① (清)张廷玉等修撰：《明史》卷四九《职官一》，中华书局，1974年，第1285页。
② 莫景隆主修：《忻城莫氏族谱》，乾隆九年。

奴,替他掀起笨重的铁袍,至拜完后回衙。①

依托于国家神明的"加持",土司通过建祠庙、对仪式庆典的模仿与操演,看起来联结的是未知的神秘世界,实际上是强调了一种现实的秩序——"中心"即是典范,典范代表秩序。这种状况给普通民众留下不可磨灭之印记。正如中华人民共和国成立初民族识别调查时,安平一位八十岁的老人农德清所说:"安平土官占着龙脉地,风水好。自他盖起来雷坛庙,连恩城(土州)的鸡都啼不了。他又盖起魁星楼,使太平府的鸡也不会啼。"②

而将狄青、王阳明等所谓征蛮名臣神明化,进而奉祀的举措,则充分显示了土司的能动性与创造性。在多数桂西土司历史谱系的追溯中,狄青是一个联系过去与现在、国家与地方的纽带,是永远不可能绕过去的原点;也是其获取国家权力,取得边陲"代理人"资格的起点。同时,狄青作为汉人进入"蛮夷"世界的代表,本身就拥有着无可比拟的先天优势与"文明"的力量。基于这样的考虑,土司们"感激涕零"般将其塑造为一个神明、一种信仰的动机与逻辑也就一览无余。白山土巡检司官王言纪在《重修狄武襄祠碑记》中云:

> 我王氏授有此白山疆围也,代历四朝,年几八百,世传三十有六。此固朝廷之深恩,亦由将军之遗泽。则我王氏有一日之官守,将军宜有一日之血食。所当率斯目民,尊崇供奉,相承弗替。按宋皇祐四年,广源州贼侬智高再入邕管,将军奉命来粤总节制。先始祖青公从戎,至自金陵。五年元夜,昆仑报捷,智高宵遁。旬日之间,二广悉平,考度要区,分置善后。于署内地名宦泉设丹良堡,以先祖剿贼功,命驻守焉。此授有白山之所从来也。环堡皆山,中区平旷,广袤约廿余里。长林蓊郁,古树扶疏,前对九儿之山,高插云表,清泉当门而涌,络石穿林,溶漾纡余,天然胜概,只令人心旷神怡。曩以白山毗连郡垣,民稠事剧,相距则三日程,遥制维艰。廿四世祖受公晋授今职,遂从移治荒厥基址,盖二百余年于兹矣。余尝以课农问俗,或一岁而数过,或数岁而一过,触景兴怀,追源

---

① 广西壮族自治区编辑组:《广西壮族社会历史调查(四)》,广西民族出版社,1987年,第15-16页。
② 广西壮族自治区编辑组:《广西壮族社会历史调查(四)》,广西民族出版社,1987年,第16页。

报本，拟就堡之旧址，立祠以祀。于道光元年冬月，乘时休暇，捐俸庀材，堂开户牖，次第经营。越十旬，工程告竣。观其四山之环列也，有如士卒护卫，剑戟峥嵘焉。其乔木之森阴也，有如旗蠹旌盖，前驱后拥，对仗整齐焉。其九峰之拱峙也，又如武将参谒，伫立帐下，挺持肃穆，静听元戎之号令焉。其泉之萦回而清澈也，又如襟如带，如玉漱涓涓，水融涣涣之象焉。以妥祠宇，若由前定。史载，宋神宗考次将帅及将军，见战功无匹，名动华夷，慨然思慕，绘像致祭。夫神宗，君也，追祀且然，况历世食德服畴者乎。虽因地制宜，规模粗备，然可酬肇建之大德，可补祖宗之遗志，可谢继序之仔肩，即示来许而显地灵，亦于是乎在。方之韩之于潮，柳之于柳，南郡六公、思郡五公，迨殊致而同归也欤。爰书以记之石。

　　王言纪《谒狄武襄祠诗》：将军勋绩纪丰碑，瞻叩威仪感赋诗。一带云台标姓字，千秋关塞树旌旗。月明临浦楚宾夜，烽起邕南破寇时。食德世传三十六，宰官重建武襄祠。[1]

　　白山土巡检司这样一个于明中期因思恩、田州府土官动乱才裂土分建的小土司，硬生生将历史推衍至狄青时代，并以神明崇拜的途径来强化其内在的关联，实乃深受当时弥漫于桂西土司社会总体意识的影响。其实，白山土司更应感激的是王阳明，嘉靖初，正是此公领兵平定了"田州之乱"，并分建了十多个土巡检司，白山土司即为其中之一。[2] 相对而言，王阳明的影响力所及，除了南宁府、隆安县、武鸣县等流官区域外，也主要体现在这些有直接关联的土司上。对这位有"再造之恩"的儒学大师，建祠宇奉祀，与狄青崇拜如出一辙，其重要意义不遑多论。白山土司的王文成公祠中亦有建祠碑，碑记有如下内容：

　　　　分泾渭于疑似之间，转杌陧为荣怀之境。功施扶植，德媲生成，绵延罔替。此岂寻常之爱戴所可同日而语哉！溯我始祖从狄宣抚将军征蛮

---

① （清）朱锦纂修，王言纪监修：《白山司志》卷八《祠庙》，道光十年。
② 实际上，白山土司第一任司官王受正是当时田州土目叛乱的领导人之一，王阳明采取招抚的手段，乱平，授之以土巡检之职。

寇,功列守卿。自宋皇祐壬辰,至前明嘉靖乙酉,递至传廿十四世。会田州召祸,大兵进讨,附近世职玉石难分,仓皇靡定,其不绝者一线耳。迄丁亥五月,朝命起文成公而视师,至则体察情性,周知端委,疏请招抚,力陈利弊,寻蒙报可,反侧底定,由是赏功。首录我白山廿四世祖讳受擢晋今职,领袖九司,世作边疆屏蔽,相继供职以至于今,又阅十有二世。微公何能及此于摩!当其时,事势几去,株连莫解,抑郁谁伸,向使前官未去,即去矣,而代将者,或拘执成议,将胥此方世职,更张净尽而后已,则我廿四世以前之旧职于是乎终。廿四世以后之子孙,又乌能蒙业养安、食德饮和、拟承不坠至今哉?盖狄将军有造于前,公实再造于后,此诚非寻常爱戴所可同日而语矣![1]

上述文字显然是白山土司为统治的合法性寻找依据的历史与政治修辞,从狄青到王阳明,将一段原本模糊的历史窜改连成合乎逻辑的整体脉络。两位来自王朝中心的著名人物,且与土司存在"千丝万缕"的关联,他们"神化"后,被吸纳入国家祀典,为巩固土司的地位发挥了无比巨大之功。由此我们看到神明崇拜所具有的情境性与工具性价值。

土司对于国家祀典的接纳与尊崇,不仅仅是简单的祀神仪式,而喻示着一种国家在场的符号,与国家的权威相呼应。从某种意义上来说,土司社会那些"正统"神明的建构不是行政建制的制度性权力造就的,而是国家权威伴随文明化的进程,作为一套无所不在的话语渗透于这一区域的产物,也促成了土司"神圣"权力的再生产机制。通过这样的解释,或许为我们理解国家与土司、土司与土民之间"支配—服从"的关系提供了多维视角。

第二节　地方信仰的网络

在人类学看来,宗教信仰与仪式是文化的基本特质之一,并以象征化方式构成社会的形貌。如果采用罗伯特·雷德菲尔德(Robert Redfield)的理论来

---

[1] （清）朱锦纂修,王言纪监修:《白山司志》卷八《祠庙》,道光十年。

分析，这一文化基质可化约为"大传统"和"小传统"两种形态，基于功能的角度，小传统与大传统的关系微妙，既有冲突，也存互补性。在中国的历史上，所谓"大传统"指官方制度化和文字化的信仰体系，如儒教、道教和佛教等，它们掌握在知识阶层手中，与普通民众有一定距离。所谓"小传统"，主要指的是民间信仰，它们是非制度化、非系统化的多元信仰，却对人口占绝对多数的民众从思想和精神上，到行动和实践上都产生巨大的影响。① 郑振满、陈春声也指出，与科举、职官、学校、法律、官方礼仪等传统"文化创造物"不同，民间信仰是植根于普通百姓一代又一代在日常生活经历中的"言传身教"。② 因此就地域支配和社会控制而言，民间信仰较之"大传统"更具有不可忽视的优势。

　　本节主要讨论桂西土司社会"小传统"的民间信仰问题。为呈现相对于"国家祀典"的对应关系，在此将具有区域色彩的民间信仰称为"地方信仰"，当然这里更强调与土司传统有关的信仰形式。土司统治的时代，诸如岑大将军、岑三爷、蕾莎大将等丰富多彩的信仰形式如藤蔓般滋生于这片土地之上。

岑大将军信仰

　　岑大将军信仰是桂西右江河谷原岑氏土司统治区③最为重要的民间信仰之一，至今在该区域内还密集建有大大小小的岑大将军庙，信众芸芸，构成了独特的人文地理景观。依据有关文献资料及笔者田野调查，下文将阐述岑大将军信仰的原生形态以及在流播过程中产生的次生形态，通过解读地方神明建构的脉络，进而试图揭示土司社会中"权力的文化网络"。

（一）岑大将军信仰的原生形态

　　既然岑大将军信仰是土司时代遗留下来的土官崇拜的一种形式，④那么

---

① 王铭铭著：《社会人类学与中国研究》，广西师范大学出版社，2005 年，第 132 - 141 页。
② 郑振满、陈春声主编：《民间信仰与社会空间》，福建人民出版社，2003 年，第 1 页。
③ 岑大将军祭祀圈范围主要包括原田州府、泗城州（府）岑氏的辖地，明代以来两土司地盘极广，几占据右江流域之大部。
④ 刘锡蕃指出，"岑三爷庙、岑大将军庙祀岑氏土官，此则镇南、田南、南宁各道为多。香火之盛，与汉人之祀沐英、傅友德、岑毓英、康保裔相当"。刘锡蕃著：《岭表纪蛮》，商务印书馆，1934 年，第 87 页。

所祭拜的神明应有明确的指向，即此神有一个比较具体的原型。因而要探讨岑大将军信仰的原生形态，就必须了解岑大将军到底为何人。但我们遍翻历史文献也没有找到有对岑大将军就是某某的明确记载，对岑大将军庙也没有追溯性考证的成果，只能从一些侧面进行分析。

中华人民共和国成立初期，百色县（现百色市）委曾组织了一次破除封建迷信的活动，并留下这样一份文件：

关于百色县第八区龙川乡三圣庙被捣毁之经过及报告

此庙兴建于前清嘉庆元年，距今已有百余年了。庙内有关羽、岑怀远、孔子。兴建此庙是岑家主张的，因为岑怀远是宋朝时被封建君主派来镇压"南蛮"有功，被封为岑大将军的。他的后代立神像供奉，并附设了关羽、孔子之塑像。百余年来有许多群众来烧香拜神，但此庙无甚名胜古迹和历史价值。所以香火不断，原因是在此地流传这样一个故事：以前龙川有一个富翁，姓白的，被土匪掳去百午乡，以后他妻子向岑大将军庙求神许愿，在求神之后的某一天晚上，被掳去之白某被匪捆绑在柱子上，而绳自松，匪众也熟睡不醒，白某得以逃跑出来，说是神灵救了他。因此以后凡是有人失牛、马、猪及或丢失其他东西后也来庙求神，生病或想延寿也来求神，同时每年至少做一次道场，祈祷保护农作物丰收。

民国元年（1912 年），伪政府欲将此庙拆下修建学校。后因岑尚英（岑怀远之后代大地主）叫群众捐钱起学校，只将庙屋拆去二逢，还剩一逢。到了民国十八年（1929 年），红军到此曾将此庙打毁。红军走后，大地主岑尚英募集了光洋八百多元，将此庙重新修理，重塑神像。土改时，捣毁的就是民国十八年重修的一切。

……

以上材料是在土改复查时从群众中了解出来的。[1]

从报告所介绍当地流传的"灵验"故事来看，白姓富翁的妻子向岑大将军

---

[1] 百色县委：《关于百色县第八区龙川乡三圣庙被捣毁之经过及报告》，百色档案局藏，全宗号 1，目录号 3，案卷号 7。

庙许愿后，其丈夫才得以脱逃的，而"岑大将军"便是在这个三圣庙中处于主祀地位的岑怀远。也许庙中的武圣关羽、文圣孔子是岑氏家族为了抬高身价后来增加的，与两位中国传统的圣人并列，称为三圣庙，实在是无比荣耀。但实际上，这个庙被称为"岑大将军"庙应该毫无疑义。由于此庙是由岑氏家族主持修建的，因此对于这一祖先神，必然会比较严格遵循宗族系谱的脉络和神明的延续性。如果此推断成立的话，庙中所供奉的岑怀远应该就是岑大将军的原型。那么岑怀远是谁呢？

查《岑氏源流世谱》，并无岑怀远其人，却有这样两条记载："元四世祖岑世兴公，授来安、田州二路都督总管，加授怀远大将军，佩双珠虎符，兼左右江安抚使"；"明七世祖岑伯颜公，授怀远大将军，领田州知府事"。[1] 如果正如族谱所言，两位土官确实被封为怀远大将军，则很有可能被后人以这个标志地位的封号来代替其名，岑世兴或岑伯颜就成了岑怀远，呼应他们的大将军头衔，那么这两位皆有可能是"岑大将军"的原型。但笔者认为，"岑大将军"的原型只能是岑世兴。原因有二：其一，考之文献，《元史》卷二十九《泰定帝本纪》有"以岑世兴为怀远大将军，遥授延边溪洞军民安抚使，佩虎符，仍来安路总管"的记载。因此岑世兴不仅有其人，而且也确实被朝廷封为"怀远大将军"。但没有岑伯颜获此封号的官方记载，族谱所说值得怀疑。其二，岑伯颜是明初田州土司基业的开创人，田州与泗城土司一贯势如水火，因此泗城不可能将他奉为神明加以祭拜，"岑大将军"信仰也就不会流布于右江河谷大片区域。而岑世兴作为泗城、田州土官所认定的共同祖先，更具包容性，容易为两土司接纳。[2]

岑世兴是来安路总管府总管岑雄之子，后承袭父职，大致活跃于元延祐初至泰定初（1314—1328）。岑世兴是一位颇具"雄心大略"和兼并扩张意识的土官，袭职后便不断向周边的地区扩张势力，兼并弱小土司。史载，元祐六年"秋七月丙辰，来安路总管岑世兴叛，据唐兴州，赐玺书招谕之"[3]，"延祐七

---

① 《岑氏源流世谱》，光绪二十二年岁次丙申重记。

② 不过后来在田州势力范围内，岑伯颜取代岑世兴成为"岑大将军"则是有可能的，族谱也许就是为了迎合这样的需要，将其加上"怀远大将军"的头衔。至于报告中提到岑怀远是宋代派来征"南蛮"而被封为大将军一说，则可能是当地群众的讹传，也或者是革命语境中对此类传说的一种表述。

③ （明）宋濂等修撰：《元史》卷二六《仁宗三》，中华书局，1976年，第590页。

年,来安总管岑世兴反。十二月十七日,烧田州上林县那齐村。明年二月,杀怀德知州溪顺武,夺州印,又攻那带县。世兴寻出降。称洞溪事体与内郡不同,自唐、宋互相仇杀,并不曾杀官军,侵省地。广西道又上言:世兴尝杀兼州知州黄克仁,分食其尸,"①其后,泰定年间"丁卯,岑世兴及镇安路岑修文合山獠、角蛮六万余人为寇",大肆侵占地盘。②岑世兴在职期间通过一系列的兼并活动,地盘迅速扩大,实力急剧膨胀,为岑氏土司创下大好的基业,也为其"霸业"奠定坚实的基础。元王朝对此十分无奈,只能通过"招谕"以及加封他为"怀远大将军""延边溪洞安抚使"等职衔来加以笼络,可谓名利双收。从这个意义上来说,岑世兴是非常成功的土官。对于这样一位对家族事业"居功至伟"的先祖,自然值得后辈的宣扬和仿效。因而岑世兴最有可能首先成为岑氏土司的祖先神与英雄神,在族内祭祀。

此后岑氏族人还为其"创造"了一些"英雄事迹"和"光辉业绩",族谱有载:"贞元元年(1295 年)时,羁縻诸州蛮叛,檄公平之,统辖左、右江兵备(军务)。屡建奇绩,加封怀远大将军。时公举弟世坚授上隆州,世昌授功饶州,世隆授恩城州,世权授万德州。"③根据白耀天与谷口房男的研究,岑世兴上述"功绩"实属子虚乌有。④但通过这样的表述,岑世兴就由一位反叛朝廷的掠地扩张者,转而成为维护朝廷的爱国英雄,形象也逐渐丰满起来,制造了一种神明的"合法性"意识,为这一信仰的传播创造了条件。

在地方传播的过程中,其灵异色彩又不断得到"印证"。凌云县为原泗城岑氏土司所在地,"岑大将军"信仰极为盛行。清咸丰五年(1855 年)人们经历了一场社会动乱之后,自发在伶站(今伶站乡)建起岑将军庙,有碑记曰:

> ……旧有岑将军庙遗址,依圩之南,虽非龙盘虎踞,而藏峰聚气,颇为大观。前因岁月久远,风雨飘摇,此庙不无损坏,将近荒芜。兹以狼烟四起,到处蹂躏,幸将军谷我士女,大显威灵,一境无烽火忧虞。由是之

① (清)柯劭忞编撰:《新元史》卷二四八,《云南湖广四川等处蛮夷》,大众文艺出版社,2001 年,第1954 页。
② (明)宋濂等修撰:《元史》卷三〇《泰定帝二》,中华书局,1976 年,第 670 页。
③ 《岑氏源流世谱》,光绪二十二年岁次丙申重记。
④ 〔日〕谷口房男,白耀天:《壮族土官族谱集成》,广西民族出版社,1998 年,第 236－237 页。

故，迨至咸丰五年，流寇蚕食鲸吞，邻近殆遍，意欲踏平此境，呈彼凶狂。岂意神灵显助，每战必捷。所以事后论功，威名大著，为此者老乡绅议重修内外两进，顺立桅杆以壮声灵。虽非鹫峰鹿苑而纪年记事，岁时伏腊在斯，羔羊朋酒，宴乐赛神，亦可传之不朽。是为序。①

从碑文内容来看，岑将军作为地方神明，充满灵异色彩，由于它的显灵，岑氏得以"每战必捷"，展示其保境安民的终极意义。一般来说，神明的权威一方面依赖各种仪式的表达和强化，另一方面也需要一系列灵验故事的创造与宣扬。通过这类传说，将地方社会与国家的历史捆绑在一起，②从而增加了神明的可信度。也许唯其如此，才能换取民众虔诚的心，从而祭祀有加，花费巨大亦在所不惜。《广西壮族社会历史调查》记录了中华人民共和国成立前凌云镇洪乡上洪屯祭岑将军庙的情况：

> 每年正月初二、三月初三、九月初九祭祀三次，每三年做一次大醮，每次祭五天，全屯人吃斋。有祭庙田 30 斤谷种，收入完全用在祭祀上，如不够用，还向农民摊派。正月初二：猪肉 40—60 斤，折人民币 3 500 元；酒 30 斤，折人民币 1 000 元；香火折人民币 300 元；黄豆折合人民币 0.50 元；米饭各人自带，每户去一人，祭后在庙前吃一顿，如有剩余的猪肉每人分得一份。三月初三：除以上费用外，加糯米 30 斤，用一半做糍粑。九月初九，用粘米 20 斤，不用糯米，其余与上同。以上共 150 元，平均每户负担 3 元。③

就当时的生活水平而言，祀神的费用着实不低。不过作为一种人与神沟通的方式，象征化似乎总是以"互惠"的实利化形式而呈现，这是必不可少的关键步骤。祭祀岑将军的活动激发了民众投入巨大的热情，也许需要较长时间的积淀以及神灵的"无私回馈"，倘若如此，说明这一信仰很可能已成为当

---

① 该碑现存于凌云县伶站乡政府内。
② 陈春声：《乡村的故事与国家的历史——以樟林为例兼论传统乡村社会研究的方法问题》，《中国乡村研究》第二辑，商务印书馆，2003 年，第 2 页。
③ 广西壮族自治区编辑组：《广西壮族社会历史调查（四）》，广西民族出版社，1987 年，第 391 页。

地自然而然的习惯与传统。

根据上述分析,岑大将军的原型应是元代来安路土官岑世兴,其信仰的最初形式可能来自土司家族的祖先崇拜,后来作为一种文化策略,将之神圣化与普世化,通过对这种象征形式的支配与操控,以合理化其统治,或者为知识阶层所传承,维系地方社会内在秩序。而在缺乏足够"正统"与"主流"知识的土司底层社会,对于自上而下的"岑大将军"信仰象征体系的自我理解则提供了更多元的解释与想象,衍生出丰富多彩的次生形态。

(二)岑大将军信仰的次生形态

"岑大将军"信仰分布的地域较广,清末的《百色厅志》记载:"(厅治)岑大将军庙三,一在那消村,一在班建村,一在巴马墟","(恩隆县)将军庙在坤墟,在燕峒墟"。[①] 其实岑大将军庙远不止这些,如田林县"将军庙,则遍布壮族村屯,祭祀方式独特。相传宋仁宗时期,岑仲淑大将军随狄青南征,战事结束后,狄青回京城,岑大将军却驻守边地,保卫地方安宁。群众感激他,立庙纪念,烧香供为神,年年供祭"。[②] 因此要进行拉网式的普查较为困难。但根据笔者在田野调查中记录的一些案例,"岑大将军"信仰的各种次生形态也可以在一定程度上生动地展现出来。

1. 田阳县憧舍屯的岑大将军信仰

憧舍是田阳百育镇六联村的一个自然屯,距县城二十多公里。全屯有六十余户,两百多人,分陆、黄、廖、岑、卢等姓氏。陆姓迁来最早,其年代可能是康熙前期。以后其他姓氏陆续进入,聚落成屯。如今憧舍屯最隆重的民间信仰活动是祭祀后山的"将军坟"与"武圣宫"。

憧舍屯背靠的山称作五指山,山巅有一"将军坟",墓碑尚存,碑刻主要内容如下:

> 尝闻朝廷有律法,草野有规条。律法□君子不犯义,规条教小人不

①（清）陈如金修,华本松纂：《百色厅志》卷四《建置·坛庙》,光绪十七年刊本,台湾成文出版社,1967年。

②田林县地方志编纂委员会：《田林县志》,广西人民出版社,1996年,第179页。这里认为岑大将军的原型为岑仲淑,值得商榷。

犯刑。

盖□所□□恭而安良者也。若夫岩囚一带□□上而山坡，下而平坦，为□明□居之地即归神明，费用之需不论春祈秋报，祷雨祭天，皆赖此地。所□生之材而为之用者也。是以士民人等不准妄伐树木，私葬坟茔，以惊动□山川龙神，伤坏龙脉，若有不法之徒安作妄为者，众怒难犯轻则罚以乡规，重则治以国法，决不徇情。各以凛遵，不遗后悔，竖起碑记以垂后人。

明威三

本使福主鸬大郎大将军位

本使福主怀远二大将军位

福德四

各村：

憧零　憧舍　哩徐　中村　三村　塘度

憧琴　居平　塘齐　憧蓝　蒙蓐　百慢

乾隆乙□年三月十六日吉时立

从碑文内容来看，"将军坟"与其说是坟，毋宁说是一个神明祭拜之场所，不仅制定了严格的风水保护措施，展现了"坟"的神圣性，并以此为中心构成以十二个村庄为主要范围的祭祀圈。据当地老人介绍，这四位"将军"都来自岑氏家族，且与相距不远的"武圣宫"有莫大的关系。

"武圣宫"原称"将军庙"，庙建于何时难以考证。传说此庙所供之神，是十二位岑姓将军，而且是兄弟，故又称"十二哥"庙。古时庙之规模颇大，分两进，前排三间房，后排三间房，每间供两名将军，甚是气派，当时还有专门的神职人员负责处理日常事务。民国时该庙已被毁，仅存断砖残瓦，直到2004年在原址的上方重建一庙称"武圣宫"。因为年代久远，原来的"十二哥"具体名号已忘记，只能根据"将军坟"上刻有的四位设置神位，据说他们是十二兄弟的大哥、二哥、三哥与四哥。岑鸬大郎大将军无考；怀远将军有可能是岑伯颜；明威将军可能是岑帖木儿，族谱中有"元五世祖岑帖木儿，授明威将军，来安、田州二路军民都总管"的记载；福德将军则无考。

人们已记不得古时此庙的灵验故事，但对于很近的传说描绘得有板有眼。据说南昆铁路修建时要砍掉庙前的一棵龙眼树,但砍了三次都以失败而告终,后面只能用炸药炸,树虽然炸倒,但也付出炸死一人的惨重代价。另外,庙附近开凿隧道的过程中,死伤四人,情况惨不忍睹。一位村民信誓旦旦说曾亲眼见到施工人员从隧道中抬尸体出来。大多村民都说两件事情发生时他们并未在场,但听说过,而且深信不疑。

每年的农历四月初八日与十月初二日是"将军坟"和"十二哥庙"的纪念日,要举行隆重的祭神仪式。祭祀活动由全屯统一组织,每家都要出钱购买祭祀用品与食物。之前的数月内,由屯内两户居民负责(在全屯范围内循环轮流)制作纸质的"将军服"十二件(一种类似于戏剧中武官的袍服),这是最为重要的祭品,在祭祀时焚化。做衣服的人则肩负代表全屯领头祭拜的荣耀。据年老的报道人介绍,以前整个祭祀活动由道公主持,他们的经书中记载着岑氏将军的历史与事迹,每年祭拜时都要念诵,但如今经书已失传,所以仪式已很简化。祭祀结束后还要在庙前生火架锅,煮饭菜,供祭拜之人享用。至于在"将军坟"碑记上出现的十二个村屯,考察附近之村落,大多已经改名换姓,对应不上。只有不远的百曼屯,每年还会祭拜这些将军,但没有与憧舍屯联合举行。这个百曼屯就是碑刻中出现的"百慢"。

2. 田东县那拔镇的岑大将军信仰

那拔镇位于田东县西北,与百色市田阳区玉凤镇接壤,土司时代也是岑氏土司统治的腹心区域。那拔镇最早由韦姓人家居住,后来康熙年间田阳岑氏十九世汉昌迁居于此,根据其墓碑所载,汉昌生于康熙十年(1671年),卒于乾隆三年(1738年)。估计其迁徙的时候应该成人,独立成家,因此可以推断迁居时间当在康熙三十年(1691年)以后、乾隆三年以前。岑汉昌来此挟着官族的威风,而且有功名在身,自然非同一般。在当地人的眼中,他是一位开创性的人物,对当地的历史而言具有重要的意义。据说汉昌首先开发了一百多亩的水田,并开凿了一条水渠,大大提高了粮食的产量,这条水渠如今还在使用。当地还流传着这样一个故事:岑氏所居住的对面是一座石山,风水先生认为这座山在风水上来讲是一个"虎形",将会对岑氏后人不利。岑家利用手中权势,从侧面山谷中强行搬迁来多户人家住在山脚下,以挡住山上传来的煞气,这些家户后来就一直居住于此,并形成两个屯子。现在的那拔镇政府所在地也是整个镇的中心集市,逢圩日就会有大量乡民从四面八方赶过来,情景颇为热闹。要追根溯源，这个圩的形成也是岑家的功劳，清末岑氏族人在屯中间建了一条小街供赶圩之人作为交易场所，掌控着圩场的运作，并从中获利。后来圩的规模逐渐扩大，并一直沿袭下来，因而岑家人在此地势力颇大。

镇政府所在地那拔村的那吉、龙下、中圩、那沙等四个自然屯供奉"岑绍大将军"。在离村约一公里的山坡上有岑大将军庙，据说原来庙堂很宽大，后来被拆以建学校和修水库，新庙于1995年重建。庙中有岑将军的牌位："本社讳岑绍大将军之位"。这位岑将军可能确有其人，岑氏族谱有载："岑绍正统二年袭职，正统八年，诏赐知府岑绍诰命，并封其父母妻。随御史马昂平泷水贼赵普旺。平之有功，诏晋崇阶授中宪大夫。"在当地，岑将军还有一个"岑中宪"的称呼，可能就是来源于此。如今该庙已不能被称作纯粹的"将军庙"，庙里设了一些佛教的神像，但"大将军"还是主神，最为重要。每年的农历二月初二日，上述四个屯便要联合举行祭神活动。为此四屯还成立了理事会，三年换届一次，主持每年的祭神盛事。祭祀是全村人的大事，每家都要凑钱参加，祭拜完毕还要聚餐。

附近另有龙地屯、那老屯、江州屯祭拜"岑赵大将军"。据一位韦姓道公介绍，当地80％的村屯都供奉岑大将军，有的是一个屯就建有将军庙，有的是多个屯联合修建，所祭之神多为"岑赵大将军"。这个岑赵大将军似乎并不存在，也许是在信仰流传过程中以讹传讹，最后竟成事实。但不管怎样，"岑大将军"已转化为土地神，成为最基本的神祇，担负起了保境安民的"重任"。

3. 巴马瑶族自治县的岑大将军信仰

巴马瑶族自治县位于田阳县的东北方，历史上大部分曾属于田州岑氏土司控制的区域。在县城北一公里处坡亭金山上建有一庙，曰"岑大将军纪念亭"，供奉着岑将军的神位。原庙"文革"时已毁，始建于何时，无从考察。1998年，当地信众在原址上重建将军亭。新建成的将军亭只有一间房子，但颇为宽敞高大，房内正中有岑将军的戎装塑像，其神位为"本使出圣田阳土主敕封武虞侯怀远岑大将军之位"。关于这位岑大将军，在当地还流传着一个故事。

　　岑将军武功盖世，打起仗来则勇猛无比，为朝廷立下了许多功劳，官至田宁都督，封为武虞侯怀远大将军。当是时，朝廷奸臣当道，皇上听信谗言，导致朝政败坏，许多忠臣受到迫害。为重振朝纲，岑将军无畏无惧，勇于跟奸臣作斗争，但毕竟势单力薄，不是奸臣的对手，遭受不明之冤。将军忠心耿耿却报国无门，反以谋反之名获罪，于是他气愤不过，率领大军与朝廷对抗。岑将军统领着大量兵马，部队每到一地都需要砍许多竹子做筷子，形容其声势浩大。但奸臣诡计多端，岑将军最终还是不敌，战败后被官军斩头。岑将军依赖着神奇的法术，提着自己被砍掉的头，向家中猛跑过去。到家后，见其母在门口，于是就问："母亲，树的根被砍断了，树还能活吗？"其母回答："不能。"后又问："人的头断了，人还能活吗？"其母答道："不能。"就这样，岑将军的头终于落地，他也顿时气绝身亡，再也不能复活了。人们为了纪念其功绩，建起庙宇将他的头供奉起来。这样的习俗一直流传下来，岑大将军也成为当地的保护神。

"岑大将军纪念亭"不是每年都有大型祭祀，而是在逢闰年的春节期间，选定吉日（无固定时间）举行"大斋期"的祭神仪式。仪式通常由五到七个麽公主持，较为隆重，吸引了远近许多乡民来参加。仪式中有大量唱词，不妨稍加引录：

感谢善男信女们，谢恩四境费金文。正义之人真堪美，强行善事乐今春。为我岑公安座位，吾神从此永快活。昌荣后裔光前代，盛世神人乐天伦。

我听岑公告一言，再设道案送宝章。不与经坛分作二，行罡伏地到天堂。

神在方壶岁月深，复来此处笑盈盈。琼花玉树吾闻香，暮鼓晨钟我不闻。绿岭青山陶情藻，红桃白李最精神。天神最爱松和竹，跃马扬鞭夜不停。①

当地的麽公是文化的重要传承者，从他们身上可以看到岑大将军信仰渗

---

① 《建醮经坛降乩笔录》（一），天运太岁丙子年戊戌月己丑日。

入民间的程度。一般麽公家中都会供奉一些道教神明牌位,以溯正源,获取他们的法力。在当地麽公家中,这些牌位除了有"本音迎天元皇五祖司命定福灶君之神位""万法教主北极镇天真武玉皇大帝之位座""太上三元三品三官大帝感应有灵之神位""三教道派法派列位祖师真人之神位座"等道教重要神祇之外,还供奉着"敕封田宁土主武虞侯怀远岑大将军之位"。在麽公的心目中,岑大将军已等同于他们门派中的重要神祇,可见其地位非同一般。一些麽公以前掌握着祭祀岑将军专用的经书,"文革"时多被毁,但还残存一些片断。传说此庙供奉的岑怀远大将军一共有九个兄弟,他排行第九最小,上有八个兄长,都分别在不同地方立有庙宇奉祀。以下是一位麽公抄录的经书片断:

岑作一哥在蚕加、卜索、訾长、巴廖、巴朝、拉合敬奉。

岑勇二哥在加火、同火、炼乡、良才、藤千、安马敬奉。

岑中三哥在巴徐、谷兴、竹坡、巴拿、停细、那努敬奉。

岑保四哥在班荣、拉乙、盘速、北朝、谷月、平乐敬奉。

岑荣五哥在那湾、那女、那塘敬奉。

岑府六哥在六北、朴瑶、朴六敬奉。

岑红七哥在那帐、坡类、盘朝、赐福、那酸敬奉。

岑金八哥在老田洲、六塘、百毛、平马敬奉。

岑坚九哥在坡亭金座位集体敬奉。[1]

据这位麽公介绍,九哥岑坚便是怀远大将军,虽是兄弟中最小的,但官位最高,因而处于中心位置。岑坚即岑伯颜,岑氏族谱中所认定的怀远大将军,而这些冒出来的兄长很有问题,根据现有资料无从查证。但正是这些"将军们"构成一个广阔的祭祀网络,似乎神明无处不在,信仰无处不有。

从上述所展现多样的岑大将军信仰来看,此信仰与原初的形式有了很大的差别,"将军"其人不再单指岑世兴,只要是岑家人便可称将军,甚至还有许

---

[1] 有关岑将军的传说、仪式唱词及庙宇资料均由巴马瑶族自治县巴发村麽公黄大强先生提供,特此致谢。

多虚构的人物，而且将军家族总是人丁兴旺，兄弟众多。这也对应了右江河谷民间流传的一句形容岑氏土司的谚语，曰："一斗芝麻官，两斗芝麻神。"正是这些"官"与"神"，在不同层面牢牢控制着属于他们的土地与人民。

岑大将军信仰首先是土司家族内部对祖先"丰功伟绩"的崇拜，随后这种神化了的价值观渗入土民的社会，并进行着意义的转换。在某种程度上，地方民众心中的神明形象可以是模糊甚至混乱的，但神明又是"真实"的，它们可以临摹，可以添枝加叶，可以改造，因而产生众多"岑大将军"的次生形态。但这种次生形态只不过是原生形态外延的扩大，其内核仍一以贯之，遵循它所附着的"象征价值"与"实用价值"——土司高高在上的权力影像以及固化了的等级性阶层意识。它的多样性则反映了人们对其原生形态变相接受的方式和途径的差异。

二 "泛化"的家族神

在桂西土司社会，相对于"大传统"的地方信仰不仅可以表述为一种"异化"的宗教形式，而且也可看作是一套文化的实践，其话语系统衍生于土司家族的权力系谱，其力量来源于家族偶像"英雄史诗"的创造，以"神"的名义，宣示家族多重的威严与统治，因而产生了"泛化"的家族神明世界。值得注意的是，对土司家族女性偶像的崇拜亦被培植出来。下文将对这些各具特色的神明进行简要的阐述。

（一）岑三爷信仰

岑三爷信仰是右江岑氏土司地区又一重要神祇，地位仅次于岑大将军信仰。根据桂西右江河谷一带流传甚广的"岑三爷"传说，其原型为"岑大将军"岑世兴的胞弟岑世元。有关岑三爷信仰的由来以及灵异故事在《岑氏源流世谱》中记载极为细致：

> 元修郎岑世元，号云雾，武略将军岑雄之季子也，善骑射，通蒙古语。兄世兴，频遣其赴都入贡，奏对称旨，授忠武校尉。时云南乱兵犯田境，诏世兴讨之。朝廷知世元勇力，晋授修武郎，敕田州从征，所向克捷，后

以兵寡不支，为滇兵所挫，被创甚。元曰："生未能报效国家，铭勋竹帛，死当为民驱厉，庇此一方。"遂单骑策马入河，逆行数里而没。久之，百色有人结伴河干夜行者，风月恬然，忽江心浪起数尺，逆涌而上。众惊怪视听，若有人冠带乘马踏浪。比至，则一木神主。拾出水面，大书"修武郎岑公之神主"，不类人间笔画。众异之，结茅江浒，岁时祀祷灵应；仕宦商贾经过者，咸亲见形影，咸感梦中，因遍地建祠享祀。迄今其赫赫邕管以南，咸称岑三爷爷。①

这类"忠义""显灵"的故事，刻意强调与国家、朝廷的关系，似乎是土司家族神灵建构中必不可缺的元素。就地方民众而言，重要的是岑世兴与更高层国家皇权的联系与"不类人间"的神秘以及"岁时祀祷"的"灵应"，但对这些故事的真实性无力深究，不免人云亦云。随着类似灵异传说的扩散，岑三爷信仰不断渗透到民间社会，为信众所接纳，构成土司世界神明的重要部分，各地纷纷建庙奉祀。清末《百色厅志》记载了如下几处庙宇：

> 岑三爷庙在南门外横街道，道光十九年重建，同治九年修。
> 岑三爷庙，一在那逸村，一在朔乙墟，一在渌舍村。
> 岑三爷庙三：在万里巴平墟、碧欧村、东凌墟。②

就百色地区而言，这些记录远不够全面。中华人民共和国成立后根据地方文史工作者的考察，仅田东县岑三爷庙就有六座，建于清初至道光年间不等：

> 四平岑三爷庙建于清初，乾隆三十年重修，址在四平村兴平屯。
> 巴龙岑三爷庙，建于乾隆六年（1741年），址在旧祥周乡巴龙村外山坡处，光绪二十五年（1899年）重修，民国十四年（1925年），该庙迁于原

---

① 《岑氏源流世谱》，光绪二十二年岁次丙申重记。
② （清）陈如金修，华本松纂：《百色厅志》卷四《建置·坛庙》，光绪十七年刊本，台湾成文出版社，1967年。

岭坡下重新建立,次年竣工,有前后二座左右两廊。

靖逸岑三爷庙建于清道光八年(1828 年),光绪二十二年(1896 年)重修,庙址在平马镇靖逸村,有前后二座左右两廊。

檀河岑三爷庙建于清康熙三年(1664 年),址在旧檀河乡清平村,有前后二座左右两廊。

艮匠岑三爷庙,建于清乾隆二年(1737 年),址在祥周乡百艮村边,有前后二座左右两廊。

朔乙岑三爷庙建于清康熙十三年(1674 年),址在朔良圩边,有前后二座。[①]

一般情况下,对于地方信仰而言,祭祀神明的庙宇出现是该信仰已趋成熟的标志,说明此神明正坐拥神台,形成以神庙为中心的信仰圈。上述岑三爷庙从规模来看,应该都是超村落的庙宇,其信众必然不少。20 世纪 80 年代,田阳县志办曾对岑三爷信仰的历史及现状进行调查,下文即为简要的报告,有助于理解这一信仰的渗透程度:

> 田州的岑三爷庙,原在现在的田阳县田州公社粮食管理所,原来的屋宇部分犹存,原迹可见。民国十八年三月十九日(1929 年 4 月 28 日)伪奉议县知事曾伯龙被处死以后,奉议县府治曾设在此,直至民国二十四年,奉议与恩阳合并为田阳县,田阳县府设在那坡镇上。从此可见岑三爷庙堂之大,屋宇之多。田州镇的岑三爷庙的正殿里,有一座岑三爷木雕的神像,它比一般的人还要高大,因他是一位令人敬仰的爱国将军,姿态雄伟,栩栩如生,很是威武。每年农历正月十一日,群众习惯地把岑三爷神像抬出来,安放在轿子里,前面以舞龙、舞狮导游,几个人抬着,游遍全城(田州镇八条干道),祈祷岑三爷驱邪赐福,保佑人畜兴旺,五谷丰登。平时又专人管理庙堂,日夜香火不断。据说,岑三爷神像是用黄金作心脏,民国三十九年被赌棍恶霸黎先南(田阳旧城人)把神像打烂,抢走黄金铸成的神像的心。

---

① 苏寿彭:《解放前田东的庙宇》,《田东文史资料》第三辑,1989 年,第 26－27 页。

　　近年来,田州镇的一些群众,绘制了一副岑三爷神像,装在镜框里,在原来岑三爷庙后面下边的一间小屋里,再设岑三爷庙堂,由一位八十多岁的老人早晚代为供奉,每逢初一、十五,一些群众拿着果饼、香茶到庙堂供奉。如今岑三爷神台两边,贴有一副对联,文曰:壮志三千英勇雄威镇交趾　仁心一片虔诚慈善佑桑梓。

　　民间早就传颂岑三爷曾抗击交趾,为保卫国家的独立和边民的生命财产安全,立下了功勋。《元史》(卷二〇九)第 4651 页记载:仁宗皇庆二年正月(1313 年),交趾军约三万余众,马军二千余骑,犯镇安州土司,杀掠居民,焚烧仓廪庐舍,又陷禄洞,掳牲口孳畜及居民赀产而还。复分兵三道犯归顺州,屯兵未退。四月,复得报,交趾世子领兵焚养利州官舍民居,杀掠二千余人。

　　根据以上的记叙,皇庆二年至泰定元年岑世兴遣其弟世元来朝贡相距只是几年时间,据此分析,岑世元(岑三爷)抗击交趾的事很是可能。尤其是如今的岑三爷庙堂神像边的对联上联"壮志三千英勇威镇交趾",更证实了岑三爷抗击交趾无疑。

　　人是有感情的,尤其是中国人是最有感情的人,只要你做过一点好事,就受到人们的尊重。特别是你为了民族的独立、解放而奋斗,这在人民的心里,将是永世不忘,而且还会一代代地流传下去,子孙后代还在歌颂你的功绩,崇敬你的英雄气概,怀念你为国家、为人民而献身的精神。[1]

　　根据历史文献的记载,岑世元的事迹出现在《元史》中,至治三年(1323 年)十二月,"广西右江来安路总管岑世兴遣其弟世元入贡"。第二年(泰定元年)九月,岑世元再次入贡。[2] 此外,再无踪迹。族谱中是说岑世元是讨伐云南乱兵牺牲的,而在这里岑三爷摇身一变为抗击交趾的英雄,[3]对"英雄史诗"的重构,反映了新时代神明流变之轨迹。然而上述经不起推敲的臆断,也许将会塑造民众新的"集体无意识"。

---

① 罗有奇搜集整理:《岑三爷》,田阳县志办抄,1984 年 10 月 31 日。见田阳县志办:《岑家及瓦氏夫人资料》。
② (明)宋濂等修撰:《元史》卷二九《泰定帝本纪》,中华书局,1976 年,第 641 页。
③ 没有任何证据显示岑世元曾参与过抗击交趾的战斗。

（二）岑瑛信仰

岑瑛在桂西土司史上声名显赫，作为田州府土官岑伯颜的孙子，于明永乐年间承袭思恩州土官位。其人有谋略，善筹划，在国家与地方之间游刃有余，调解土司间的矛盾，随征听调，立下了赫赫战功，深得明王朝器重。思恩州原本是仅 800 余户的小土司，在岑瑛的苦心经营下发展到 2 000 多户，正统四年（1439 年）由土州升为土府，他自己更在成化元年（1456 年）晋升为正二品的广西都指挥使，因而在这一地区有极高的威望。以至于岑瑛死后，明孝宗深感不便："自本官既殁之后，各地方有事，但委三司前去。因不谙夷情，言语不通，往无克济。"① 乾隆时期，田州土官岑宜栋在《谒岑公祠排律》中赞曰：

> 川岳钟英杰，思田列大宗。挥毫能作赋，束发便从戎。军令挟霜肃，征袍战血红。欃枪行处尽，狐鼠扫来空。揽辔看山色，摩崖试剑锋。勋劳频入告，车服叠酬庸。五马临边重，双旌坐镇雄。迁乔还旧土，扼险建高墉。奋武威诚远，修文治益隆。师儒问学舍，俎豆设黉宫。蔀屋弦歌起，桑田灵雨蒙。民风方丕变，家难忽相攻。野犊矜头角，潢池弄析稃。纳邪惭义训，割爱灭淫凶。不洒杨彪泪，真成石碏名。九重宏锡类，三世沐崇封。报国心弥切，持身老愈恭。据鞍何荦荦，横槊亦熊熊。矍铄三朝将，辛勤百战功。一朝悲溢露，千载慕英风。祀典群贤并，丛祠故里同。低徊增慨叹，瞻拜想仪容。不见传家券，犹存射贼弓。扪苔看断碣，残照满青枫。②

在民间，则相应的流传着许多有关岑瑛的神异故事，宣示其神力：

> 明时，丰氏先祖与思恩土官岑瑛善。相传瑛能役鬼，曾为之营屋一区于县城东街，一夕而成，惟余西壁数椽尚未敷瓦。盖因夜漏将尽时，西邻闻声惊起，而骇散神丁故也。至今数百年，此屋尚巍然无恙，惟未敷瓦

---

① （清）汪森辑：《粤西文载校点》卷二，黄胜陆等校点，广西人民出版社，1990 年，第 56 页。
② 记录于（清）朱锦纂修，王言纪监修：《白山司志》卷八《祠庙》，道光十年。

之数椽则屡漏，无异凡屋云。①

（下旺土司）石城一座，建自明正统间。相传思恩土州官岑瑛有神术，行兵屯所筑正南依山为翰，惟筑东西北三面，共一百五十丈，高六尺，无剌子，城楼开三门，东曰古丽，西曰律门，北曰绍兴。

（定罗土司）岑瑛城，一在下旺土司，一在本司。按《司志》，岑瑛有神术，夜役阴兵磊石为城，至今如故。但内无人居，止有一庙，甚为灵显。城亦无名，以瑛所筑，人即呼为岑瑛城。

感土山，在司东二十里，秀丽清幽，中有岩穴。明正统年间，土官岑瑛洗石刻"镇安"二字于上，若有风雨，其顶先有云起，故亢旱皆仰之。②

正是这样一位"半人半神"的土官，上至朝廷下至民间皆敬仰，最终演化为一方神明，接受民众的奉祀也就不足为奇了。祭祀岑瑛的范围主要限于原思恩府境内，以嘉靖七年王守仁设置的土巡检司为多，常以"岑公庙""岑瑛庙"等面目出现：

　　白山土司：岑公祠一在山心墟，一在甘桑村，一在那卷村，一在江州故城，祀明思恩军民府岑瑛。③

　　兴隆土司：岑瑛庙，在乔利旧司治东旗山下。瑛系旧思恩府土官，为人忠义。明正统时，调征海寇王萧养，又调征大藤峡妖贼有功，及旋师中途，无病而没。所殁之地，草木不生。土人异，以为神，因立庙，岁致祀焉。

　　都阳土司：岑公庙，在司治前，祀明思恩土知府岑瑛。

　　那马土司：岑公庙，在司治前，祀思恩土知州岑瑛于内。瑛忠义贤能，乐善济贫。民感其德，至今老幼称说，犹有赞叹。啼虚者立庙享祀，春秋不替。

　　定罗土司：岑瑛庙，在损城头，距司二十里，威灵感应，至今春秋二祭。

① （清）黄君钜初纂，（民国）黄诚沅续纂：《武缘县图经》卷八《杂记》，民国十年。
② （清）陈梦雷等原辑：《方舆汇编·职方典》卷一四二二《广西总部》，《古今图书集成》，中华书局影印，1986年。
③ （清）朱锦纂修，王言纪监修：《白山司志》卷八《祠庙》，道光十年。

　　旧城土司：岑公庙，在司署左，瓦屋一间，木主奉祀原本府土知府岑瑛。甚灵显，每年建醮，祈合境安宁。

　　下旺土司：大厅庙，在司治右。原土官岑州亭、土知府岑瑛、岑鐩等，暨原土知县黄宗显，生时居官，民被其泽。至今每年正月初二、三初三、五月初五、九月初九日，同土民致祭。①

　　经历了历史的沧桑变幻，岑瑛庙在这些地区弥久不衰，或原址重建，或迁址再建皆有。笔者曾参观过平果市旧城镇八峰山的岑瑛庙，岑瑛手持宝剑的戎装神像栩栩如生。逢年过节，庙内便香火缭绕，人来人往，煞是热闹。

（三）岑天保信仰

　　岑天保信仰亦在镇安府当地盛行，为岑氏土官崇拜又一代表。岑天保是元末明初时人，第一任镇安土知府。关于岑天保信仰的情况，从下文一段记载可见一斑：

　　　　国朝康熙年间，郡民呈请入祠。上宪批："岑天保芳踪善政，诚堪嘉奖，惟土官无载祀名宦之列，未便题请，听其子孙、乡人立祠之可也。"②

　　当地民众要求将岑天保纳入国家祀典的愿望虽没有实现，但也从侧面反映了人们的态度。总之，后来在镇安府治建有"岑公祠"两座，一在岑天保墓侧，"计头门三间，正厅三间，两廊各三间，照壁围墙俱全。光绪十五年（1889年），郡人捐资重修"③；一在镇安府东街，"乾隆十四年，署府事许朝赠前哲可师字额，并联曰'遗爱常新，亿万姓讴今如昨；报功不爽，百千年俎豆斯馨'"。④ 另有一衙神祠亦为祭祀岑天保之所，"在府署东北，独秀峰下，祀土府

---

① （清）陈梦雷等原辑：《方舆汇编·职方典》卷一四二一《广西总部》，《古今图书集成》，中华书局影印，1986年。
② （清）傅堃续纂：《镇安府志》卷六《人物志·名宦》，乾隆二十一年。
③ （清）羊复礼修，梁年等纂：《镇安府志》卷二一《胜迹志·冢墓》，据光绪十八年刻本，台湾成文出版社，1967年。
④ （清）傅堃续纂：《镇安府志》卷六《人物志·名宦》，乾隆二十一年。

岑天保。道光十三年,郡人公建。咸丰元年,署知府刘大烈捐建。光绪十六年,署知府羊复礼重建"。有汪沄《衙神祠碑记》曰:

> 镇安土府岑公,德政备载《明史》及《府志》。郡人念公之有功德于民也,于东门外立祠享祀,春秋不替。又于府署东,建祠塑像,香火甚盛。道光十三年,移祠于后园东偏,迄今才有九年矣。咸丰元年夏四月,贼匪攻扑郡城。时兵力单薄,城垣倾圮,危在顷刻。忽南城炮自鸣,贼遥见城上有白面长须人,身长丈余,金盔银甲,指挥众军士巡城。贼惊溃,民遂得安。咸谓公升守斯郡,殁后犹大著威灵。盖公世守斯土,历数百年之久,其精灵与斯民相固结,自积久而益彰也。顾祠宇狭隘,非所以妥神灵、昭诚敬。辛亥秋,刘铭之观察复摄斯篆,一以除暴安良为务,四境安谧,即偶有蠢动,旋就扑灭。学博蒋君碧山为言,神灵异,欲广其祠。因沄请于观察,观察曰:"礼能捍大患则祀之,能御大灾则祀之。今神有明征,重新庙貌,询合祀典。"首倡捐,委沄董其事。同志各解囊,得百余缗。鸠工庀材,阅三月而工成。余钱四十缗,发典生息,为神前香火,以垂久远。并立案在署,免日久湮没。因志其缘起如此。
>
> 谨案,四十缗现在归府署八房轮管,每年生息,作衙神祠、土地祠神诞等费,神前香火,由府署捐给。①

镇安土府早于雍正七年(1729 年)因土官绝嗣而改土归流,岑天保作为前朝人物享祀民间,长盛不衰,与这些灵异故事的"创造"和传颂有莫大的关系,而且吸引了两任知府的重视,说明其已具有半官方化的特征。土司时代已成为过眼云烟,但又岂能忽略那些深重的历史痕迹!

明清时代特别是明代,桂西岑氏土司势力最为强大,在地方神明的塑造上亦有所反映。然而,"造神"运动是一种普遍化的趋势,其他姓氏的土司也不遑多让,在家族神的基础上建构了形形色色的地方神明。

---

① (清)羊复礼修,梁年等纂:《镇安府志》卷一三《建置一·廨署》,据光绪十八年刻本,台湾成文出版社,1967 年。

（四）黄大夫祠与蕾莎大将庙

"黄大夫"与"蕾莎大将"是思明土府黄氏家族统治时期发展出来的神明，史载"黄大夫祠有二处，一在州城十字街，一在明江布祥旧分府署后。以祀思明土府初受职之始祖，名善璋，字玉宝，山东青州府益都县人，随狄武襄征侬智高有功，世袭永平寨管辖九十九处溪峒。蕾莎大将庙有四处，一在明江将台，一在纳觉村蕾沙山，一在纳丽村，一在载版、载甘二村之间，地名将坡。"①

从文献来看，蕾莎大将似乎更具亲和力，在地方的影响也更大。清末《宁明州志》记载了有关蕾莎大将的传说以及信仰情况：

> 蕾沙大将，姓黄氏，名克细。蕾沙，其所居处之山名也。相传明英宗时土府之子，生有神勇，兼得异人授以腾云之术，性好弋猎。家蓄二仆，一名蒙干，丽林人；一黎姓，佚其名，载版村人，皆骁勇，为左右手。马汗血，猎犬大而猛，如海上獒。每酒酣，则携二仆一犬策马驰逐。英宗北狩时，为也先所困，兵溃。公望气知之，即腾云而去，二仆一犬从之。与虏战，虏兵披靡，故虏以为有神兵相助，得英宗不敢害，后得复辟。英宗遣使四出寻访，知其为公，旋遣使召之入朝。有进说于公者，以为天子忌其威名，往，必不返。公惑焉，乃策马遁，马走蕾沙山顶，失足坠谷而殁，后敕封大将。此事不见正史，而蕾沙大将之名至今妇稚犹能说之，立祠者数处。而明江之将台，载版、载甘之将坡，奉祀尤谨。每年仲夏，祭以牛头。杀牛之时，一人摇旗，一人以大刀直断牛头。庙内悬一铜钲，每岁旱祈雨则击之。即城西门外，威远庙内祀汉马伏波将军、宋狄武襄公，而以配，由来已久，非无稽也。
>
> 今五寨风俗，每年三月三日必掷石以相战斗，虽在婚媾，击伤勿论，事后乃和好如常。亦以为沿蕾沙之风，不尔则年不顺成。虽齐东野人之言，亦可见其英灵之不泯矣。②

蕾莎大将的传奇故事可谓离奇，甚至有些荒唐。编撰者将之与明王朝最

---

① （清）王鈵绅修撰，黎申产纂：《宁明州志》卷下《祠庙》，光绪九年。
② （清）王鈵绅修撰，黎申产纂：《宁明州志》卷下《耆旧》，光绪九年。

高层的皇帝联系起来，"勇气可嘉"，然而效果亦佳，蕾莎大将不仅与王朝象征的伏波将军、狄武襄公等著名神祇等同享祀，而且在民众中扎下了根，形成不得不祭祀的意识，否则"年不顺成"，实乃一种对土司统治权威的精神强化。

（五）莫一大王

莫一大王为红水河流域的重要神祇，其原型与此区域势力最强的莫氏土司关系紧密，刘锡蕃曾进行过研究：

> 獞人所奉祖先，北獞为"桃源宝山姑郎娘""梅山北箓大王""花林太子李十九郎"……等神，南獞为"莫一大王""白马令公"……等神，□獞为"黄九公"等神。而其中尤以莫一大王为最尊。王之外，尚有莫二、莫三、莫四、莫五大王（据獞人所说莫四大王之支派流入广东）。獞人祀王于香火堂，撢王之灵，敬畏无所不至，称曰"八庙神"。其木主为"敕奉通天圣帝莫一大王"等字。三年"庆愿"一次，五年"庆愿"两次，十年"还愿"一次。"还愿"时，延巫诵经七昼夜，居住衣服器用，必件件皆新。乞丐登门索食若干，必善与之。不与，而为丐所诅怨，则家必不吉。……考桂、柳、平、梧诸属獞人，均自兰州、丹州（即东兰、南丹）迁来。丹州首长，世为莫氏，其势力从前实广被于今之南丹、宜北、东兰、那地、凤山一带。宋太祖开宝七年，土酋莫洪誉内附，诏给牌印。宋明两代，抚水蛮屡服屡叛，惟莫氏部勒所部，出师攻贼（按当时之广西土司，岑氏势最强，而莫氏次之，其地虽小，而兵劲敢死，为诸司之冠）。嘉祐二年，莫维戟以功封湖南团练副使；治平中，莫世忍又以战功为刺史。明洪武中，又以莫氏为庆远南丹军民安抚司，世其职，以统诸夷。其族南征北伐，遂蔓延于桂粤各属，獞人所谓莫一大王，当系洪誉，或其祖父子孙。其为首长，或由"鬼主"之资格出身，故其忌讳之多，至于如此。獞人祀王之外，又有莫法义、莫法贵等诸法官，大概为王宗族，而以法术见重于其族者（又按□獞、獠獞两族多不祀莫一大王）。[1]

---

[1] 刘锡蕃著：《岭表纪蛮》，商务印书馆，1934年，第83页。

笔者认为,刘锡蕃的考证颇为有理。历史上莫氏为红水河流域强宗大族,统领该地上千年,其"英雄"先祖被树立为地域神明合乎情理。而那些所谓的"莫二""莫三"诸神更直接反映了"泛化"家族神的特征。如今,莫一大王信仰在这一地区仍然有相当影响力,历史积淀的信众基础不可忽视。

(六)其他神祇

在下雷土州则有许将军庙,史载:

> 许将军庙在硕龙乡礼文村那瑶屯。宋时,有许元福将军征蛮有功,为下雷继其先世之遗业。第二世之土牧,且感其德,建庙祀之,至今犹存。[1]

下雷土州大抵不过现今一个乡镇之规模,庙不需多,"有神则灵"。塑造土司先祖神性,形成朝拜的"圣地",有助于社会控制的目的。此外,土司家族一些著名女性成员,在合宜的条件下,亦可被塑造为神灵。如瓦氏夫人崇拜,在原田州土司辖区较为盛行。对于这样一位抗倭英雄,有关她的传说更不可胜数。[2] 下雷土州则有玉音夫人庙,为当地特有的神祇,传说是明末许土官之妻岑玉音,因抗击交趾"莫王"有功,死后被敬为女神,专于每年霜降节时祭祀。[3]

作为一种表达方式,民间信仰通常较为稳定地保存着其演变过程中所积淀的社会文化内容,更深刻地反映乡村社会的内在秩序。民间信仰所反映的社会空间,实际上"全息"地反映了多重迭合的、动态的、社会演变的"时间历程"。[4] 在这一过程中,民间信仰("小传统")是在与"大传统"的不断互动和交换中发展出来。[5] 而且这种交换是非对称的,由于"大传统"具有正统性的地

---

[1] 梁明伦等纂:《雷平县志》第十编,据民国三十五年油印本影印,台湾成文出版社,1974年。

[2] 可参见田阳县志办:《瓦氏夫人材料》。

[3] 广西壮族自治区编辑组:《广西壮族社会历史调查(四)》,广西民族出版社,1987年,第182页。

[4] 郑振满、陈春声主编:《民间信仰与社会空间》,福建人民出版社,2003年,第2页。

[5] 王铭铭:《神灵、象征与仪式:民间宗教的文化理解》,潘忠党、王铭铭主编:《象征与社会:中国民间文化的探讨》,天津人民出版社,1997年,第102页。

位和权威,民间信仰充斥着国家与王朝的意识观念,强调与"大传统"紧密相联是其建构的重要方式。由此边陲文化与中心文化日趋弥合,直至构成密不可分的整体。以土司家族神为核心的地方信仰,是依此路径在长时段历史中生成的文化与结构。

总之,在这个以土司为主导"创造"文化的社会中,"泛化"的家族神信仰表达了土司多元威权的一种文化基础,其传播与扩散过程则是土民"获取"这种文化并强化其认同的过程。正如罗杰·基辛(Roger Martin Keesing)所言,文化是在人与人之间、人与世界之间建立相应的含意体系。它们构成意识形态,将人类的政治经济现实伪装成天定。即使在无阶级社会中,文化意识形态也授权某些人统治另外一些人,并抽出一部分人为那些意识形态所服务的和宣布合法的人的利益效劳。[①] 土司社会观念形态的产生和再产生,是由土司统治阶层支配的,他们借用国家的符号与象征,建构了稳定运转的"权力的文化网络"。

随着时间的流逝,那些土司神明演化为一个具有多重意义的象征符号,在这个神圣的精神空间里,形成了土民被统治的无奈现实的隐喻,或许这就是他们所理解的土司统治的"合理性"。以至于如今,作为历史的传承,土司家族神明已成为左、右江,红水河河谷许多乡土社会的基本神祇,即使社会面临颠覆性的变迁和重构,那套逝去的权力架构仍没有完全失去作用。这种具有区域色彩的民间信仰,为我们提供了展现桂西土司文化的独特视角。

---

① 〔美〕R. M. 基辛:《象征人类学》,刘文远、王威力译,《民族译丛》1988 年第 6 期。

第四章　土司社会的族群与阶层

　　正如任何一个有机的社会群落一样，桂西土司地区亦是由有血有肉的社会肌体所构成，并表现出人群与阶层的多样性和复杂性。当然，如果一言以蔽之，利用现代民族识别的成果，或可以轻易地指出，桂西土司地区如今不仅是我国少数族群的重要聚居地，也是壮族人口最多、最为密集的区域，而且现在看来无论土官还是其治下的土民都以壮族居绝大多数。简单地将此种观点加诸文中不免有取巧的嫌疑，况且这一笼统认识的确无力解释明清时期桂西复杂的族群状况，也难以梳理出各种人群之间动态的演变关系以及揭示土司制度下族群身份建构的动力与张力。明以降，在汉文化为主导的"文明化"潮流中，边陲土司地区也面临文化一体化的挑战，对地方族群产生了巨大的影响，意味着有关他们自身祖先的历史记忆和族群认同的重构。简言之，这一过程在桂西地区形成一个具有相当程度同质性的"汉人认同"的显著特点，这是下文要着重探讨的内容。我们将意识到，族群身份的变迁如何与特殊的社会体制以及更广阔的外部世界紧密地联系在一起。

　　此外，在一个土司统辖的区域内，社会结构呈现既简单又复杂的态势，一方面统治阶级与被统治阶级分割为"中心"与"边缘"的架构，先天获得特权的官族以及各种头目阶层与大部分的土民的层次感规整划一，两者之间的界线森然；另一方面，不同阶层内部细分起来又名目繁多，从而将群体组织机构的功能建立在比较细致的单位之上。在这一图景中，土地凸显了其重要的经济性与工具性作用,成为阶层赖以存在并运作的重要条件。由于统治阶层的控制力量过于强大,土民向上以及向外流动的机会都非常有限,所以这是一个近似于凝固的社会,尽管在统治阶层内部却存在着很大的变数,时刻制造着紧张与危机,但土民们似乎安于现状,各安本分,没有剧烈的变革很难打破由土司掌握的权威与秩序。本章需要探讨这些问题的政治与文化基础。

第一节　族群：身份建构的机制

从纵向的角度来看,广西各色人群随着王朝势力的扩大而逐渐被认识,其分化与组合、演化与变迁的历史以及种种匪夷所思的见闻成为正统史书、地方史志以及文人笔记中不可或缺的附载品。在古代中国的"世界图式"中,边陲蛮夷族群的"他者"形象并非只是中原汉人的一种反衬,这种将自己置于文化与道德高处的手法,是中原汉人抱有了解并控制边陲族群的强烈愿望的。尽管我们也有理由相信,这种了解确实很少建立在类似于现代人类学参与观察的基础之上,以至于模糊、粗糙、道听途说,甚至充斥虚假的文字,但足量的文献仍可以为我们勾勒出当时人们所理解的各种族类的大致轮廓。而且就价值而言,不管这些记载存在何种问题,作为当时代的作品,终究留下了不可磨灭之"印记",并被填充于地方史的书写框架之中,形成独特的展现族群面貌的话语体系,从侧面反映了国家权力从高层"大传统"向地方"小传统"延展的脉络。因而更为关键的是,我们应该考察汉人的心理和意识如何通过土司的传递和改造,竟在桂西的大片土地上生根发芽,最终升华为全体民众"汉人认同"的"集体无意识"的过程。对之进行诠释,首先还需从当时整个广西的总体情况来理解。

 "猺獞""狼"[①]与"民"：作为"他者"的族类身份

明清时期纳入朝廷体制内的广西汉人,通常被称作"民",至少在广西地

---

① 古代文献中对广西少数民族的称呼使用了诸如"獞""猺""狼"等侮辱性的词汇,本著为了还原历史本初场景均采用原词。

区,意味着"文明"与"教化"。非汉族的族群的称谓则极其复杂,古籍文献中表述不一。雍正朝《广西通志》对粤西"蛮夷"有详尽的归类与描述,是较全面、具有代表性的著作,其总结如下:

> 岭表接壤荆楚,溪峒聚落悉为南蛮,其种非一,曰猺,曰獞,曰獠,曰狼,曰狑,曰犴,曰狪,曰狪,曰狇,曰钞,曰狸,曰蜑,皆性习犷野,罔知礼教。……①

上述族群大致上囊括了明清时期以来广西见诸文献记载的各类人群,②是《广西通志》的作者主要依据与汉人看似泾渭分明的文化和习俗的特征划分得出的结果。其笔下的"非我族类"如动物般粗鄙、简陋,因未经教化而处于较低的文明层次,是相对于"汉人"族群的一种总体呈现。实际上,这样的意识历来都是中原文人对边陲描写的重要主题,浸透着浓厚的"文化优劣论"的论调。当然,作者的意图并非仅仅为了展现异域的情调,博取人们猎奇的眼光,而试图为朝廷提供"驭蛮"的参考意见。因为从现实上来看,广西一些族类力量之强大,足以影响到王朝的政治大局,在族群关系极为紧张的明代尤为如此,此时期中央王朝对这些族类的认识达到新的高度。至清代,族群矛盾虽已大大缓和,但人们并未停止"识别"的热情。如果联系其地理分布的情况,我们可以发现,有关族类标签的认定的确与当时广西的政治和行政格局有莫大关系。

(一)"猺獞"称谓的泛化

明清时期,整个广西地方社会,按照"流"/"土"的标准,可以划分为两个板块,即东部为流官社会,而西部为土司社会。③ 两者之间的界线自北向南,依次从今河池市,经忻城县、上林县,至南宁一带,形成一条界线。线之东,是

---

① (清)金鉷等监修:《广西通志》(四库全书本)卷九二《诸蛮》,台湾商务印书馆,1983年。
② 值得注意的是,在相当多的情况下朝廷对于未归附的族群统称为"猺獞",作为一泛化的概念,简单明了,故本著采用之。有关论述可参见苏建灵:《明清文献中瑶、壮民名称的混用》,《民族研究》1990年第4期。
③ 这里的东部与西部更具有政治意义,不一定完全符合地理上的要求。

桂林、平乐、梧州、浔州、柳州、南宁等流官府。庆远府(主要在今河池市)横跨此线,东部是六个流县,西部是三个土州。线之西,除太平府为流官府外,其他都是土府、州、县。这样形成所谓东流西土的局面。① 这两个区域不仅在行政体制上有异,而且关于族类的描述也不尽相同,土、流区分的痕迹强烈:

> 广右邈在西陲,民夷杂处,为民者四,士事诗书,农业耕稼,工作器用,商通货财。秦昔徙五十万填岭南者,此岂其后与为? 夷者亦四,猺、獠、狑、獞,熟者供赋役,生者习剽掠,古谓雕题者,此皆其种。与郡邑民、夷相半者,流官治之;概为夷者,土官治之,大抵夷者皆羁縻之尔。②

大致上,流官区民夷各半,而土司区,则"概为夷者"。在流官区,"蛮夷"身份被冠之"猺獞"的称呼。它们主要居于流官力所不及,无法控制的山区,"广西惟桂林与平乐、浔州、梧州未设土官,而无地无猺、獞。桂林之古田,平乐之府江,浔州之藤峡,梧州之岑溪,皆烦大征而后克,卒不能草薙而兽狝之,设防置戍,世世为患"。③ 他们可谓"贼""匪"的代名词,有关记录极为频繁,早在洪武二年(1393年)便已出现在文献中:"广西行省言:靖江、平乐、南宁等府,象、宾、郁林等州,地接猺獞,并关隘冲要之处,宜设巡检司以警奸盗。"④ 有明一代,广西地方史几乎就可化约为"猺獞"与朝廷的抗争史,情势恐怖:

> 西粤猺獞,居万山之中,当三江之险,深菁绝壑,人迹有所不通也;古木悬崖,日月有所不照也;层冈叠阜,莫知其涯际也;荒村远落,莫穷其始终也。种类莫可识别,巢穴莫可跟寻。其所以为宫室者,则岩巅也。其所以相往来者,则虎狼也。其所以代未耜者,则锋镝也。殆天骄之若犬

---

① 苏建灵著:《明清时期壮族历史研究》,广西民族出版社,1993年,第120页。苏建灵讨论的是明代早期的情况,以后随着改土归流的推进,桂西的流官府州也不断增多,但大致的格局仍然维持到晚清。
② (明)黄佐撰,林富参修:《广西通志·程廷珙旧序》,嘉靖十年。
③ (清)张廷玉等修撰:《明史》卷三一七《广西土司一》,中华书局,1974年,第8203页。
④ 《明太祖实录》卷四五,上海古籍书店,1983年,第877页。

羊豺狼，然莫可以人理化也。粤之西，则有曰木藤，曰八寨，曰连城，曰六十三山，曰七山等巢。诸若此类，莫可枚举也。①

正是因为"猺獞"的抗争时刻刺激着中央王朝的敏感神经，再兼之广西"蛮夷"种类过于繁杂，汉人难以深知，于是"猺獞"之称逐渐泛化，久而久之就成为广西所有非汉族群的统称。即《蛮司合志》所谓的"虽种类不一，而总名猺獞"；②诸匡鼎的《猺獞传》③内容涉及猺、獞、狑、狪、蜑共计十多种广西非汉族群，其标题则冠以"猺獞"，亦采纳此种用法。

（二）作为土司特征的"狼"

相较于流官州县"与郡邑民、夷相半者，流官治之"的状况，桂西土司地区则是"概为夷者，土官治之"。④ 从本质上说，这里的"夷者"当属"猺獞"无疑，但它演变出一种具有个性化的族群身份，使之与其他"猺獞"相区别，这就是所谓的"狼"：

> 狼，男女俱挽髻，前锐后广，覆以白布。绩麻为衣，无刺绣，经年垢积，不一涤除。善伏弩，猎山而食。儿能骑犬，引弓，射雉、兔，掘鼠；少长，习甲骑，应募为狼兵。善鸡卜，其法取生鸡雄者，折一翼东向，去翼肤肉，视其骨，骨有纹路，明则吉，暗则凶，以定向往。性饕餮，血食腥秽。狼藉居室中，卧惟席草，是名狼也。⑤

在"以夷制夷"之策略下，"狼"是作为镇压其他"猺獞"的军事力量而活跃于历史舞台的，而非与中央王朝相对抗。明正统二年（1437 年）：

> （山云）上言："浔州与大藤峡诸山相错，猺寇出没，占耕旁近田。左

---

① （明）章潢辑：《图书编》（《四库全书》本）卷四〇《广西猺獞》，台湾商务印书馆，1983 年。
② （清）毛奇龄撰：《蛮司合志》（《四库全书》本）卷一二，台湾商务印书馆，1983 年。
③ （清）诸匡鼎撰：《猺獞传》，王锡祺辑：《小方壶斋舆地丛钞》第八帙，西泠印社出版社，1985 年。
④ （明）黄佐撰，林富参修：《广西通志·程廷珙旧序》，嘉靖十年。
⑤ （清）金鉷等监修：《广西通志》（《四库全书》本）卷九二《诸蛮》，台湾商务印书馆，1983 年。

右两江土官，所属人多田少。其狼兵素勇，为贼所畏。若量拨田州土兵于近山屯种，分界耕守，断贼出入，不过数年，贼必坐困。"报可。嗣后东南有急，辄调用狼兵，自此始也。[①]

随着狼兵大量被征调，甚至戍守于流官区，[②]"狼人"作为一个族群逐渐纳入人们的视野，其来自土司地区的特征便成为族群的重要边界。狼兵之名的来由即因其出自狼人："正德间王守仁议田泗等十五州调戍防御，额调、加调各有等差，以其出自土司曰土兵，以有头目管之曰目兵，又以多狼人亦曰狼兵。"[③]《蛮司合志》记载："调归顺、下雷、东兰、那地狼兵戍之。而狼兵则择取诸狼，提调编保，别给田任种，且耕且戍，谓之狼家。"[④]《罗城县志》也载："广有猺獞出没，耕夫释来，一有征发，辄藉俍兵，事平之后，藉俍兵为守，统以土酋，仍以其地界之官，不爱阡陌之产，以养战士"。[⑤]

毫无疑问，狼人与猺獞皆属"非我族类"，在汉人的眼中并无本质上的区别，在某些特征上还具有相似性。"獞歌与狼颇相类，可长可短。"[⑥]"狼在迁江者与猺獞杂居，俗亦略相同。"[⑦]两者却走向了对立面，不能不引人深思，许多人将之归结为行政体制的差异。嘉靖间广西总兵沈希仪认为：

狼兵亦猺獞也。猺獞所在为贼，而狼兵死不敢为贼者，非狼兵之顺，

---

① （清）张廷玉等修撰：《明史》卷一六六《山云》，中华书局，1974 年，第 4484 页。
② 狼兵作为一种特殊的兵种，十分强悍，在明朝历史上有一定名气。邝露《赤雅》称："粤右狼兵鸷悍，天下称最。"（卷上，中华书局，1985 年，第 2 页）桂东的重要城市以及猺獞的"渊薮"，如大藤峡、府江流域等都驻扎着大量狼兵。如（清）吴志绾修，黄国显等纂《桂平县资治图志》载："狼兵，桂平县额设一百九十五名，按通志云，前明永乐二年猺贼猖獗，调来狼兵征剿，获胜班师回籍。正统初，总兵山云奏拨田州等狼兵协剿。成化年间，藤峡猺叛，四山响应，抢掠无虚日。复调归德、思恩等处猺甲安插把守各处隘口，用备战御贼，众不敢出没，遂拨贼田及绝户之产与之耕食，有粮无差，每年只九月调赴守城三月，放令归农。桂平县应狼兵五百九十七名，抽调守城一百七十一名，自万历间裁三分之一。"（卷四《猺獞图志》，乾隆三十三年）嘉靖间，田州瓦氏夫人率领的狼兵在与倭寇的斗争中表现英勇，更是名动东南沿海。
③ （清）李文琰修，何天祥纂：《庆远府志》卷五《武备志·兵制》，乾隆十九年。
④ （清）毛奇龄：《蛮司合志》（《四库全书》本）卷一二，台湾商务印书馆，1983 年。
⑤ 江碧秋修，潘宝篆纂：《罗城县志·军事》，据民国二十四年本，台湾成文出版社有限公司，1975 年。
⑥ （清）李调元：《南越笔记》（《丛书集成初编》本）卷一，中华书局，1985 年，第 12 页。
⑦ （清）穆彰阿修：《嘉庆重修一统志》卷四六五《思恩府部》，中华书局，1986 年。

而猺獞之逆，其所措置之势则然也。狼兵地，隶之土官；而猺獞地，隶之流官。土官法严足以制狼兵，流官势轻不能制猺獞，莫若割猺獞地分隶之，旁近土官得以治夷之策，可使猺獞皆为狼兵矣。[①]

顾炎武在《天下郡国利病书》中也对之进行了分析：

狼所以制獞也，愚以为，患不在獞，而在狼，官族皆夷同种，知汉法，雁纲矣。……左右两江地方二三千里，其所辖狼兵无虑十数万，今设为府者四，为州者三十有七，其府州正官皆以土人为之，而佐贰幕职参用流官，故今百余年未闻有屯聚侵掠者，而所以为州县害者皆是不属土官管束之人。[②]

在特殊的体制之下，土司掌握着治下土民的人身控制权，而且"土司法极严肃，鞭笞杀戮，其人死无二心，民怯于私忿，勇于公斗，似秦；严刑酷法，娴于文司，似郑"。[③] 基于这样的高压政策，土民被强制性地依附于土司，限制在固定的区域之内，难以轻易为患于朝廷。因此上述解读是有一定道理的。

明人王士性曾对三大族类猺、獞、狼的"族性"有过一番评论，他认为："僮性稍驯，易制服，缘遥民为城中人佃丁者。猺性最恶难驯。狼则土府州县百姓皆狼民，衣冠、饮食、语言，颇与华同。"[④]从当时士大夫文人的口中说出"颇与华同"的赞语，其根据则可能就是因为狼人处在"民"的系统之内，逐渐受到国家的教化，"用夏变夷"的结果。

此外，倘若真如王士性所言，土司地区百姓皆为狼人的话，《明实录》所谓"广西岭徼荒服，大率一省狼人半之，猺獞三之，居民二之"的论断就非空穴来风了。[⑤] 这是根据"土""不土不流""流"的区域对比而得出的。根据雍正五年（1728 年）《广西通志》作者的观察，当时的狼还遍布于广西相当广阔的地域

---

① （明）唐顺之：《荆川集》（《四库全书》本）卷十《都督沈紫江先生墓碑记》，台湾商务印书馆，1983 年。
② （明）顾炎武：《天下郡国利病书·广西备录·兵防》，《顾炎武全集》，上海古籍出版社，2012 年，第 3458 页。
③ （明）邝露：《赤雅》（《丛书集成初编》本）卷上，中华书局，1985 年，第 1 页。
④ （明）王士性：《王士性地理书三种·广游志·夷习》，周振鹤编校，上海古籍出版社，1993 年，第 216 - 218 页。
⑤ 《明世宗实录》卷三一二，上海古籍书店，1983 年，第 5844 页。

内,不仅那地、南丹、忻城、泗城(雍正五年改流)、归德、太平、安平、恩城、万承、茗盈、龙英、佶伦、结安、都结、思州、下石西土州、罗阳、上映、凭祥、古零等土州县、土巡检有之,也杂居于流官控制的雒容、罗城、柳城、迁江、平南、贵县、崇善、左州、养利、永康、上石西州、郁林州、博白、陆川、兴业等地。[①] 说明至少在清代中期,"狼"族类的数量和规模依然十分庞大。

然而通过对桂西社会细部的考察,也有证据显示,土司地区其实并非全然为狼人所居。据《嘉庆重修一统志》载,思恩府之田州、兴隆、定罗皆有猺居住,泗城府(雍正时改流)有苗、獞、倮、狪,太平府有猺、狖,镇安府(雍正时改流)则有苗、猺、猓等族类。[②] 乾隆《庆远府志》对府内土州县的族类有过描述,除了那地土州"尽是狼人"外,其他州县都杂居着不同的族类:

> 东兰州,原辖四堡十三哨,多苗猺。南丹土州,土狼设狼目总之,性颇轻悍;猺人居于猺山。忻城土县,猺三獞七,猺是盘瓠之后,獞即土人也,猺多居山。永定长官土司,止有土獞,男女衣服与汉人相仿,亦有村峒獞人。永顺长官土司,多猺出入,各佩环刀……又有狑、狼,服色与獞人相去不远。永顺副官土司,狼、獞杂处。[③]

但也许土司统帅的狼兵给人的印象太过深刻,由此推衍出来的"狼人"族类,已经超越了一个族类单纯的种族性内涵,而被赋予更多政治与军事的意义,或者也意味着强化了对桂西土司神秘化的认识。因此"狼"作为一种身份建构,成为汉人对桂西土司社会总体想象极为重要的部分。从这个角度来说,狼人作为时代性的一个特殊族群标识、大写的符号,只有在更为宽泛的政治、种族以及文化的解释维度中才能理解。

(三) 里甲制度下的"民"

桂西的土民除"猺獞""狼"等称谓外,实际上还存在一种常被忽略的表述

---

① (清)金鉷等监修:《广西通志》《四库全书》本)卷九三《诸蛮分隶》,台湾商务印书馆,1983 年。其中崇善、左州、养利、永康、上石西州原为土司,于明中期才改流。
② (清)穆彰阿修:《嘉庆重修一统志》卷四六五一卷四七三,中华书局,1986 年。
③ (清)李文琰修,何天详攥:《庆远府志》卷十《诸蛮》,乾隆十九年。

方式，即土司辖内的非汉人群一律被划归到"民"的范畴。对此，明万历年间曾任广西巡抚的杨芳在其《殿粤要纂》中有述。《殿粤要纂》是明代一部重要的军事著作，书中将广西所有的族类简化为"民"与"猺獞"两种，土司地区无一例外皆为"民村"，与游离于流官治下的"猺獞"形成强烈对比。在该书绘制的图形中，民村用"圆而长者"标识，"取其作息优游而久驯习也"；"不方不圆"表示"猺獞诸巢穴"，"取其与我角逐时反侧不可据也"。① 这种带有歧视的类比，其判断标准以能否归顺朝廷为准绳。

关于"民"的认定，也与明代的"编户齐民"政策有关。明代桂西土司地区已开始纳入版籍，在一定程度上进入朝廷的里甲体制。按照明王朝的规定，土民不仅进行里甲登记，而且缴纳赋税，只是在当时的形势下，所采取的办法与措施颇为松散，与流官区有较大的差异而已，但产生的影响极为深远。② 《殿粤要纂》中就反映了一些土司州县编户的情况，出现了"都结治以土官编户一里""安平州以土官编户五里"等记载。③

明清时代，对于中央王朝而言，编入里甲的"编户齐民"与那些"化外之民"具有完全不同的意义，前者是国家秩序的保证，后者则是社会动荡的制造者。④ 尽管土司也反叛无常、制造动乱，但通常是统治阶层相互间争权夺利的内部风波，与"猺獞"之反抗朝廷的行为有相当大的差异。因此，通过"编户齐民"将土民纳入国家的既定轨道，具有重要的象征性和实质性意义，反映了中国历史上具有变通性的"用夏变夷"的政治哲学。当然，若无为患朝廷的"猺獞"，亦无忠忱归顺的"民"，土司地区作为"民"的族群界定，很大程度上来自与这些"猺獞"的对比。

综上所述，对于桂西族类身份的建构，绝不能凭刻板印象视之，而应立足于特定的历史情境与文化生态，尤其要注意到汉人文献表述中有意无意转换的客位视角，非如此不能厘清所谓"猺獞""狼"和"民"等身份标签的由来。总之，在许多汉人文献中，土司所统治的人群被界定为"狼人"，所控制的地方武

---

① （明）杨芳：《殿粤要纂》卷一《图例》，书目文献出版社，1998 年，第 727 页。

② 韦东超：《明代广西土司地区的编户与赋役考略》，《中南民族学院学报》1996 年第 3 期。

③ （明）杨芳：《殿粤要纂》卷三《都结州图说》《安平州图说》，书目文献出版社，1998 年，第 842 - 843 页。

④ 刘志伟著：《在国家与社会之间——明清广东里甲赋役制度研究》，中山大学出版社，1997 年。

装为"狼兵"。但"狼兵亦猺獞也"之说,一语中的,"狼人"亦然。尽管华夏文明向来包含"化成天下"的气度,有的文献认为土司制度下的人群在某种程度上已经"编户齐民",因此就称之为"民"了。不过就本质族属而言,这些人群于当时无法不属于"非我族类"的"蛮夷"。这种状况是"中心"与"边陲"几千年互动关系的历史情境造就的,其"文明与野蛮"的二元对立关系不仅体现在族群与文化的分野,更反映了"天下观"的等级与阶序的权力意识。然而,令人困惑的是,到了民国时期,边界明显的桂西"狼"族类已几乎整体性消失在自我表述与他识之中。

二 "狼"在何处? ——从蛮夷到汉人

民国二十二年(1933 年)5 月,近代旅行家、学者田曙岚抵达广西上思县,开始了十个多月的八桂之行。其后创作的《广西旅行记》,除了对沿途地理风光有精彩的描述外,对各县的民族风貌也多有概述,是一部难得的史地著作。这位具有近代意识学者笔下的文字,虽没有刻意拿民族说事,但还是不经意间从侧面为我们展现了当时总体的有关民族的氛围及语境。他的旅行始于桂西的左江流域,然后深入广西的腹地,我们可以从其一路上对桂西各县民族的观察来展开讨论。

> 上思 县属住民多为汉族。……连接粤边之十万大山中有猺人(亦有云系苗人者)约五十户,人数未详。
>
> 思乐 全县住民多为汉族。……外有苗族约五百人,杂住东南山中,以垦山为业。
>
> 宁明 全县住民概为汉族,老籍多系山东益都县人,随狄青征蛮而来落籍者。
>
> 龙州 全县住民概为汉族。
>
> 上金 县属住民概为汉族。
>
> 崇善 县属住民概为汉族。
>
> 扶南 县属住民除汉族外,原有猺獞二族,今已与汉族完全同化,种族之分,浑忘形迹,此固绝好现象也。

同正　县属住民多系汉族——先后自他省他县迁移而来，其古来土著之人，则为猺獞二族——原多住在岭峒中，其男女面貌皆与汉族无异，男子服装亦与汉人同，惟妇女则髻插多簪，耳穿大环，佩以颈圈，绕以银链，黑齿而赤足，衣袖短窄，仅及肚脐，下裳之外，复以青布撩乱围之，垂可至膝。近数十年来，因屡为穷极无聊者所侵掠，多从山内徙居山外，且渐与汉人通婚，形将与汉人同化矣。

隆安　住民多为汉族，土著甚少，住于西、南两区边界重叠山陇之中，性愿谨，县人称之为"陇人"，据其所居之地而名之，实即猺獞之遗裔也。此种人多聚族而居，村之大者，数达百余家以上。其姓氏以梁、赵、黄、隆、农等姓为多。人口比汉族约占百分之十，归入隆安县编户已久。凡纳税、诉讼、服役等事物，均归隆安县政府管辖。而政府之待遇其人，亦与汉族无异。同化程度已达十分之八九。

果德　住民分汉、猺二族，而汉族又复分为客籍和土著两种，今俱已逐渐同化。

思林　住民除汉族外，尚有獞族，颇多；猺族亦有少许，散处县属北部各陇峒，食山薯、芋、粟，垦种以外别无所事。女知纺织，多植木棉。衣裙青色，夸银饰以多且重为贵，老少寝处无异室。今已逐渐与汉族同化。

恩隆　住民除汉族外，有苗族约数百人，住居西北一带山中，以垦植为业。汉族又分为客民、蔗园人、土著三族。客民多居城市，如平马、旧周、林凤及沿河各埠，故一名城市人。内以粤籍居多，占城市人口十分之八九，南宁籍占十分之一二。蔗园人，亦系客籍，但较城市人迁来为早，多住居大河沿岸，分立村庄，以种蔗、种菜为业，俗名为蔗园人。土著，原系汉唐移来之客民与猺獞民混合同化而来者，多居山村务农。

奉议　住民除汉族外，原有一部分猺人和獞人，但大部分现已与汉人同化。其尚未同化之猺人住于县属东南境第三区之百腊乡山中。

恩阳　住民除汉族外，尚有猺人数百人（有云约三百余人），住居深山及山顶之上，以种植包谷、蓝靛为业。

百色　全县住民概分为汉、獞、苗、猺、回五族。就中以汉人为最多，有城市人、蔗园人、土著人三种。獞人次之，苗与猺更次之。猺人有红头猺、蓝靛猺、盘猺三种。回人最少，全县不过三四十人而已。

凌云　全县住民……分汉、猺、獐、狼四族。汉区本籍、外籍——亦
别客、土，占全县人口百分之九十五。猺则有蓝靛猺（约七百余户）、红头
猺（约五百余户）、长头猺（约二百余户）、盘古猺（约百余户）等四种。至
若獐、狼二族未与同化者，则总共不及百户也。

凤山　县属住民除汉族外，有猺族杂处山间。汉族分为本地人与客
人两种。本地人迁来较古，多住平地乡村，如互相交谈或与猺人对话，则
操土语，与客人交谈，则操官话。客人后至，原先较好之地，已被先入者
占去，因多住于峒场。语言则操普通官话，但此种官话又与现在之国音
稍异，略似湘、鄂之音，故俗又名之为"湖广话"。猺人多居山间，除同种
交谈相习其猺语外，对于官话、土语均能学习，因其常与客、土往来故也。
客、土、猺三族之间，多互市而不通婚，间有通婚者，仅客人与土著而已。

东兰　全县住民有汉、猺二种，而汉族又复分为土著与客族二种。
土著系宋时来自中原，人口最占多数，客族多在清代来自川、鄂、湘、黔诸
省，人数约占全属人口十分之一。……其中客族约占万人，余则概为土
著。至若猺族，户不过千余，丁口不过数千而已。城市住民概为汉族，约
占三百余户，男女共约一千二百余人。[1]

通过田曙岚描述的内容来看，桂西诸县族群格局至此已有显著的变化，
明清以来有大量记载的"狼人"消失得无影无踪，只有出现零零散散的"猺
獐"，人口极少，而汉族占据绝对优势，一些县份甚至"概为汉族"。那么，田氏
所言依据何在？

田曙岚著作的目的正如其引言所说，是为了进行史、地学科的科学性考
察，为社会提供科普教材，以期更好地认识自身。[2] 虽然 10 个月的时间要对
偌大一个广西进行深入调查十分困难，但田曙岚对每个县都曾走访过，其资
料的来源应多出自政府的统计、报告等，以求"权威"和"准确"的效果。我们
知道，民国时期的国民政府与传统封建王朝存在着本质区别，当时从"天下体

---

[1] 田曙岚著：《广西旅行记》，中华书局，1935 年，第 9－193 页。上述这些县份在明代中期以前皆为土
司，尽管改流时间不一致，但因在土司区域的范围内，其关系错综复杂。
[2] 田曙岚著：《广西旅行记》，中华书局，1935 年，第 1 页。

系"的封建王朝国家向现代"民族—国家"过渡，推行族群同化政策，种类繁多的西南族群大多得不到中央的承认。广西即是这种情况，少数民族统称为"特种部族"，被确认为这部分的人口少之又少。民国二十九年（1940年），时任广西省主席的黄旭初在《广西特种教育》的序文中写道：

> 广西民族，素称复杂，汉族而外，曰僮，曰傜，曰苗，曰罗，曰杂系，统名特种部族，大别之凡五，细分之可殊数十，人口有四十余万，分殖省内六十一县，二千年来以其语言、服饰、风俗、信仰之异，几视同化外。该族得不到文化之熏陶、政治之保育，亦只凭山川之深阻，生息于蛮烟蜒雨之中，而与他族绝缘……①

其时广西总人口数已达二千六百多万，②汉族与少数族群比例之悬殊可见一斑。值得注意的是，黄旭初所描述的"蛮族"的生存环境倒是与明清居于高山深谷的"猺獞"相似。总而言之，明中期尚是"狼人半之，猺獞三之，居民二之"的族群格局，似乎早已不复存在了。基于当时官方的立场，此种认识自然有可怀疑的地方，而田曙岚接受的正是这样的观点。我们若检视之，那种自下而上的视角也许就是必要的了。

如果田氏的论述显得不那么真切、丰满而富有生气的话，那民国末期的《广西通志稿》则提供了另外一个版本，在形式和内容上都取材传统的地方史志，有关社会的各种信息主要采集于地方性的资料，比如族谱、民间故事及传说等，不仅翔实，而且十分细致，具体到各县姓氏人口的来源、氏族之强弱大小皆有介绍，更接近下层民众的生活，无论真实与否，都在某种程度上直接反映了当时百姓的思想与意识。以下是《广西通志稿》中有关桂西各县内容的摘录：

> 都安县　邑之弱族，托庇于强宗，常舍其奔姓，而冒异姓以为姓。若

① 刘介编著：《广西特种教育》，广西省政府编译委员会，1940年，第1页。
② 广西壮族自治区统计局编：《晚清和民国时期广西统计史料摘编》，中国统计出版社，1988年，第235页。

韦、黄、蓝三族,人口最盛,冒其姓者亦最多。韦氏之族,丁口数千户,相传来自山东,至今二十余代。黄氏之族,丁口半于韦氏,祖籍山东,至今二十余代。覃氏之族,丁口略逊于黄氏,祖籍山东,至今二十余代。按邑人谓开辟县境,为覃、黄、韦三族,清代虽有来自外邑者,然同姓不宗,且为少数……

隆山县　邑之大姓为韦、黄、蓝三氏。韦氏丁口二千四百有奇。一部为土族,一部系土官之裔,为汉族。如兴隆土官韦贵,籍山东邵县,即汉人也。黄氏丁口,三二千二百有奇,其系不一,故姓同而乡音各异。如来自宾阳横塘,及号新民诸黄,多属汉系……

绥渌县　邑之大族最著为黄姓。始祖黄胜奇,狄青部将,系出山东白马(按山东无此县名),以功授忠州土官,世袭凡二十八代,丁口今千人有余。其次凌、刘、程等姓,与胜奇同籍同来,丁口亦各千人。

平治县　氏族巨而著者黄、韦、凌三姓,皆籍隶山东,宋代迁来。

百色县　县属居桂省之极边,当滇黔之孔道,流寓官商,五方辐辏,是以姓多庞杂。

凌云县　邑中氏族最巨为黄氏,分粤赣两系,丁口三万有奇,明清两代迁来。此外岑氏,丁口一千有奇,宋代自浙江迁来。蒙氏一千有奇,系出宾阳及山东。杨氏三千有奇,系出广东及湖广。覃氏八百有奇,李氏七百有奇,皆出广东。罗氏四百有奇,出江西。

西隆县　姓之大者为黄、王、陆、卢四族,落籍最早,生齿最繁。黄、王多来自两湖,陆、卢多来自江西,皆于明永乐间随岑土司征蛮而有其地……

西林县　岑、覃、潘、许四姓为邑巨族。明神宗时,西林属泗城土官岑氏,其土目有覃、潘、许三姓,分地驻守,隶上林长官司土司,其裔甚蕃,布于全境。

凤山县　邑汉土杂居,互通婚媾。姓氏虽分,血系已混。韦氏之族,其系二,一山东邵县,一广东潮县。全县百分之十四五皆为此族。黄氏之族,其系二:一山东邵县,一湖北江夏县。相传其先从狄武襄南征,以功守田阳,其裔分入本县,散居各乡。全县百分之二十三四皆为此族。龙氏之族来自江西庐陵……罗氏之族来自江西吉安……陈氏之族,其系有二：一系……系从狄青南征而来，一系……其先来自广东始兴。廖系之族，本系邓姓，来自河南开封。……吴氏之族来自广东，卢姓来自福建……牙姓之族，初原韩姓，其先来自河南，至东兰始，姓为牙……此外有周姓、邓姓、林姓，来自广东，张姓来自四川，刘姓、贺姓、梁姓、袁姓、包姓，来自湖南，潘姓来自江西，韩姓来自河南。蔡姓来自贵州，王姓来自浙江。……

乐业县　邑有黄、王、李、蒙、覃、罗、杨、周、黎、岑、何、彭、廖……诸姓，而最巨为黄、王、李三族。其祖籍多湘、赣、川、黔，有清一代，迁来最多。

田西县　岑、覃、潘、许为邑著姓。覃、岑、许三族，据谱来自浙江余姚。潘姓来自福建汀州。四姓之祖，从狄青征蛮南来，永乐置司治理，而以四姓子孙长之，予世袭。族姓多聚居城市及沃野。今四姓人口占全县人口百分之十五。大姓则为黄、王两姓。黄姓出鄂之江夏，王姓出晋之太原。传亦青之部将。全县人口，黄姓占其百分之十，王姓占其百分之七。

天保县　黄、农、李，三姓最巨，赵、梁、陆……次之。……各族十之七八，原籍广东；其来自福建、江西、山东、河南、两湖者，十之二三而已。……苗徭最多为阮姓，次韦姓，次蓝姓、何姓，习尚各殊，尚未同化。

镇边县　邑之旧族，厥惟黄、邓、霍三姓，其系出浙江余姚与广东南海。相传其始祖来自宋代，戡侬氏之乱，以功授参将，驻镇安府（即今天保县）。明万历间，黄、邓二族奉命驻小镇安，遂家于此。……岑氏之族来自宋代，相传岑氏土司之后裔，丁口三百有奇。……

田东县　邑为古之田州，据岑氏宗谱；其始祖仲淑，浙余姚人，宋进士，从狄青南征，事平，留驻邕州，都督桂林象郡兵马，抚绥蛮众，威惠并行……据传岑氏之下，异姓有辛、陆、黄、杨诸氏，皆其四大头目，分驻冲要，镇慑边夷。

田阳县　田阳土多客少，大姓为黄氏，宋代来自江浙，丁口六千七百有奇。次李、岑、梁、农、罗、韦、邓诸姓。李姓明代来自湖南，岑、韦两姓宋代来自浙江，梁、邓两姓清代来自粤东，农则清代来自邻县，罗姓宋代来自江西，丁口各千人有奇。……猺族有阮、元、蓝、何、韦、谭、邓、梁、农诸姓。

　　镇结县　邑之巨族为农、冯、张、赵四姓，其先皆山东益都人，从狄青平蛮，以功授都结。（农）结伦、（冯）结安、（张）镇远、（赵）等土官。……四姓中，农姓最大，丁口约万八千人。附郭诸农为官族，乡僻者多异姓所改，或土官赐姓。耆老相传，凡农姓准免岁役，故土民咸乐受焉。……又有黄、凌、龙、方、杨、黎、李、陆、潘诸族，各有千余人，亦系出益都，而为土舍兵目之类。

　　向都县　黄氏最巨，系出湖南零陵。始祖志威，明洪武奉议州知州，志威子世铁，继为向武知州，世袭罔替，子孙蕃衍，分居各乡。明清之间，来自鲁、粤之民，亦多黄氏，故斯族派系颇多。

　　龙津县　县属大姓为赵、何、黄、农等姓，丁口约三万，其系多出山东益都，盖为狄青从征之部众，授土官而屯成者。

　　崇善县　张氏之族分闽、粤二系，均自清代迁来，丁口今三千有奇。岑氏之族，宋代来自山东，丁口今二千有奇。邓氏之族，宋代来自山东，丁口今二千有奇。谢氏之族分鲁粤二系。鲁系来自赵宋，粤系来自逊清，丁口共三百有奇。冯氏之族分鲁粤二系。鲁系来自赵宋，粤系来自逊清，丁口共三百有奇。陆氏之族，宋代来自山东，丁口三百有奇。陈氏之族分鲁粤二系，鲁系来自赵宋，粤系来自逊清，丁口一千五百人。关氏之族，清代来自广东，丁口二百有奇。……

　　养利县　赵为大姓，胡、谢、高、钟、阮等族次之。赵氏始祖日泰，宋代平蛮有功，授世袭土官。……胡、谢、高三族，明末均来自广东南海……

　　明江县　明江宋为永平寨，狄青南征侬氏，黄善璋以都指挥从征有功，授成忠郎，辖有十九土司地，凡左江一路州县，东自上思，西讫铜柱，皆其治属。所率子弟三十员，曰郑、陆、程、谭、邓、卢、罗、廖、吕、莫、周、农、梁、苏、杨、易、唐、龙、韦、赵、林、马、甘、陈、阮、何、李、黎、冯、岑诸姓，皆分主各峒寨，授职有差，传之若孙，相承不替，遗裔甚蕃。外此各族，多由湘粤或临县迁来。

　　凭祥县　凭祥为极边烟瘴之地，北来者视为畏途。可考而知者，东汉初有班姓。农氏之族，传系侬智高之后。然询之彼族，尚不自知。迨狄青南征交趾，从来有李、闭、黄、郑、岑等姓，多鲁、浙人……

上金县　巨族为黄姓，次何姓，农姓亦为著族。又次则赵姓、翁姓。赵氏之族，自宋迄于民初，世袭土官。

雷平县　农氏最大，占全县人口三分之一，为本县土人。李氏最著，系出山东益都，宋代平蛮有功，授土官世职，占人口百分之二。

万承县　冯氏之族，宋皇祐间来自安徽，丁口先二千有奇。赵氏之族，宋皇祐间来自安徽，丁口现四千有奇。李氏之族，宋皇祐间来自山东，丁口现三千有奇。黄氏之族，宋皇祐间来自山东，丁口现数千人。区氏之族，清初来自广东，丁口现百人有奇。许氏之族，宋皇祐间来自山东，丁口现五百有奇。何氏之族，清初来自广东，丁口约千人。……①

根据《广西通志稿》的记录，桂西诸县姓氏以黄、韦、李、赵等为主，进行祖先记忆时大都可以与相应姓氏的土司联系起来，进而将祖源地推衍到山东、安徽、浙江等地。这一策略在明江县发挥到极致，郑、陆等，凡三十余姓皆随黄氏土司征蛮而来，可谓"一劳永逸"的方便法门。考之清末民国期间桂西相关的地方史志，我们都可发现大量类似描述。这些看似简单的表述背后却隐含着重大的族群认同命题。当我们问狼人何在，上述"言之凿凿"的文字，或许可引为该问题的答案。

王明珂在《华夏边缘——历史记忆与族群认同》一书中，考察了华夏向周边拓展时，那些"非我族类"如何随着华夏边缘的推进而产生华夏认同的历程，以此来探讨历史记忆与族群认同的关系。在该书中，作者引入"结构性失忆"的概念，他认为一个族群不仅经常依靠对过去的记忆来维持群体的边界，同时又通过选择性的失忆来适应社会的变迁，以合理化现实人群的利益。在此过程中，族群认同的变迁也就不可避免。特别是边缘族群，在华夏强势的政治、经济与文化的席卷之下，主动或被动接受汉人的历史记忆与知识，通过结构性失忆而形成"汉人认同"②。实际上，早在先秦时代，华夏族群及其周边各人群便经常创造新的祖源记忆，来改变"中国"的族群边界。③

---

① （民国）蒙起鹏、黄诚沅纂修：《广西通志稿·社会篇·氏族》，广西人民出版社影印，2017 年。
② 王明珂著：《华夏边缘——历史记忆与族群认同》，允晨文化实业股份有限公司，1997 年。
③ 沈松侨：《我以我血荐轩辕——黄帝神话与晚清的国族建构》，《台湾社会研究季刊》1997 年第 28 期。

在桂西,这一切的起点则来自明清时期土司家族族谱中所出现的大量"攀附"汉人现象,[①]并因此而形成的一个类似于文学作品中的"母题":其先祖跟随宋代大将狄青征蛮有功而授予官职,世守此地,以至繁衍生息。[②]这个母题不仅土司间相互抄袭,还流播于民间,渗入大众的意识。

其至征蛮的"母题"在当时还属于广东布政司的钦州的小土司中也得到了响应,不过在传递中有一定变异:

> 在时罗、都宋,以黄令岳为洞主,明初收印罢为洞长,永乐间以事革。相传汉时黄纯旺者,后伏波将军马援征交趾有功,贼平,留守钦、邕二界,居时休洞,在管界巡检司地,遂命其孙贵成移守时罗洞为洞长。……按七洞冻州黄姓,山东青州人,从伏波将军马援征交趾,平贼有功,留守居时休洞,给有牌印。[③]

钦州由于地理位置的原因,与中央王朝的接触远远早于桂西地区,所能够关联到的东汉时期"马援征交趾事件"无疑是最具标志性的历史资源,当地土司将祖源记忆追溯至此具有逻辑上的"合理性",不致于疑窦丛生。在这里,历史时空中的事件、人物、地点等要素随意地穿插、混合、叠加成一个开放性的经典叙事模式,并被权力阶层所掌控,以此确定"中原汉人"的地位。于是随着侬智高的叛乱(或者交趾叛乱)、大将狄青的征蛮(或者马援的南征,或王阳明平叛田州土司之乱)、部将的分封等主题的铺陈和书写,最终构成了本土话语中上至土司、下至土民根深蒂固的历史记忆。

由于土司的强势影响,"英雄祖先"的征蛮故事更发展成区域性的表述范式,变成地方族群竞相模仿的标准文本。因此,民国时期桂西地区"天下无狼"状况的出现,不仅是时代语境之变迁的结果,也与土司"祖先记忆"经典文

---

① 参见[日]谷口房男、白耀天:《壮族土官族谱集成》,广西民族出版社,1998年。两位学者对这一现象进行了考证,明确认为这是一种对汉人的攀附。

② 土司时代之前,桂西与中央王朝之间磕磕碰碰的历史于北宋"侬智高之乱"时达到顶峰。在这一事件中,宋王朝派遣的平乱将领狄青被戏剧性地推向前台,其率兵南征的事迹不仅逐渐融入桂西地方史的传承脉络,更成为改变该地区族群记忆的关键人物。土司阶层首先掌握了自我书写的能力,他们充分利用族谱连接古今的媒介作用,创造性地将"狄青征蛮"故事与其祖先记忆联系起来。

③ (清)朱椿年等修,杜以宽、叶轮纂:《钦州志》卷一《舆地·诸洞》,道光十四年。

本的传播与扩散关系至深。自清中期以来,伴随"改土归流"的推进,长期被压制的土民获得一定的政治和文化空间,并逐渐习得自我书写的能力。上有好者,下必甚焉。一方面,从自身需求来说,普通民众全盘采纳土司的表述方式,颠覆性地重构家族起源,其先祖亦摇身变为跟随土司"戍边"的汉人,"蛮夷"的族类身份则作为结构性失忆,"淹留"于历史;另一方面,民国时期,既有国民政府"族群同化政策"的政治动因,也有国家处于危急存亡之秋的历史背景,不同族类之国民当万众一心,共御外侮,以"汉人认同"为核心的"中华民族认同"被赋予国家复兴的重大使命,桂西族群的汉人认同因而获得官方充分的肯定和认可,甚而推波助澜。因此,在内外合力的作用之下,桂西族群的汉人认同在民国时期达到鼎盛,许多县份出现"概为汉族"的族类格局也就不足为奇了。

明清时代,汉人对于桂西土司地区的族类身份,在认识上存在着三种较为突出的不同诠释方式:其一,由于"蛮夷"的本质,他们在总体上都属于"猺獞"的一部分;其二,因为土司体制的特殊性,狼兵的强悍,"狼"的身份得到充分强化,成为该地区最具个性的族类标签;其三,与那些居高山峻岭之间,未纳入编户齐民,常常为患朝廷的"猺獞"相比,"狼人"则是国家体制内的"民"。某种意义上来说,这些身份标签体现了汉人于客位视角之下,对边陲"他者"的主观认知和想象。民国时期,表面上看,许多桂西地区的人群已经具备了表述自己身份的能力,并通过重新书写自我的历史,而获得汉人身份的认同。但这种建立在汉文化语境中的书写,不过是传统"华夏边缘"构建模式下的模仿与复制罢了。揭开这一层面纱,就不难理解,经过中华人民共和国成立后的民族识别,那些自称来自中原的"汉人",为何大部分就被"壮"的民族身份所取代。从而也可认识到,关于族群的界定会在多大程度上嵌合于不同时代的社会情境中。

第二节　阶层：地位的等级与权力的基础

在桂西地区的历史上,土司制度确立前的人群组织大概可表述为具有相对独立性的"峒"的部落形式。① 明朝天启间刘文征所撰《滇志·旅途志》描述了当时归顺州的情况，"自此多石山，拔地突起，山环若城。有平畴者曰硐，路出其中，出入之所，皆有石隘。良田美地，一年耕获，尝足支二三年。伐竹构居，织锦为布。居民有老死不逾硐，如避秦人者。见车马络绎，闻华人言，皆聚观惊诧"，②十分形象地说明了所谓"峒"的面貌。这种分化的状态导致了地方结构的不稳定性，各峒之间似乎缺乏一种人群整合的内在机制，从未形成高度统一的共同体，因而就不可能发展出类似中原王朝官僚制的政治架构。③

无论是唐宋时期的羁縻府州制，还是明清时代的土司制，都是建立在"峒"的基础之上，即便经过兼并战争，有些府州县已经远超过峒的范畴，但都保留着姓氏集团的峒的内核。土司制度从文化、法律与军事层面规范和保障了地区的分离状态，而不是相反。王安石《论邕管事宜》云："左江之视右江，田州之视涷州，无以异于秦人视越人，尔为尔，我为我也。"④在相应的土地内，土酋借用国家赋予的权力"合法性"，构成以其占绝对主导的支配型社会。

一　社会分层的体系

因为资料缘故，我们对土司时代之前的桂西地方社会的了解还相当有限，不过宋人的一些记载已初步涉及羁縻州峒的内部结构：

>　……有知州、权州、监州、知县、知洞，皆命于安抚，若监司给文帖朱记。其次有同发遣、权发遣之属，谓之官典，各命于其州。每村、团又推一人为长，谓之主户。余民皆称提陀，犹言百姓也。……其田计口给民，不得典卖，惟自开荒者由己，谓之祖业口分田。知州别得养印田，犹圭田

---

① "峒"的形成主要是因为桂西特殊的地理条件，正如前文所述，桂西山多地少，平地的面积通常不大，且四面环山，被分割为一个个较为孤立的小盆地。一个"峒"便是一个小小的生态环境，更以此为基础发育成社会的基本形态。有关峒的研究可参见黄家信：《试论壮族的"峒"》，《学术论坛》2005年第8期。
② （明）刘文征纂修：《滇志》（《续修四库全书》本）卷四《旅途志》，上海古籍出版社，1995年。
③ 也许宋朝广源州首领侬智高曾有这样的努力，但很快便被朝廷的军队所镇压。
④ （清）陈梦雷等原辑：《方舆汇编·职方典》（《古今图书集成》本）卷一三九七《广西总部》，中华书局，1986年。

也。权州以下无印记者，得荫免田。既各服属其民，又以攻剽山僚及博买嫁娶所得生口男女相配，给田使耕，教以武技，世世隶属，谓之家奴，亦曰家丁，强壮可教劝者，谓之田之甲，亦曰马前牌，皆青布巾，跣足，总谓之洞丁。[1]

毫无疑问，知州、权州等"命于安抚"的职官皆为第一等级，同发遣、权发遣等"官典"应该是各州县处理事务的官员，村、团长则为乡村机构的代理人。这三类人构成了羁縻州县内大致的统治阶层；有一定土地的提陀相当于自耕农性质的农民，就当时来说其境遇应不算太差，只是"服属于"知州、权州等有官衔的首领；至于"攻掠及博买"而来的生口，对于首领具有极强的人身依附关系，则可能是"世世隶属"的奴隶了，最为低等，羁縻州县强大的私人武装也以此为基础。总而言之，提陀与家奴构成被统治阶层，其中有关家奴的描述应引起我们的重视，也许有助于我们理解下等阶层被动局面的延续性。宋代左右江溪峒的奴隶买卖十分盛行，可见于以下两条材料：

> （邕州）岁掠良口，市于他峒，人易金一两，能操技艺者倍之。[2]
>
> 南州客旅，诱人作婢仆担夫，至州洞则缚而卖之，一人取黄金二两；州洞转卖入交趾，取黄金三两，岁不下数百千人。有艺能者，金倍之；知文书者，又倍。面缚驱行，仰系其首，俾不省来路。既出其国，各认买主，为奴终身，皆刺额上为四五字，妇人刺胸乳至肋，拘系严酷，逃亡必杀。[3]

人口买卖可获暴利，地方官也被拉下水，南宋绍兴三十年（1160 年），"邕州管下官吏受贿停留贩生口之人，诱掠良口，买入深溪峒。左江一带，七源等州窃近交趾，诸夷国多所产生金，杂香、朱砂等物繁多，博易买。平民一入蛮洞，非惟用为奴婢，又且杀以祭鬼。其贩卖交易，每名致有得生金五七两者，以是良民横死，实可怜恻"。[4] 为了断绝奴隶买卖，宋廷曾数次下诏禁止，宋太

---

① （宋）范成大：《桂海虞衡志》，严沛校注，广西人民出版社，1986 年，第 148 - 149 页。
② 莫炳奎纂：《邕宁县志·职官四》，据民国二十六年铅印本，台湾成文出版社有限公司，1975 年。
③ （元）马端临编撰：《文献通考》卷三三〇，中华书局，1986 年，第 9103 页。
④ （清）徐松辑：《宋会要辑稿·刑法二》，刘琳等校点，上海古籍出版社，2014 年，第 8383 页。

祖于开宝四年(971年)三月下诏:"广南有买人男女为奴婢转佣者,皆并放免。"①宋高宗绍兴三年(1133年)和三十年(1160年)两次诏:"禁掠卖生口入蛮夷溪峒。"②宋光宗绍熙四年(1193年)秋又诏曰:"禁邕州左、右两江贩鬻生口。"③此外官方还加紧了执法的力度,如周湛任提点广南东路刑狱时,"设方略搜捕,又听其自陈,得男女二千六百人,给饮食还其家";④魏瑾任广南西路刑狱时,"邕州獠户缘逋负没妇女为佣者一千余人,悉奏还其家"。⑤

从上述材料来看,土酋对生口的需求量相当大,朝廷屡禁不止。可能由于当时左、右江溪峒地区农业开发还未达到一定的饱和度,需要大量劳力的补充,特别是没有人身自由的"家奴",不仅易于控制,而且能提供各种服务,所以那些掌握技艺者价钱"倍之"。土酋地位的取得,不能不说很大程度是建立在对这一阶层的完全支配之上。

尽管土司时代不再有人口买卖的记载,但构成的阶层已根深蒂固,这时期的地位体系不仅是对前代"峒"模式的延续,而且愈加严酷,两大阶层对立的局面更为明显。如果将土司社会视为一台机器,那么每个土民就只是这台机器上的一个小小零件,围绕着统治者的齿轮运转。在极为细致的分化中,每个部件按照土司社会的生活以及政治、军事的轨道而设计。同时,为适应统治的需要,上等阶层也衍生诸多的形式。由于各土司互不统属,所形成的阶层在称呼上有一定差异,在历史上也是不断演化的,总的趋势来说是朝着精细化的方向发展,满足日益扩大的功能性需要。

(一)统治阶层

1. 土官

这里将土官视为一个群体,其无论在外在形式还是实质内容上都具有较多相似的特征。虽非处于垂直的官僚体制中,但他们都有朝廷委任的官职,并颁发号纸、印信、冠带作为权力象征,只是在官衔上存在较大差异,比如有

---

① (元)脱脱等修撰:《宋史》卷二《太祖本纪》,中华书局,1977年,第32页。

② (元)脱脱等修撰:《宋史》卷二七《高宗本纪》,中华书局,1977年,第508页。

③ (元)脱脱等修撰:《宋史》卷三六《光宗本纪》,中华书局,1977年,第706页。

④ (元)脱脱等修撰:《宋史》卷三〇〇《周湛传》,中华书局,1977年,第9967页。

⑤ (元)脱脱等修撰:《宋史》卷三〇三《魏瑾传》,中华书局,1977年,第10035页。

土知府、土知州、土知县、土知峒、正长官司、副长官司以及土巡检、土舍等,从正四品(土知府)至无品级的土舍,所掌握的地盘也是参差不齐,广袤者如鼎盛时的田州府、泗城府地域百数里,小者如罗白土县、安平土州等不过数十里,所辖人口不过几千人。[①] 但土官在一个土司区内皆为最高的行政官员,职位高低、领土阔窄都不妨碍其掌握一切政治与经济权力,拥有绝对威权,处于整个社会地位体系的顶端。由于每个土司只限一名土官,这一位置是最为稀缺的资源,所以常常在统治阶级的内部,特别是官族间引起残酷的争夺。

2. 官族

土司政权是以血缘关系为主轴的家族政权,在明清时期日益呈现出厚重的泛家族主义倾向,从而产生"官族"这一阶层。成臻铭将土司家族子弟统称为"土舍",他认为这一特殊群体在土司社会中占有非常重要的地位。明清时期土司制度逐步完善,伴随着土舍政治、军事势力的膨胀与土司队伍的扩大,土舍地位变动相当巨大,相应地其队伍发展十分迅速,加剧了土舍之土目化,地方势力多为土舍所控制,并在不同程度上决定土司势力的兴衰。[②]以土官为首的家族构成了特权阶层,有着归属性的地位指向,主导了整个权力架构。

如在安平土州,官族按血统加以严密组织,分四大房,各房的户长都由土官在各地的亲信担任。他们都为当地有权有势的富户,把持大权,掌握和处理内部事务。他们还凭借土官权势,以调解内部纠纷为名,克扣勒索,横行乡里,成为土官政权在农村的重要支柱。土官对官族按等级给予的优厚待遇加以控制。官族各自所有的田地房产,除向土官交纳少量的田赋外,一概免除夫役和贡纳,有较大的财产支配权,可以在官族内部继承、典卖。官族的社会地位高于平民和农奴,老者被农民尊为"太老",妇女被尊为"蔑官"(官女),青

---

① "土官辖地的大小,不以官阶为等差,官阶大,属地狭;官阶小,属地广,这类事在边区是很寻常。譬如迁隆原为一土峒,官为巡检司,然而他的面积,横四十有余里,纵八十有余里。又如小镇安,他是一个仅给冠带,没有职衔,而位置尚在巡检之下的土舍,却拥有广袤二百余里的管域;反之,都康土州,广三十五里,纵二十四里;凭祥土州,广四十四里,纵十里;下石土州,广二十里,纵十里;罗白土县,广十五里,纵十七里;归德、果化、估伦、安平等州,大率如此;这一切虽名为州县,不单是比不上前述的土峒,也比不上流县中一个中等的乡村。"刘介:《广西土官故实采访录》,《广西文献》1948 第 1 期(创刊号)。
② 成臻铭:《论明清时期的土舍》,《民族研究》2001 年第 3 期。

少年被尊为"少爷""小姐"。他们可以读书投考,穿长衫、马裤和白色的高贵服饰,建盖砖房楼房等,从各方面获得封建等级的特权,以维护他们的权益。[①]

3. 土目[②]

在土司社会中,以土官为首的统治机构,需要自署职官才能进行政治运作,从而形成一个庞大的利益阶层。土官之下的各级头目被总称为"土目",相当于宋时的"官典"及"村""团"长。土目的来源包括官族和异姓土目,由于这种次级权力的分配受到多方面的制约,土目间的地位等差相当悬殊,称呼更是五花八门。幸运的是,土司地区留存的一些碑刻记载了一些职官的名称,为了解当时的状况提供了线索,我们可以通过以下几个土司的实例进行说明,下述碑刻主要在左江流域。

（1）　　　　　　　土官现年头目姓名碑

签押冯吉士,门房周金瑶,六品宅门赵连安,外委传事冯天爵,外委首驮冯德祖,九品首目冯世恒,六品军目农明辉,六品书目冯天香,一史权农日瑄,总印冯天龄。总州:农本、冯文、冯棉、冯盘,哨长冯壮,总令张奉,掌令农海,兵令农海,甲陇冯建,总把冯英,内管冯婴,管家冯喜。权州:农包、冯雕、冯创、陈召,哨长冯壮,总令张奉,掌令农海,兵令农相,内管冯婴,管家冯喜,甲内陈卜,兵房张□,工房许权,智印莫海。[③]

（2）　　　　　　　恩城土州官族赵养素墓志碑

赵公养素者……善能右军楷书,更优文词。州主首选为文房,次擢兼案总印,管理佃何甲。次擢总案晋权州,管中甲。又次擢都总州,管四

[①] 广西壮族自治区编辑组:《广西壮族社会历史调查(四)》,广西民族出版社,1987年,第23页。

[②] 根据李世愉的研究,土目有三种解释。其一,土目乃土人之头目;其二,土目是隶属于土司的,为其佐治之官;其三,土目被视为土司的一个等级,属无职衔、无品级的最末一等。而第二种含义是史籍中出现最多、最主要的含义。见李世愉:《清代土司制度论考》,中国社会科学出版社,1998年,第172－174页。本著的土目一词,采用第二种解释,即土官治下之各种形式的头目。

[③] 该碑(简称碑1)立于今大新县,可能是由于拓碑者的疏忽,具体地点不详,其境内曾有多个土司,无从考证是哪个土司所刻,竖立时间也不详。广西民族研究所编:《广西少数民族地区石刻碑文集》,广西人民出版社,1982年,第117页。

布甲。至后擢辅老之名，仍管外甲。……①

（3）　　　　　　　恩城土州革除蠹目及禁各项陋规碑

一、应用三哨头目三人，掌州头目一人，兼案头目一人。

……

一、除革蠹目总管赵琴，永不许入衙门，加派苦民受害。蒙准革，妻儿不许进地。

一、除革蠹目中哨庞生保，永不许当头目，贻累地方受害。蒙准革，不许进地。

一、除革蠹目兼案农大念，永不许复人充，殃害良民。蒙准革。

一、除革八甲大管、小管不用。例谷、鸭苗各项物件，蒙恩准革准免。

……

一、除革衙蠹总干不用，年例各项陋规，蒙恩准革准免。

……

一、除革小旗保长不立。

……

中军赵贵煜俱通忙保举

总州黄若松俱通忙保举

前哨农穗辉俱通忙保举

后哨黄家珊俱通忙保举

兼案黄吕平俱通忙保举②

（4）　　　　　　　都军村重修都军神庙碑

……州老黄国俊、镇兵黄中锦、检案黄中霄、掌案黄中立、掌权黄一

---

① 该碑（简称碑2）崇祯六年立（1633年），在今大新县境。广西民族研究所编：《广西少数民族地区石刻碑文集》，广西人民出版社，1982年，第10页。

② 该碑（简称碑3）雍正八年二月十二日（1730年2月12日）立，在今大新县境。广西民族研究所：《广西少数民族地区石刻碑文集》，广西人民出版社，1982年，第17-18页。

昭、总礼黄一均。甲□□黄中美、甲领黄中宇、甲村黄中份。外郎黄中定、总僚黄奕进、总哨黄□□、总书黄庆思。兵甲黄香、黄善、黄接。兵甲黄贵、黄华、黄虞。甲番黄欧、黄安。外用黄现、黄开。权□黄贵，禄白黄真，外郎黄本明，外郎黄杏、黄孟、黄佑、黄生、黄长、黄台、黄会、黄茂、黄福。总武黄庆嵩、甲权黄应忠。总哨黄应玄、甲勇黄应宽。总付黄□喜、总选黄应裕、总僚黄通。甲标黄相、甲权黄德。□□□□。畈削黄继宗，外郎黄锤、黄璘、黄能。权甲黄通，理长黄三，甲理黄苏，甲番黄列，甲标黄许青、黄碧、黄寻、黄留。

　　林家、总祖□□□、总□林英、□□林武□兵甲林台、总付林连、甲顶林芝、总甲林辉、总甲林正、总选林交、□冻、林宁□□林安□□林□、林□、□□林□宗、林□、□□林青。

　　许家上祖□洞兵许□□，总道许扬应，清道许扬荣，甲标许扬寄，总选许扬会，甲榜许扬鲁，外郎许扬□，总僚许扬雅，权狼许扬清，师长许绘，总僚许都，总领许鼎、许□、许□，许扬明，甲总许扬□。

　　赵家上祖□洞兵赵□□，甲总赵天□，总甲赵天□，总武赵天□，总勇赵天□，□爷赵天□，总选赵天□、赵天利、赵□、赵□、赵果、赵□（下缺）。

　　唐家上祖□先锋唐□，兵甲唐保、唐进、唐泰、唐孔（下缺）。

　　书吏目男□房黄启瑞①

　　碑(1)出现了有品衔的职官，却非朝廷的封赐，查《明史》《清史稿》的《职官志》皆不见有这方面的记载，可能是土官为了增加土目的权威性，自我认定的产物。至于顺次从"签押"到"智印"是否意味着官衔由高到低的排位，因缺少其他资料的旁证，也无法确定。但明确的是，这些官衔属于最主要的头目，即衙门内的职官，更多基层官员没有位列其上。碑(2)赵姓土目曾担任"文房、兼案总印、总案、权州、都总州、辅老"依次从低到高的官职，说明这样的层级结构有一定的纵深度。碑(3)中则出现"三哨头目、掌州头目、兼案头目、总

---

① 该碑（简称碑4）康熙肆拾伍年岁次丙戌季春月凿旦立，旧为向武土州，今天等县境。广西民族研究所编：《广西少数民族地区石刻碑文集》，广西人民出版社，1982年，第113-114页。

管、中军、总州、前哨、后哨"，"八甲大管小管"，衙门"总干"，"小旗保长"等职衔。值得注意的是，碑(2)及碑(3)所展示土目名号与碑(1)有较大不同。碑(4)所载异常复杂，许多名目让人摸不着头脑，原因可能是这里面既有里甲、保甲的社会组织，又有溪峒、村老等传统的社会组织，形成了相互交织的状态，①因此造成庞杂的职官名称。其中也可能不尽是头目，像"兵甲""甲勇""洞兵"之流应属于土兵的系统。此碑所反映另一个重要特点是家族统治的强烈痕迹，黄氏为州官之家族——官族，势力最为庞大，掌权者大都出于此家，印证了前述的权力家族化的问题。充任土目的人除了官族之外，亦有较固定的成例，亦多在异姓的家族中传袭。如万承土州设置"坊"的基层机构，各坊都由冯、赵、李、黄姓管理，坊内的其他姓没有管理坊内事务的权力。② 碑(4)出现的林家、许家、赵家、唐家也反映了这样的状况。

上述几方碑刻都是相邻的几个土司所立，显示的职官名称却相去甚远，由此可见土司具有主体地位的独立性，说明土目在每个传承系统中皆有其传统和特色，但总的职能相差不大。比较完备的州县，土官之下通常有刑名师爷一人或二人，师爷外，有大头目四，曰总理，曰总诉，曰总目，曰管家；有总番六，曰兵科总番，曰礼科总番，曰吏科总番，曰刑科总番，曰户科总番，曰工科总番。至于乡村的组织，各州县也不尽同，大抵各依辖境的大小，划为若干区段，此种区段，或称亭，或称哨，或称都，或称路，或称坡、屯、堡，或称坡、镇、甲、方，亦随地而殊。每个区段，设有土目、哨正、保正、头人各若干，平时查奸宄，听诉讼，战时练丁壮，候征召，形成一个雏形的军团，同时也是土官下的低级政府。③ 这些人物构成土司社会除土官之下的权势阶层，从各个层次掌控着社会的方方面面。

（二）被统治阶层

作为一种总体的印象，灰暗、边缘的色调是被统治阶层在这个封闭的等级架构中引人注目的特点，统治阶层强大的政治、军事力量以及精神控制支

---

① 李小文：《国家制度与地方传统——明清时期桂西的基层行政制度与社会治理》，厦门大学博士学位论文，2006年，第34页。
② 广西壮族自治区编辑组：《广西壮族社会历史调查(四)》，广西民族出版社，1987年，第118页。
③ 刘介：《广西土官故实采访录》，《广西文献》1948第1期(创刊号)。

配着这些无权势者,界定着严格的两分法。但根据生产资料占有、对土司人身依附关系来考量,这一阶层内部亦可进一步区分。就土地占有而言,土司区内的土地大致可分为民田与官田两类,民田为土民私有,可以买卖、转让。这部分土民除了缴纳国家的赋税外,[1]还需要为统治阶层(主要是土官及家族)服劳役、交贡纳。土官没有国家提供的俸禄,而是占有大量土地作为私产,以其所产作为俸禄,即为官田。各种土目也占有不定量的土地,称为目田,他们不需缴纳国家正课,也不必为土官服役,这些土地属广义上的官田之列。

1. 自耕农

对于拥有民田的这部分群体来说,其境遇仍然是不同的。对上层的贡纳、劳役在某些时候取决于土司的决断,一些土民因为军功或服侍殷勤而受到土司特殊的庇佑,成为有着相对自由地位的自耕农。土司地区留存的一些碑刻中,为我们揭示了这样的情况。

(1)　　　　　南丹土州蠲免卢仕等差派执照碑

　　……照得本州先父偶自去岁被庶孽趁分谋夺,窃据州治,威逼本州祖母并父逃避那地,维而本州潜居下司,彼时护卫零零无几。查惟岜义卢仕、卢科上下跟随,孤忠不逾,兼赠本州日需盘费,如此对垒交征有功,深实可嘉,合行给照,以鼓后效。其本名下一应差派,概行蠲免,俟有勤劳,另有提拔。为此照执卢仕、卢科永远遵照,嗣后如有无名人等,减尔功勋,再行生事者,许执此禀究,断不可姑贷,尔其勉之。此照[2]。

(2)　　　　　南丹土州再招何科等为内丁并免佚役牌照碑

　　……照得恩华村总练何科、何任、何□等人,系本衙招抚内丁,曩因地方多故,查尔等曾效微劳,不辞艰难,后被□□滋扰,逃避外境。据禀前情深为可悯,合再招抚,给牌该何□等人遵照,即便携眷回村居住,照

---

① 如前述,土司地区已编户齐民纳入国家的里甲体系,需要缴纳少量赋税。
② 广西民族研究所编:《广西少数民族地区石刻碑文集》,广西人民出版社,1982年,第162页。

常服役，所有一切杂派伕役，概行蠲免。倘有无知人役擅敢入村滋扰，妄派伕役，许即禀告本州拿究。尔宜凛遵，毋负招抚至意。须牌。[1]

(3)　　　　南丹土州蠲免岑礼才班头工食俸米牌照碑

……照得剑休哨剑强村民岑礼才，原属哨总班头一名，近因服役殷勤，合行准照蠲免。为此牌给岑礼才遵照，所有应纳哨总班头工食俸米银三钱，准行蠲免，每年仍旧纳钱粮银一两二钱、地粮银六钱四分，自行缴衔，田价银五钱，交与该管哨总。凡遇奉调，随同本色旗号前往，毋得借此抗违。诸役亦不得妄行索扰。如违，许尔禀报本州，以凭拿究。慎之。须牌。[2]

(4)　　　　太平州准免芭零村置丁伕役执照碑

世袭太平州正堂加三级记录五次李　　为给执照事。照得本州自古以来，原有芭零村置丁一处，以便本堂有小工之伕役。兹据该村置丁李启新、凌攀桂、梁作显等到堂禀称：民等居乡，勤劳耕种，日不暇晷，人丁单薄，不能分应小工之役，情愿备款以助办公。恳请准民等解置免役，俾得专心力农，而便应税纳粮。伏乞给照，以杜后累，而舒民困，等情。据此，本州覆查无异，体恤民艰，应如所请，相应给照。……[3]

在土司的"保护"下，部分土民免除或减免地租与夫役，不仅在经济上减轻了负担，无疑也提升了他们的社会地位。但毕竟能拥有土司眷顾的尚在少数，大都还是要听从调使，已极大约束了他们的自由度。总体上，其地位的保障要看"照牌"执行的有效性，相对来说他们属于被统治阶层地位最高的一个群体。而那些既要交贡纳，又要承担大量劳役的群体则被牢牢地束缚住了。

---

① 广西民族研究所编：《广西少数民族地区石刻碑文集》，广西人民出版社，1982年，第163页。
② 广西民族研究所编：《广西少数民族地区石刻碑文集》，广西人民出版社，1982年，第174-175页。
③ 广西民族研究所编：《广西少数民族地区石刻碑文集》，广西人民出版社，1982年，第66页。

2. 一般性土民

在安平土州早期,土官把境内生产条件较差,比较分散而不易管理的土地,由各村屯农民领种,榨取少量的赋税和实物贡纳,但种田的农奴需提供大量的劳役,即"番役"。这些田被统称为"那番",即役田(它们属民田)。世代领种"那番"的农民,同时承担了固定的劳役和赋税、贡纳,对"那番"拥有比较稳定的耕作权,可以父子相承、转让、典当和买卖。土官的"那番"遍布全境,许多田便以负担的各种劳役和贡纳的名称命名。如有"挑水田",领种北化陇坡、那甲屯六亩田的农奴,以挑水抵租,每天派两人到土官衙门挑水一百担,隔三天一换,周年不息。其他有"坟田""马草田""抬轿田""赶鸟田""柴田""石匠田""洗衣田""竹器田""解匠田""煮粽田""看猫田""歌手田""煮粽子田""打猎田""烧茶田""扫楼田""抬轿牌田""运粮田"等凡二三十种,几乎包揽了所有的体力劳动。此外,各屯各户农民,每年要交十斤谷子的贡纳,供给土兵伙食。除土官剥削外,其他官族、土目也通过所占有的田地,强逼农奴出夫役、交贡纳和进行超经济的剥削。如远居边境的岩化屯知峒蒙平,将土官授与他的十二块"膳田"(薪俸田),逼当地排康屯农民代种,每年产粮四千斤稻谷,而他只给四户种田的农民各五十斤。板甲屯的农奴除向土官交纳赋税外,每户要替知峒种田三天、挑担两天,还同样要为副峒做五个工的无偿劳动。[1] 就人口基数而言,这一群体既是传统自然村屯的主体,也构成了土司社会的主体,我们可以称之为一般性土民,他们通过辛勤劳作最大程度地支撑着土司社会的运转。

3. 家奴

至于那些无生产资料的家奴,则完全依附于土司,毫无地位可言。据20世纪50年代调查发现,居住在安平周围的大河、都楼、后愣、塘暂和百沙等十多个村寨的百余户农民,都是土官的家奴。他们的社会地位很低,被蔑称为"潘"(狗奴)。如大河屯十八户约五十多人,都住在衙门旁低矮的竹棚内,一无所有,连自身都隶属土官,不能离开安平。家奴世代相传。[2] 他们的悲惨境地,很容易将之与宋代羁縻州峒的家奴联系起来。

---

① 广西壮族自治区编辑组:《广西壮族社会历史调查(四)》,广西民族出版社,1987年,第34-36页。
② 广西壮族自治区编辑组:《广西壮族社会历史调查(四)》,广西民族出版社,1987年,第36页。

通过上述分析，我们认为土民基本划分为三个层次，即自耕农、一般性土民以及农奴。尽管这种划分是粗线条的，但在桂西土司区内具有普遍性。土民等级或稍有差异，因为土地占有形式以及对土司服夫役的轻重在很大程度上决定了地位的等级。如万承土州，"民家"是被统治阶层，其内部的社会地位也是不平衡的。地位最高的是境内八十四个村屯的"通氓"，耕种官田，按规定缴纳粮赋，有时要对土官服役，但负担的夫役较轻，甚至还能参加科举考试。其次是"上下弄人"(亦称"更囊")，他们的社会地位与"通氓"差不多，但不能参加科举考试，也用不着服番(贱役)；再次是耕番田的"番内人"，他们所受的各种限制和"通氓"及"上下弄人"大致相同，但服劳役较重，社会地位比"上下弄人"更低；而一些家奴在他们所服侍的土官夫妇死前，不能离开官衙，没有人身自由，社会地位最为低下。①

二 中心与边缘： 权力合法性的基础

诚如社会学家杰若米·希布鲁克(Jeremy Seabrook)所言，"所有社会都经由某种方式构成各式权力与财富阶层"，②相应的，也必然存在着与之对立的下等阶层。作为一种世界范围内的普遍现象，社会分层以及阶层的不平等性始终成为重要的社会问题，学术界形成两种重要的理论传统。在马克思看来，生产资料的占有状况是最重要的社会分层标准。前工业社会，生产资料主要是指土地，因此社会中两大对立阶级就是拥有土地的阶级和无土地的阶级。而马克斯·韦伯认为最重要的社会资源不是一种而是三种，即物质财富、社会声望和政治权力。这三种社会资源的中国化表述就是利、名、权。③

从人类历史来看，阶级社会中任何不平等的现象都富含着政治的意义，其内部结构的分化与权力的分配息息相关。④ 无论是生产资料或声望、财富

---

① 广西壮族自治区编辑组：《广西壮族社会历史调查(四)》，广西民族出版社，1987年，第120页。

② ［英］杰若米·希布鲁克著：《阶级——揭穿社会标签迷思》，谭天译，书林出版有限公司，2002年，第13页。

③ 刘祖云、戴洁：《再论社会分层的依据》，《中南民族大学学报》2006年第6期。

④ 这里的权力更接近福柯的"权力观"。福柯指出："在一定社会内的一系列势力之间的关系构成了政治。政治是一种普遍的战略，用来调节和指引这些关系。我想可以这样来回答你的问题：政治并不是用来最终决定那些基本的和本质上是'中性'的关系。势力的每一种关系在某一阶段(转下页)

都建立在对权力的控制之上，从而构成一种阶层支配的关系。因此韦伯认为"支配"乃是共同体行动中最重要的环节之一，也是权力的一个特殊个案。通常情况下，一个社会存在两种相对立的支配类型：基于利害状况（独占地位）的支配；基于威权（命令权力和服从义务）的支配。前者中，市场的独占性支配在此类型中最为纯粹，支配者所奠基的影响力来自对财货或市场价值之技能的掌握，被支配者仍维持至少形式上的"自由"；而后者建立在"卡里斯玛"型的家父权力、君侯权力之上，被支配者被要求绝对的服从，这种义务的执行无视任何个体的动机或利害关系。①

（一）土司支配土民的形式

在土司社会中，以土官为代表的统治者作为支配的阶层，其威权是纯粹而不可抗拒的，被统治阶层的土民则有绝对服从的义务，缴纳各种贡赋，提供无休止的劳役，无论自己处于何种状态，是否解决了温饱，是否劳累至极都无关紧要。土司对于土民的索取涉及方方面面，《万承土州奉令额定应征各项例规碑》留下了一些记录。

> ……所有应办各项，开列于后：
> 计开
> 上甲思陀村　一项正粮品级务银壹拾四两贰钱陆分叁厘正，每两耗羡银叁钱正。一项土皂银伍钱正，无耗羡。一项总数银陆拾玖两伍。
> 仲村　一项正粮品级务银捌两□钱正……一项土皂银伍钱正……一项总数银叁拾捌两叁钱陆分叁厘正。
> ……
> 下州村　一项正粮品级务银捌两□钱□分正……一项大月米叁拾吞正，入该村供应。一项柴薪银壹两叁钱正。一项坐马银陆钱捌分一厘

（接上页）都隐含了一种权力关系，而每一种权力关系都有一定的所指，作为它的效应，也作为它可能性的条件，指向它所参与构成的政治领域。"参见［法］米歇尔·福柯：《权力的眼睛——福柯访谈录》，严锋译，上海人民出版社，1997年，第17页。

① ［德］马克斯·韦伯著：《支配社会学》，康乐、简惠美译，远流出版事业股份有限公司，1993年，第3页。

正。逢上任办。一项铺陈站船肆钱伍分正。一项大朝贡马钱贡银壹两陆钱玖。

……

外甲上网村　一项正粮品级务银柒钱伍分正。……一项本府祭祀银贰钱正……一项柴薪银伍钱正。一项坐马伞夫什物银贰钱玖分正。一项大朝贡马银捌钱肆分五厘。一项捕打山羊随银数派。……①

《安平土州永定规例碑》所记更详，即便革除了部分，余留部分仍"叹为观止"：

广西太平府安平土州，为檄委查审军事。本年七月初二日，奉本府正堂李骧、盐道宪张准、藩宪杨奉督抚部院鄂杨批准本署司会同贵道呈详安平土州每年规例银两、米谷，以及长短夫役，应革应留各项，理合逐一开列，勒石晓谕，永远遵行。

一项每年准收八化额例公用共七色银壹千壹百四十八两一钱五分。

一项每年准收八化额粮公七色银式百四十八两四钱零。

一项每年准照雍正十年之数，收六甲米共五十三石六斗，谷陆拾陆石柒斗。

一项每年准收州判柴马七色银陆拾叁两，□□□□□一项夫役除。钦差经临南关启闭应用人夫，六甲照旧供役外，其余人夫，六甲每年缴钱式佰肆拾串。上中食三化每年另缴七色银式拾柒两五钱，听本官自行雇备。

一婚丧两项，凡本身婚丧，每次准收七色银壹千两。长男长女婚嫁，每次准收七色银壹千两。至次男次女概行禁革。

一项每年上中食三化，准令纳谷捌石，免其□马送革。

一项额设土兵伍百名，轮流把守九处隘口，捍卫地方，防闭边界，仍照旧例。

一项每年销府埠四季余盐壹斤，收小钱式拾捌文，变价归府。

一项每年承袭银两永革。

---

① 广西民族研究所编：《广西少数民族地区石刻碑文集》，广西人民出版社，1982年，第104－105页。

　　一项八化折柴碳永革。

　　一项站马永革。

　　一项草银永革。

　　一项鱼花银永革。[①]

　　《思陵土州志》不仅记载了韦氏土司的家族谱系、该州山川地理、建置沿革,对土民贡纳的记录尤为细致,每哨(行政单位)、每村皆有详细的规定,不仅平日需要纳贡,逢年节时也要孝敬。思陵土州分十哨,下文以峙浪哨为例(依原文节录):

　　　　计开:思陵州十哨粮田、余田每款规例。

　　　　峙浪哨

　　　　峙浪村,每年应纳粮田四十八两,内免入庙香资银六两。另那支村在外,实收银十二两,粮田钱四分,每该田谷四十五箩,以上共谷壹百八十箩。大猪六只折价银三两,小猪十二只折银三两,糯谷十八箩,鸭四十八只,鸡四十八只,灯油四十八斤,柴火四十八担,蓝靛四十八斤,棉花四十八斤,正、五、八月三节,每节糯米四十八斤。

　　　　那村,每年应纳田粮四两正,田半分该谷贰拾箩五朴,大猪半只,价银二钱五分,小猪一只价钱二百五十文,糯谷半桶,鸭四只,鸡四只,灯油四斤,每月柴火四担,棉花四斤,蓝靛四斤,正、五、八月三节,每节纳糯米四升足;

　　　　……

　　　　以上六村合共粮田壹百零捌两正。[②]

　　刻于碑上或"白纸黑字"记录下来无非是为了提供成例,满足子孙后代继续享用之需,即"照此纳抄存,与后代子孙便看照知"。[③] 除了经济剥削,亦可

---

① 广西民族研究所编:《广西少数民族地区石刻碑文集》,广西人民出版社,1982年,第19页。
② 《思陵土州志》,据道光六年正月二十日抄存本,藏于广西壮族自治区博物馆。
③ 《思陵土州志》,据道光六年正月二十日抄存本,藏于广西壮族自治区博物馆。

对土民直接役使，达到事无巨细的程度。因而刘介指出，土司统治下的土民，几乎就是奴隶。土司家族所有的劳动无论是耕作、养殖、园艺，以及一切与土司生活有关的事项，甚至养猫驱鼠等琐碎杂事，一律由土民承担，并以村为单位分门别户，各司其职。因此，在很多土司区内，村庄的名字就意味着服役的工作，譬如"内佃""外佃""银匠""木工""菜园""割鸡""小羊""马料""百挑"等。① 以至于"满清中叶，州民苦于陋例，呈奉两院辖免，勒石革禁者，比比皆是。然积弊犹未豁清也。如北江、峙电等村，有纳席子例；那柄、那萌、上松等村，有纳松枝例……细微之物且赋于民，则其它陋例可知矣。是故，土官虐民则有之，利民则未也。"②

清代学者赵翼曾任改土归流后的镇安知府，对于土官的威权有深刻的认识：

> 凡土官之于土民，其主仆之分最严。盖自祖宗千百年来，官常为主，民常为仆，故其视土官，休戚相关，直如发乎天性无可解免者。粤西田州土官岑宜栋，即岑猛之后，其虐使土民非常法所有。土民虽读书，不许应试，恐其出仕而脱籍也。田州与镇安之奉议州一江相对，每奉议州试日，田民闻炮声但遥望太息而已。生女有姿色，本官辄唤入，不听嫁，不敢字人也。有事控于本官，本官或判不公，负冤者惟私向老土官墓上痛哭，虽有流官辖土司，不敢上诉也。③

不仅如此，土官根据喜好将土民视为玩物，倘若稍有触怒则任意处置。传说安平某任土官好田猎，曾养猎犬数十，常到各处猎兽。出猎所至，即由所在属地之屯预造饭喂狗。某凶年，土官到堪圩乡属之陇防、遂乞、陇卜及宝圩乡属之切甫等屯田猎，各屯无米造饭喂狗，以荞麦等杂粮代之。土官大怒，遂将上述各屯划归那岸乡管辖，使之成为"飞地"，土民在应工、夫役及纳粮等方面遭受更大的盘剥。④ 清初学者刘彬曾指出："彼之官世官也，彼之民世民也。田产子女，唯其所欲；苦乐安危，唯其所主，草菅人命如儿戏，然莫敢有咨嗟太

---

① 刘介：《广西土官故实采访录》，《广西文献》1948第1期（创刊号）。
② 李文雄、覃辉修、曾竹繁纂：《思乐县志》卷九《杂志编·土官权威》，民国三十七年。
③ （清）赵翼：《檐曝杂记》卷四，曹光甫校点，上海古籍出版社，2012年，第55页。
④ 梁明伦等纂：《雷平县志》第八编，据民国三十五年油印本影印，台湾成文出版社有限公司，1974年。

息于其侧者！以其世官世民，不得于父，必得于子于孙，其数倍徙。故死则死耳，莫敢与较者。"①诚非虚言也。

（二）社会分层的逻辑

一个阶层要取得整个社会的支配地位，必然要取得权力的合法性，对于威权类型的支配而言，这种权力尤为重要。那么如何才能获得这种合法性呢？在很多情况下，支配端与被支配端被描绘为"中心"与"边缘"的二元对立关系，中心支配边缘。比如古代中国人认为"天圆地方"，四方形的地被圆形的天覆盖着。地的中心也是一个方块，即"华夏"或"中国"，是文明最为发达的地方，而四方为边缘，居住着"四夷"。② 基于此，华夏对四方具有支配权的合法性。

毫无疑问，中央王朝与土司构成一种"中心—边缘"的关系，在王朝的话语体系中，土司地区都是未开化的蛮夷，在文化上和心理上占据绝对优势。另一方面，土司作为国家在边陲地区的代理人，也需建构政治与文化上的权威，才能维持一定程度的稳定状态，因此其与土民也就构成"中心与边缘"的关系。比如，安平土州将地方基层行政组织称为"化"，共计有东、南、西、北、上、中、归、食、我处等九化。化者，归化也。"我处"即土州衙门所在地。③ 安平土州衙门的对联展示了土司的不凡来历："随狄而来，受土开荒，数百年勋猷宛在；平蛮而后，承享袭职，廿余代俎豆维新。"④而全茗土州土官祠堂的对联曰："六坡八甲任吾驾驭，一街四方由我管辖"。⑤ 忻城土县衙署大门两侧悬挂着一对楹联曰："守斯土，莅斯民，十六堡群黎，谁非赤子；辟其疆，利其赋，三百里区域，尽隶王封。"⑥无论是安平土州的行政设置，还是全茗土州与忻城土州的"豪言"，无不反映了土司作为地区中心的"霸气"。

在土司的政治统治中，很少存在边缘颠覆中心的现象，从唐宋羁縻州制

① （清）刘彬：《永昌土司论》，王锡祺辑：《小方壶斋舆地丛钞》第八帙，杭州古籍书店影印本，1985 年。
② 王铭铭著：《心与物游》，广西师范大学出版社，2006 年，第 23 页。
③ 梁明伦等纂：《雷平县志》第八编，据民国三十五年油印本影印，台湾成文出版社有限公司，1974 年。
④ 广西壮族自治区编辑组：《广西壮族社会历史调查（四）》，广西民族出版社，1987 年，第 19 页。
⑤ 广西壮族自治区编辑组：《广西壮族社会历史调查（四）》，广西民族出版社，1987 年，第 139 页。
⑥ 楹联在今忻城县土司衙门遗址仍可见。

就开始建立起来的威权,以泛家族统治的形式,一直贯穿整个土司时代,直到近代以后社会整体性变革才最终烟消云散。引起我们思考的是,各土司家族长达数百年甚至千年的统治,历经中央王朝多次更替能屹立而不倒,除了部落时代延续的权威惯性之外,又从何处获取源源不断的支配力量呢? 或许从社会学角度来看这个问题是合适的。

人类社会中,基于个体所处的环境(比如出身)与自身的能力(比如智力),很难在健康、财富、地位等方面达到平等。通常情况下,在社会中占据优势的群体或个人都尽力为自己的处境提供一套理由与说辞,让他人相信其高贵命运的"正当性",另一方面则贬低劣势方,让他们也接受社会结构的这种"正当性"。特别值得注意的是,创造天生优越(尤其是"血统")的神话是最常见的一种方式。在权力秩序较为稳定的情况下,身份的阶序性也具有稳定性,高等阶层血统高贵的神话往往能够被低等阶层所接受。而且,只要人们陷入高等阶层编织的迷思中,没有发生颠覆支配秩序的理论与行动时,这种情况就有可能持续存在。[1] 因此,不难发现,那些世袭贵族喜爱自夸,并强化其"超自然"的祖先来源,证明他们拥有更高贵的血统,与被统治者形成强烈反差。总之,每一个统治阶级都倾向于通过某些普遍的道德原则来使他们对权力的运用合法化。[2]

正如前述,土司通过族谱碑刻等为载体的文字性描述,自称祖先是来自帝国中心的汉人,从而血统高贵,在边陲"高人一等",有力维护其统治者的形象与地位。因而即便是非土司家族的土目,为了能在边陲的"中心"占据一席之地,也无不将祖先记忆定格在"征蛮"时代,以获得超越土民的身份力量。土目家族的故事版本中,其先祖为土官的部属,列土分封之际已是权力的分享者,在族谱性质的碑刻中多有记载,见以下几例。

1. 南丹县六寨哨莫姓哨目族谱碑

> ……溯我祖籍江西吉安府吉水县白水街人氏,为侬智高反,踞邕州,

---

① [德]马克斯·韦伯著:《支配社会学》,康乐、简惠美译,远流出版事业股份有限公司,1993 年,第 16 页。

② [英]杰若米·希布鲁克著:《阶级——揭穿社会标签迷思》,谭天译,书林出版有限公司,2002 年,第 110 页。

朝廷命狄武襄将军征剿,我祖亦从王事隶属于莫伟勋部下。侬败,其党四散,鼠窜各县,伟勋奉令来是乡剿抚平之。朝廷乃奉伟勋为世袭南丹刺史。乃查其部下在事出力之有功者得十三人,皆委以世袭哨职,分土负责戍守。我祖任六寨哨,遂居焉。……①

2. 万承土州李氏土目宗祠世系碑

……溯吾始祖,原籍山东省青州府白马县金丝街。……(随狄青征侬智高有功,笔者注)奏准冯、李、赵、黄四姓功员,肇造开基,设立万承,奉给目粮,杂项私派,后代永免。始祖居万有年,方假回东,继而冯、李、赵、黄四姓,共一宗祠,春秋同祭。其后祠宇颓坏,各姓分立。我祠尚属朴素,迨前清光绪庚寅年,重复庙宇,稍为美丽,可见功烈常存,光昭前代,名誉不泯,历传后人,纵文归乌有之才,尚游泮水,武无马援之勇,不落孙山。……②

3. 南丹土州北呔哨目莫文锦墓碑

原籍山东青州府益都县丁字巷白米街人氏,始祖莫大虎,自宋时遂杨文广将军随征广西溪峒猛蛮,血汗功勋,举请上宪奖励,世袭南丹北呔哨事。后裔子孙永远管理。由宋至清四朝,历九百余春,统计二十四世,递及莫刚,高祖如金、曾祖克美、祖远福、父文锦,幼年性笃厚,族举充当北呔哨目,办事得力,前清上宪赏给军功,以示鼓励。……③

与土司家族一样,异姓土目家族亦利用上述这套经典化的族谱修辞,建构出中心与边缘、高贵与低贱的身份标签,借用帝国"权威"合理化其地位。其中南丹土州哨目莫大虎"随杨文广将军征蛮"的设定,别出心裁,令人哑然

---

① 广西民族研究所编:《广西少数民族地区石刻碑文集》,广西人民出版社,1982年,第183页。
② 广西民族研究所编:《广西少数民族地区石刻碑文集》,广西人民出版社,1982年,第85页。
③ 广西民族研究所编:《广西少数民族地区石刻碑文集》,广西人民出版社,1982年,第181页。

失笑。但无论如何，这种表述对稳固该土目家族的地位却有重要价值。而且在较为固化的社会中，"归属地位"（Ascribde Statuses）是最常见的形态，一旦等级划定后就很难逆转。① 因为一般而言，所有的政治力量都似乎拥有一种物理上的强大惯性力量，倾向于维持他们自己所处的那一点或状态。通过道德传统和继承，财富和军事上的威慑非常容易维持下去。而在东方社会中，宗教信仰、科学知识的生产和分配财富的方法多少世纪以来一直没有经历剧烈的变化，人们也没有在日常生活中被外来的物质和无可争议的权力所打乱。权力因此被永远驻留在某些家庭，该社会的各个层次普遍具有停滞的倾向，形成僵化的政治。②

再回过头来思考有关社会分层及支配的问题。如果我们将马克思的分层理论与韦伯的分层理论进行对比、区分，就可以发现前者只强调生产资料的占有状况，可被视为"一元分层论"；后者在此基础上，还考虑威权，即财富、声望等因素，可被称为"多元分层论"。当然，两者也有一定联系，生产资料的占有与威权密不可分，生产资料占有的数量与占有者的经济、社会和政治地位成正比。③ 作为分析的工具，两种理论展现的学术光辉是后人难以企及的，留给社会科学整体性的启发。不过在分析这些议题的过程中，笔者还尝试利用历史的深度与广度加入文化的视角。

因为在一个有着悠久历史的国度里，尽管我们考察的土司社会有着特殊性，但又怎能忽略那个庞大的，俯瞰着整个"天下"，无所不在的国家呢？在边陲，土司权力的合法性来源于中央王朝中心的授权，该路径很大程度上依赖土司们对祖先谱系的重建。土司们借此不仅稳定了支配地位与社会分层的秩序，与此同时，他们的努力还产生一系列连锁反应，掀起了区域社会"汉化"的热潮，有力地改变了当地社会、族群与文化生态。

---

① 有一些天生授予我们或至少生来就已预定好的地位，其余的是我们在变幻莫测的生活中获得或至少是无意中获得的。林顿把后者叫作"获致地位"（Achieved Statuses），而前者则被称为"归属地位"（Ascribde Statuses）。[美]罗伯特·F. 墨菲著：《文化与社会人类学引论》，王卓君、吕迺基译，商务印书馆，2004 年，第 69 页。

② [意]加塔诺·莫斯卡著：《统治阶级》，贾鹤鹏译，译林出版社，2002 年，第 109－115 页。

③ 刘祖云：《社会分层的若干理论问题新探》，《江汉论坛》2002 年第 9 期。

第五章 结 语

不可否认,传统的桂西土司制度研究对于"制度"的透彻分析是理解桂西地区整体历史的重要环节。不过,历史通常是多种力量综合作用的结果,因此在一个多向度的对话空间里,就存在不同的阐释角度。历史人类学的研究单位应该是文化或文化衍生之物:荣耀、权力、权威、交换、互惠、行为准则、社会分层系统、时空建构以及仪式等。当人们在特定地点跨时间范畴研究这些内容时,更多关注的是文化类别的建构。[①] 基于这样的认识,本著与传统研究框架形成一定的区别,不再将土司制度仅仅视为一种机械的制度或历史时空中的孤立事物,进行结构—功能式的政治史、制度史解读,而是强调其如何在实践运作中与国家的社会文化相联系,进而界定族群与阶层的层次,树立权力壁垒的过程。这一视角,建立在对具体历史情境中"文化"的分析基础之上,试图探寻历史大框架叙述所无法触及的深层衔接点,因此本著所欲解读的并非土司制度的"结构"(Structure),而是土司社会的"结构过程"(Structuring)。在这一过程中,人们通过有目的的行动,织造了关系和意义/结构的网络,这个网络又进一步帮助或限制他们的行动,循环反复永无止境。[②]此外,我们通过观察

---

① Bernard S. Cohn,"History and Anthropology: the State of Play",*Comparative Studies in Society and History*,Vol. 22,No. 2,1980.

② [美]萧凤霞:《廿载华南研究之旅》,程美宝译,《清华社会学评论》2001年第1期。

具体文化形态的生成机制，亦可回溯当时的历史情境。或许这种历史与文化相互参照的思考，是当下历史人类学的重要着眼点。

一 天下体系与王朝边陲

在理论层次上，本著考察了隐含于土司制度之下的观念形态，从而了解这一制度长期存在的历史逻辑与动力模式。中国古代一以贯之的所谓"天下体系"或"天下观"，亦即自周以降被尊奉为历朝的核心价值，便是本著推衍的起点。在此框架内，羁縻政策与土司制度作为重要的政治理念和实践，与国家统治秩序紧密联系在一起，并且随着中央王朝不断向周边拓展，以汉文化为中心的中华文明化进程不可遏制，"天下"观念以及种种衍生的对族群认同、文化认知的态度，营造出一种弥漫于整个国家之内的结构性历史情境，即使国家之边陲也概莫能外。若将土司制度视为传递、过滤这一情境的载体，则桂西土司社会所呈现的将不再是陌生的异文化形态，因为在现实的历史脉络中，当"天下观"渐次内化于边陲社会时，文化意义便在其等级、阶序等权力意识中得到创造和延续。

从自然地理的角度来看，天下体系来源于上古时代中国人对世界的空间构想，东、西、南、北，中心与周边，里与外等方位概念，皆成为建构世界秩序的空间要素。周代以来，在可数的几部经典文献中，先贤们利用上述方位概念，搭建起空间意义上的"天下观"与世界等级秩序，[1]在地理空间想象之基础上，出现了"五服""九服"等概念，天下体系被进一步赋予深刻的文化意涵。由此，"天下"不再仅仅是一个以方位和层次为骨架的自然大地，而变成一个人为的、"井然有序"的、生机盎然的人文世界。这一世界被加以类别化与层次化，形成以"自我"为中心向外延伸的同心圆——"五服"即五层的同心圆，"九服"即九层的同心圆，更重要的是，空间距离的远近与族群文化的品质相对应，从而形成了认知意义上的文化鸿沟，总体表现为"华夏"（或"汉人"）与"蛮夷"的关系，这便是绵延千百年的"华夷之辨"。至此，空间观念悄然转换为族群、文化的分野，影响中国历史的关键性思想要素亦最终形成。

---

[1] 何新华：《试论中国古代天下观》，《东南亚研究》2006 年第 1 期。

　　"华夏"作为中心的地位也随之得以确立,而那些"非我族类",即"夷""蛮""戎""狄"等"未开化"的人群则分处东、南、西、北四个方位,参差不齐地环绕着"华夏"这个"文明之邦"。中国"天下"式的空间概念里包含着上下尊卑的等级秩序。[①] 较之四方"蛮夷",华夏文明一直怀有自信和优越感,有德之君有责任使"蛮夷"浸润德泽,分享中国高水平的文化。莅中国,抚四夷,正是古人极力追求的"王天下"。[②] 为了维持这种格局的稳定,人们严格区分"中国"与"四夷"的空间与地理差异,"居天地之中者曰中国,居天地之偏者曰四夷";也异常严厉地强化着"中国"与"四夷"的文化差异,君臣、礼乐、冠婚、祭礼代表着文明的中国,而被发文身、雕题交趾、被发皮衣、衣毛穴居的,则是野蛮夷狄的化身。因此,一直到明清时代,实实在在存在于人们心目中的"天下",还是从《禹贡》那里来的"九州",只要一想起有人居住的所有地域,最自然地浮现于时人脑际的是还有东夷、西戎、北狄、南蛮之分的"中国"。然而,更重要的是,从汉代起,人们已经深刻地甚至是悲凉地意识到四裔对中央的压迫。[③] 因此,中央王朝对四裔的态度是复杂的,既有"王化"之心,也有提防之意。

　　所谓的"边陲",即是这种语境所界定的产物。[④] 根据西南边陲的地理环境,中央王朝逐渐发展出一种对之加以识别的独特标志——"瘴"。对"瘴"的种种意向性描画,塑造了一个色彩鲜明的"异域世界"。对瘴的恐惧感,更多源自自然现象背后所隐喻的文化观念。"凡天子者,天下之首也。何也? 上也。蛮夷者,天下之足也。何也? 下也。"[⑤]这样的表述充分展现了中心与边陲的不对称性和不平衡性,修辞愈是夸张,二者间的反差也就愈大,从而为占

① 何新华:《试论中国古代天下观》,《东南亚研究》2006年第1期。
② 邢义田:《从古代天下观看秦汉长城的象征意义》,《燕京学报》新十三期,北京大学出版社,2002年,第29页。
③ 葛兆光著:《中国思想史》卷二,复旦大学出版社,2001年,第361-362页。
④ 本著"边陲"的概念大致相当于徐新建所说的"边地"。在他看来,"边地"是一个相对的概念,出现于"中心"确立的过程之中。在大一统的王朝时期,边地就是中央、中原以外的"四方"。从族群和文化的交往进程来看,边地的含义大致经历了从"边荒"到"边疆"再到"边界"的演变。"边荒"意指虽知其在却难以拥有的远地;"边疆"开始具有王土的属性,虽处在王朝之边,却已纳入了经营治理的范围;至于"边界",体现的是与他国相交的领土划分,对内意味着统治的端末,对外标志着主权的终止。参见徐新建:《边地中国:从"野蛮"到"文明"》,《西南民族大学学报》2005年第6期。
⑤ (汉)贾谊:《贾谊集·新书·解县》,上海人民出版社,1976年,第66页。

据中心的人群营造了无可比拟的心理优势。瘴气当然不是设立土司制度的唯一原因，①否则难以解释"瘴"的地理区域远大于土司统领区域的事实，但以瘴作为国家西南边陲的最特别的识别指标，就凸显出"天下观"对于这一地区的总体"臆想"。简言之，它在一定程度上对应着"华""夷"的族群划分与文化分野。

中华大一统的进程中，经营边陲是历朝最重要的课题之一，且基于"天下观"，在整体战略上逐渐形成"羁縻"之策，即便元代以来的土司制度也不过是前代羁縻政策的延续。换一个角度来看，"天下观"作为一种意识形态在这种超长期政治战略中得以充分实践。王明珂指出："任何一个微不足道的人物或事件，或与之有关的叙事，都是社会情境（Social Context）与历史过程（Historical Process）下的产物。我们可以将这些人物、事件与相关叙事都当作是一种'文本'（Text）。'文本'存在并产生于特定社会情境脉络中（Text Exists in Context）；社会情境脉络，也因其相应'文本'而得以显现或强化（Context Manifests Itself in Text）。"②如果将中华的"天下观"视为这样一种社会情境，桂西边陲的土司制度则是反映这一情境的特殊"文本"，由此产生的地方文化与权力不可避免地纳入国家的视野。

二 文化与权力的国家视野

至少在一定程度上，土司制度下的桂西社会可以说是中国传统乡村社会中一种"非主流"类型，它是与中央若即若离的"蛮夷"世界，正式专制权力未能有效下达，依赖根植于地方势力的土酋统治，反映了国家边陲的特征。然而，在中华大一统的缔造过程中，特别是明清时代以来，此区域逐渐融入汉人"文明化"的议程中，"天下观"意识的渗透即为重要表现。就地方族群对"中心"的认知度来看，这一过程是自下而上的主动习得，"汉人"意识与国家认同

---

① 还要考虑统治成本的等问题。如赵汀阳认为，天下结构在一定程度上是帝国的幻想，到了秦建置以后它是一个外衣，是一个企图同化其他异族，或没有完全纳入统治权范围的那些人的一个统治技术。这是一种节约成本的统治方法，经济学上很有道理。把征服的地方收为领土的统治成本太高，很容易崩溃，经济上不合算。赵汀阳：《反政治的政治》，《哲学研究》2007年第12期。
② 王明珂：《瓦寺土司的祖源——一个对历史、神话与乡野传说的边缘研究》，《历史人类学学刊》2004年第1期。

的形成与土司阶层权力网络的建构有着密切的关联。或许正如萧凤霞所言，"如果不在一个区域政治经济具体的历史变迁过程中，去讨论地方的能动者（Agentes）的共谋关系（Complicity）的话，很难理解国家层面的话语"。[①] 尽管这个"国家"[②]常常只是人们获取"正统性"的抽象概念，但在层层叠叠的社会、文化、权力和历史关系里，它充满活力，无所不在。

唐宋以来的桂西社会历史，其演化历程以姓氏集团的统治为中心，这一脉络在元明清的土司制度之下被延续并得以强化。明中期以后，随着全新宗法思想在王朝内的兴盛，桂西边陲的土司阶层亦经历了一次明显的宗族化转向，既满足了朝廷重视系谱的需要，也为其统治提供了新的组织形式。更重要的是，宗族的话语已成为土司表达国家认同、创造汉人身份、控制地方不可或缺的手段。与之相应的，土司继嗣的运作在理论上就需要遵循汉人宗法制度的逻辑，朝廷也有针对性地制定了相关的原则。但很多时候，权力争夺远远超出了文字规范的范畴。这时候，国家就扮演着终极的仲裁者，采取军事行动或政治动员化解土司争袭所造成的动乱，从而维护边陲的统治秩序。从这一意义上来说，国家与土司是一种共谋的关系。相对而言，土司家族的婚姻则显得"有趣"得多，在地域框限下，土司们不得不在结构性需要以及文化的象征意义之间寻找最适宜的平衡点，而对汉人习俗和地方传统的解读与操弄则反映了其文化的创造性面向。

传统观点认为，土司向中央王朝朝贡更多表达的是臣服的态度，但另一方面，这也是国家权力让渡的重要方式。"中心"或"圣地"是神圣力量的源头，凡俗膜拜中心是最正常不过的现象。朝贡类似于"朝圣"，通过直接接触在象征形式上所获取的权威具有更高层次的合法性。因而朝贡被纳入朝廷与土司相互策应的互动机制，也是驱使土司长期朝贡的动因之一。对国家祀典的积极引入，意味着桂西社会迈入国家"大传统"的信仰世界，为土司提供国家层次的神明的"护佑"与"加持"。而那些对所谓征蛮名臣的神化，则完全是土司用文字、仪式的优势来炫耀统治力量之合法性的尝试，亦是土司篡写

---

① ［美］萧凤霞：《传统的循环与再生——小榄菊花会的文化、历史与政治经济》，《历史人类学学刊》2003 年第 1 期。

② 这里的国家泛指中国历代王朝，具有"天下观"的中心意味。

历史的结果。然而土司毕竟是植根于乡土的，于是具有地方色彩的土司家族神被不断地"泛化"创造，这些神明对土民的信仰控制深达社会生活的精细层面，并形成网络化分布。更重要的是，这些神明与不同时期的"王朝历史"都有着极为密切的"关系"，从而源源不断展示着国家的在场。

桂西土司社会建构在一个阶层高度分化、地位极不均衡的历史情境中。土司利用修族谱、撰碑记等文化手段，并通过宣称其先祖是来自中原的"征蛮"英雄而取得正统汉人的地位，从而与土民形成族群边界以至社会性的区隔。经过长时段的历史积淀，在土司的强势影响下，"英雄先祖"的征蛮故事更发展成区域性的表述范式，成为族群与阶层"自识"与"他识"的重要文类。土司与土民不平等关系的维持与巩固，从明代土司地区"狼"族群标识的认定，到清末民国去"狼"化的历程，与土司开创的经典文类的扩散有关。在特定的时代与社会情境中，夸耀性的个人创作受到政治或社会权力的持续支持，因而造成后继者之屈从、攀附与模仿，如此形成一种书写"范例"，即文类。它之所以能得到政治或社会权力持续的支持，乃因其叙事与结构，相对于其他书写而言，最能将当时的社会情境合理化，这是一种完美的仿真（Mimesis），譬如对各种社会群体的区分及相关资源与权力的阶序分配。① 从某种程度上来说，这种以土司族谱为核心的文类不仅是"文化的语言"，更是一套"国家的语言"和"权力的语言"，为土司社会的"合理性"提供了"权威"的注解。

诚如萨林斯所言，人们依据对文化秩序的既有理解，来组织他们的行动计划，并赋予其行动目标以意义。在这一意义上，文化在行动中以历史的方式被再生产出来。② 当然，文化并非只是供人们吸纳的一种静态结构图式，它赋予历史能动者创造性意义，同时因为与权力存在密切关系，文化实践的过程就呈现出多向度的复杂样态。桂西土司社会的塑造，交织着文化、权力与历史的力量。在边陲地区，朝廷行"羁縻"之策，扶持地方头人作为代理人，这是对"华夏边缘"的无奈举措，与"大一统"的政治抱负存在一定距离。但现实情况不得不让其"退而求其次"，只是后来随着王朝力量的持续推进，"改土归

---

① 王明珂：《族群历史之文本与情境——兼论历史心性、文类与范式化情节》，《陕西师范大学学报》2005 年第 6 期。

② ［美］马歇尔·萨林斯著：《历史之岛》，蓝达居、张宏明等译，上海人民出版社，2003 年，第 3 页。

流"也就成为不可避免之趋势。然而在边陲,通过土司制度,"国家政权"被树立为超越地区的权力象征符号。土司制度实际上是中央王朝"天下观"意识形态下"中心—边缘"结构的生产与再生产。土司力图形塑国家政权"正统"代理人的文化形象,借此稳固权力和统治,从而将国家中心的权威分解到边缘,并以组织性与象征性的方式溶入土司社会权力的文化网络建构之中,再造一个"中心"与"边缘"的政治格局。

三　从边陲历史看中华民族之认同

　　基于一种宏观的视野,若将边陲历史置于华夏文明推进这样一个大的时空架构中来考察,如此,不仅可深刻勾勒其与"中心"密切互动的脉络,透视国家整体的历史形貌,亦可联系当下的社会情境,展现历史与现实的某种关联。土司社会的形成与发展,国家始终在场,边陲地区的国家认同和文化认同则是王朝存续的保证,可以说边疆政治牵动着王朝安危的敏感神经。在"民族—国家"时代,这种认同更成为"中华民族"这一"国族"建构的先决条件。本著对于桂西土司社会历史与文化的阐述,描绘出一幅可视的边陲各阶层认同取向的"心理构图",从而揭示了具有涵盖性和统合性的"中华民族"认同无远弗届的文化基础。

　　自"中华民族"一词在清末民初登上历史舞台以来,它便成为鼓舞中国人最强有力的象征符号,在国家面临生死存亡的危难关头发挥了至关重要的凝聚作用。[1] 尽管对于这样的"国族"概念,人们可能有不同的见解,[2]本尼迪克

---

① 关于中华民族的出现以及形成的历史可参考黄兴涛:《现代"中华民族"观念形成的历史考察——兼论辛亥革命与中华民族认同之关系》,《浙江社会科学》2002 年第 1 期。

② 以文化等客观特征来判断民族或族群的理论面临着所谓"主观认同"论者的"解构"。以埃德蒙·利奇(Edmund Leach)在缅甸的研究为起点,到弗里德里克·巴斯(Fredrik Barth)*Ethnic Groups and Boundaries：The Social Organization of Culture Difference* 一书的出版,在人类学界流行,成为一种族群典范理论。参见李亦园:《中华民族文化多元一体的现代意义——考古人类学的再阐释》,载林超民主编:《民族学评论》第二辑,云南大学出版社,2005 年,第 2 页。如王明珂指出"'历史实体论'所主张的'民族'定义是值得怀疑的。近二十年来的人类学族群研究说明,无论'族群'或'民族'皆非客观的体质、语言与文化所能界定的,基于民族定义所建立的'民族史',一个民族实体在时间中延续的历史,也因此常受到质疑"。王明珂著:《羌在汉藏间——一个华夏边缘的历史人类学研究》,联经出版事业股份有限公司,2003 年,第 286 页。

特·安德森更视之为"想象的共同体"。① 然而"想象"的民族认同不是"捏造"，而是形成融合群体认同不可或缺的认知过程（Cognitive Process），是一种社会心理学上的"社会事实"（Le Fait Social）。② 更何况中国拥有几千年不曾断裂过的文明史，无论王朝如何更替，文化根基依然存在，为人群的互动、整合提供了无与伦比的优厚环境，中华民族的形成有着历史与现实依据的理论张力。

在诸多对中华民族的研究中，费孝通提出了极富创见性的中华民族"多元一体"的观点，在更高的理论平台上对中国自古以来的民族格局进行了统合与诠释。他在《中华民族多元一体格局》一文中指出：

> 中华民族作为一个自觉的民族实体，是近百年来中国和西方列强对抗中出现的，但作为一个自在的民族实体则是几千年的历史过程所形成的。……它的主流是由许许多多分散孤立存在的民族单位，经过接触、混杂、联结和融合，同时也有分裂和消亡，形成一个你来我去、我来你去、我中有你、你中有我，而又各具个性的多元统一体。③

在多元一体形成的过程中，"华夏"，也即后来的"汉族"，不断吸纳其他族群成分而日益壮大，其文化与文明也不断向周边扩散，为作为一体的中华民族的形成奠定了基础。费先生的论断高屋建瓴，通过一个历时的视角，勾画出中国多元民族社会国家整合、人群融合的图景，这一思路也准确地呈现了中华民族形成的历史脉络。不过费先生仅提供了一个宏观的理论框架和构想，需要更为具体的案例来充实。譬如，各人群如何从多元认同中走向一体，实现认同的，其方式、步骤和路径如何；是地方族群精英的引领，还是王朝文化、文明的扩散与传播过程中的吸引力，使区域、族裔群体自发对一体达成共同体认识和认同。同时，我们也应洞察到，将多元凝聚成一体的推动力量并不是汉族本身，而是其所代表的"华夏文明"。换言之，在历史上，中央王朝甚

---

① ［美］本尼迪克特·安德森著：《想象的共同体》，吴睿人译，上海人民出版社，2003 年。
② 吴睿人：《认同的重量：〈想象的共同体〉导读》，［美］本尼迪克特·安德森著：《想象的共同体》，吴睿人译，上海人民出版社，2003 年，第 9 页。
③ 费孝通著：《中华民族多元一体格局》，中央民族学院出版社，1989 年，第 1 页。

少主动以血统或种族形态去吸引和统合别族,而是以发挥"文化"或"文明"影响的方式来起到这个核心和凝聚作用的。[①] 这是中国古代一以贯之强调"教化",甚至"有教无类"的根本原因。

费先生的"多元与一体"论包含着文化的内涵,正如他后来所指出的,中国文化是一个有单数的"大传统"和复数的"小传统"构成的相互依存的体系。小传统代表着多元,由中国丰富多彩的族群、区域和民间文化传统;大传统代表着一体,影响着多元小传统,并为小传统所认同。复数的小传统反映中国文化多元的现实,单数的大传统反映统一的要求。[②] 从某种意义上来说,多元一体是一种共享的文化格局,它是国家在"一体化"进程中所采纳的"因俗而治"的民族交往政策——"求同存异,异不害同,和而不同"的结晶。复数的小传统对大传统的认同体现在历史上少数民族及少数民族政权对大传统的中国政治、历史、文化的认同、继承和发展。[③]

我们不否认"国族"存在着某些"建构性"的特质,但无法想象,倘若缺乏一个普遍性的认同中介,那么所谓的中华民族认同只能是无根之水、无本之木,更遑论对国家边陲的辐射。从某种意义上说,在民族集团的内部,主体族群的文化规范着整个民族文化发展的方向,促成了中华民族多元一体的文化结构,并以此为范式模塑了一体化的"中华民族意识"及其内在认同。在此基础上,加之近代以来国家存亡危机的激发,"中华民族"认同才可能如火山般喷薄而出,为扶"大厦于将倾"创造条件。因此,日本学者松本真澄在经过深入研究后认为:"抗日战争时期,边境之民和边境之地就是'中华'之民、'中华'之地的认识在当时已经普遍化了。"[④]

无论从族群,还是从文化上看,桂西边陲无疑都是"多元"中的"一元"。观察桂西地方社会与文化的历史变迁,可以管窥宏观的"多元一体"中国的缔造过程。中央王朝在桂西边陲实施羁縻政策与土司制度,是中华传统"天下

---

① 孙秋云:《费孝通"中华民族多元一体格局"理论之我见》,《中南民族大学学报》2006年第2期。

② 费孝通:《与时俱进　继往开来》,《中国民族》2001年1期。

③ 杨文炯、张嵘:《多元一体格局的历史基建——历史学与人类学的双重视角》,《甘肃联合大学学报》2006年第6期。

④ 〔日〕松本真澄著:《中国民族政策之研究:以清末至1945年的"民族论"为中心》,鲁忠慧译,民族出版社,2003年,第9-10页。

观"的具体呈现。到元明清诸朝,随着国家势力的渗透,中原文明通过地方头人为传导体在边陲的影响也不断强化。作为中央政府在边陲代理人的土司,首先经历了深刻的文化洗礼,而且他们是一群善于掌控资源、运用资源的能动者,表达了"向慕"中央王朝的心理趋向,并有效操控与利用了国家的政治、文化与象征。土司的"示范",引发了土民对"中心"强烈的文化认同、政治认同和国家认同,从而为桂西边陲融入一体格局,为中华民族建构产生了积极影响。

附录　造土官皇帝①

三样是三王安置

四样是四王创造

那时篱笆无桩又无门

那时天下没有首领和土司

篱笆无桩又无门

篱笆就会歪斜

天下没有首领和土司

没有土司来做主

没有皇帝管天下

世间就乱纷纷

出了坏事无人理

有了好事无人赞

这样才不断出乱子

---

① 张声震主编:《布洛陀经诗译注》第四编,广西人民出版社,1991年,第487-505页。《布洛陀经诗》被称为壮族的"创世史诗",在民间具有极为重要的地位,主要流传于桂西红水河流域、右江流域。作品叙述了天地日月的形成、人类的产生、各种物种的来源以及远古人们的社会生活,除序歌外包括七个部分:造天地、造人、造万物、造土官皇帝、造文字历书、伦理道德、祈祷还愿等。这些文字反映了桂西民众对土司的基本认知。

蛮人与强人结成伙

到处乱抢又乱吃

到处乱吃又乱抢

蛮强欺压弱小

天天互相打斗

孤单弱小被侵吞

互相打斗为了生存

天下无人管理

天下不成章法

只缘有了神和仙

才开天辟地造天堂

造出月亮星星

王造出了太阳

造一个人来做主

造一个人做君王

造一个人来掌印

造出土司管江山

造出皇帝管国家

统管一万二千个山谷国

治理十七处地方

全天下听从他管理

众人全听他做主

造了官又造府

建了州又建县

天下从此才有主

众人的事才有人来管

出了事有人来治理

好事有人来夸赞

专搞坏事的人没有了

互相打斗残杀的人没有了

坏人和横蛮的人没有了

到处乱抢乱吃的人没有了

天天互相打斗的人没有了

互相斗殴的人没有了

欺负孤苦弱小的人没有了

恶人拿来上枷锁

坏人拿来捆绑

整个地方都服从土司

土司管得整个地方

纳官税和官粮

天下才同享太平

黎民百姓才像土司一样享福

做土司的才成为土司

当皇帝的才成为皇帝

这一段经诗就这样么喃

这一章经诗就这样传诵

这一段事理就说到这里

布洛陀造出了这纷繁的天下

造出了会编讲故事的能人

前人的经历传给后代

相传到了我们这一代

我们后代拿来比

我们这代都来遵从

我们时时拿来传诵

且不讲它那么远

且不说它别家姓

就说这主家

就说这姓氏

或者他说错了话

或者他摩错了拳擦错了掌

错就错在乱吃乱做

或者是他作乱造反

父子间的差错出于相互打斗

若乱了就这样纠正

也要像这样来祈祷

或者是他造反作乱

以至这样互相残杀

对兄弟狠心地互相斗打

打得锅头破裂

打得坛子破碎

打破坛子犯了宗法

打破坛子惊动祖神五代

你家的三代祖神不愿留宿

你的历代祖宗不愿居住

也要这样来纠正

也要这样来祈祷

这一章经诗就传诵到这里

参 考 文 献

一、古籍文献

(明)黄佐撰,林富参修:《广西通志》,嘉靖十年。

(清)李文琰修,何天详纂:《庆远府志》,乾隆十九年。

(清)傅堅续纂:《镇安府志》,乾隆二十一年。

(清)吴志绾修,黄国显等纂:《桂平县资治图志》,乾隆三十三年。

(清)英秀修,唐仁纂:《庆远府志》,道光九年。

(清)朱锦纂修,王言纪监修:《白山司志》,道光十年。

(清)朱椿年等修,杜以宽、叶轮纂:《钦州志》,道光十四年。

(清)陈兰滋纂修:《上思州志》,道光十五年。

(清)王鉥绅修撰,黎申产纂:《宁明州志》,光绪九年。

(清)林德均撰:《粤西溪蛮琐记》,光绪二十四年。

(清)黄君巨初纂,(民国)黄诚沅续纂:《武缘县图经》,民国十年。

(清)甘汝来编:《太平府志》,据雍正四年本,民国二十三年。

(清)朱寿朋编:《光绪朝东华录》,张静庐等校点,中华书局,1958年。

(汉)班固修撰:《汉书》,中华书局,1962年。

(南朝宋)范晔修撰:《后汉书》,中华书局,1965年。

(清)陈如金修,华本松纂:《百色厅志》,据光绪十七年刊本,台湾成文出版社,1967年。

(清)羊复礼修,梁年等纂:《镇安府志》,据光绪十八年刻本,台湾成文出版社,1967年。

(宋)王象之编纂:《舆地纪胜》,台湾文海出版社,1971年。

(清)贺长龄辑:《皇朝经世文编》,台湾文海出版社,1972年。

(北齐)魏收修撰:《魏书》,中华书局,1974年。

(清)张廷玉等修撰:《明史》,中华书局,1974年。

(民国)梁明伦等纂:《雷平县志》,据民国三十五年油印本,台湾成文出版社,1974年。

（五代晋）刘昫修撰：《旧唐书》，中华书局，1975 年。

（宋）欧阳修、宋祁修撰：《新唐书》，中华书局，1975 年。

（民国）江碧秋修，潘宝篆纂：《罗城县志》，据民国二十四年本，台湾成文出版社，1975 年。

（民国）莫炳奎纂：《邕宁县志》，据民国二十六年铅印本，台湾成文出版社，1975 年。

（明）宋濂等修撰：《元史》，中华书局，1976 年。

（汉）贾谊：《贾谊集》，上海人民出版社，1976 年。

（宋）司马光编：《资治通鉴》，中华书局，1976 年。

（元）脱脱等修撰：《宋史》，中华书局，1977 年。

（清）戴焕南修，张璨奎纂：《新宁州志》，光绪四年刊本，台湾成文出版社，1977 年。

（清）赵尔巽等撰：《清史稿》，中华书局，1977 年。

（汉）刘向：《战国策》，上海古籍出版社，1978 年。

（宋）李焘修撰：《续资治通鉴长编》，中华书局，1979 年。

（宋）陆九渊：《陆九渊集》，钟哲点校，中华书局，1980 年。

（宋）范成大：《范石湖集》，上海古籍出版社，1981 年。

（汉）司马迁修撰：《史记》，中华书局，1982 年。

（宋）李觏：《盱江集》（《四库全书》本），台湾商务印书馆，1983 年。

（宋）李曾伯：《可斋杂稿·续后》（《四库全书》本），台湾商务印书馆，1983 年。

（宋）刘敞：《彭城集》（《四库全书》本），台湾商务印书馆，1983 年。

（宋）释继洪纂修：《岭南卫生方》，中医古籍出版社，1983 年。

（宋）赵汝鐩：《野谷诗稿》，台湾商务印书馆，1983 年。

（明）毛奇龄：《蛮司合志》，（《四库全书》本），台湾商务印书馆，1983 年。

（明）唐顺之：《荆川集》（《四库全书》本），台湾商务印书馆，1983 年。

（明）章潢辑：《图书编》（《四库全书》本），台湾商务印书馆，1983 年。

《明太祖实录》，上海古籍书店，1983 年。

《明孝宗实录》，上海古籍书店，1983 年。

《明穆宗实录》，上海古籍书店，1983 年。

《明世宗实录》，上海古籍书店，1983 年。

（清）金鉷等监修：《广西通志》（《四库全书》本），台湾商务印书馆，1983 年。

（清）乾隆敕编：《世宗宪皇帝圣训》（《四库全书》本），台湾商务印书馆，1983 年。

（明）吴崐注：《内经素问吴注》，山东科学技术出版社，1984 年。

（唐）刘恂撰：《岭表异录》（《丛书集成初编》本），中华书局，1985 年。

（清）闵叙：《粤述》（《丛书集成初编》本），中华书局，1985 年。

（清）屈大均：《广东新语》，中华书局，1985 年。

（清）李调元：《南越笔记》（《丛书集成初编》本），中华书局，1985 年。

《清圣祖实录》，中华书局，1985 年。

（明）邝露：《赤雅》（《丛书集成初编》本），中华书局，1985 年。

（清）王锡祺辑：《小方壶斋舆地丛钞》，杭州古籍书店，1985 年。

（清）陆祚蕃：《粤西偶记》（《丛书集成初编》本），中华书局，1985 年。

（元）马端临编撰：《文献通考》，中华书局，1986 年。

（宋）范成大：《桂海虞衡志》，严沛校注，广西人民出版社，1986年。

（清）陈梦雷等原辑：《古今图书集成》，中华书局，1986年。

（清）穆彰阿修：《嘉庆重修一统志》，中华书局，1986年。

（清）俞蛟：《梦厂杂著》，骆宾善校点，上海古籍出版社，1988年。

（宋）晁补之：《济北晁先生鸡肋集》（《四部丛刊初编》本），上海书店，1989年。

（明）王守仁：《王文成公全书》（《四部丛刊初编》本），上海书店，1989年。

（清）程林：《圣济总录纂要》，上海科学技术出版社，1990年。

（清）孙星衍等辑：《汉官六种》，中华书局，1990年。

（清）汪森辑：《粤西文载》，黄胜陆等校点，广西人民出版社，1990年。

（汉）桓宽：《盐铁论》，中华书局，1992年。

（唐）白居易：《白居易集》，岳麓书社，1992年。

（明）王士性：《王士性地理书三种》，周振鹤编校，上海古籍出版社，1993年。

（宋）杨万里：《杨万里诗歌赏析集》，巴蜀书社，1994年。

（清）陈达修、高熊征纂：《思明府志》，康熙二十八年，据日本藏本复印，1994年。

（明）刘文征纂修：《滇志》（《续修四库全书》本），上海古籍出版社，1995年。

（宋）周去非：《岭外代答》，屠友祥校注，上海远东出版社，1996年。

（清）俞震：《古今医案按》，鲁兆麟等校，辽宁科学技术出版社，1997年。

（明）杨芳：《殿粤要纂》，书目文献出版社，1998年。

（宋）赵汝愚编：《宋朝诸臣奏议》，上海古籍出版社，1999年。

朱宠达著：《左传直解》，浙江文艺出版社，2000年。

丁光迪主编：《诸病源候论校注》，人民卫生出版社，2000年。

（清）乾隆官修：《续通志》，浙江古籍出版社，2000年。

（清）柯劭忞编撰：《新元史》，大众文艺出版社，2001年。

（宋）范成大：《范成大笔记六种》，孔繁礼点校，中华书局，2002年。

（唐）徐坚：《初学记》，中华书局，2004年。

（宋）王存撰：《元丰九域志》，王文楚、魏嵩山点校，中华书局，2004年。

（春秋）左丘明：《国语》，鲍思陶校点，齐鲁书社，2005年

（明）李东阳等撰，申时行等重修：《大明会典》，广陵书社，2007年。

（宋）乐史撰：《太平寰宇记》，王文楚点校，中华书局，2007年。

（清）汪森辑：《粤西丛载》，黄振中等点校，广西民族出版社，2007年。

（明）沈德符：《万历野获编》，杨万里校点，上海古籍出版社，2012年。

（明）顾炎武：《顾炎武全集》，上海古籍出版社，2012年。

（清）赵翼：《檐曝杂记》（《续修四库全书》本），上海古籍出版社，2012年。

（清）徐松辑：《宋会要辑稿》，刘琳等校点，上海古籍出版社，2014年。

（民国）蒙起鹏、黄诚沅纂修：《广西通志稿》，广西人民出版社，2017年。

二、资料

《岑将军庙碑记》，现存于广西壮族自治区百色市凌云县伶站乡政府内。

《岑氏源流世谱》，光绪二十二年岁次丙申重记，岑氏族人手抄本。

《岑氏宗支世系》，刻于广西壮族自治区百色市凌云县五指山脚。

"岑将军的传说"、仪式唱词、庙宇资料，广西壮族自治区巴马瑶族自治县巴发村廖公黄大
　　强先生提供。

《将军坟墓碑》，现存于田阳县憧舍屯。

百色县委：《关于百色县第八区龙川乡三圣庙被捣毁之经过及报告》，百色档案局藏，全宗
　　号 1，目录号 3，案卷号 7。

田阳县志办：《岑家及瓦氏夫人资料》。

莫景隆主修：《忻城莫氏族谱》，乾隆九年。

《思陵土州志》，据道光六年正月二十日抄存本，藏于广西壮族自治区博物馆。

莫宣莛：《续修忻城莫氏族谱》，民国二十五年。

李文雄、覃辉修，曾竹繁纂：《思乐县志》，民国三十七年。

黄光国：《凤山县志》，据民国三十五年油印本，广西壮族自治区博物馆，1957 年

陈耀祖：《土司制度之研究》，台湾政治大学硕士学位论文，1964 年。

广西民族研究所编：《广西少数民族地区石刻碑文集》，广西人民出版社，1982 年。

广西壮族自治区编辑组：《广西壮族社会历史调查（四）》，广西民族出版社，1987 年。

广西壮族自治区编写组：《广西少数民族地区碑文、契约资料集》，民族出版社，2009 年。

广西壮族自治区统计局编：《晚清和民国时期广西统计史料摘编》，中国统计出版社，
　　1988 年。

《田东文史资料》第三辑，1989 年。

田林县地方志编纂委员会：《田林县志》，广西人民出版社，1996 年。

［日］谷口房男、白耀天：《壮族土官族谱集成》，广西民族出版社，1998 年。

张江华：《广西田东县立坡屯 Π ou^{33} ρuN^{11} 的考察》，《社会、民族与文化展演国际研讨会论
　　文集》，台湾汉学研究中心，2001 年。

《徐氏族谱》，马山县志办，2002 年。

王冬青：《明朝朝贡体系与十六世纪西人入华策略》，复旦大学博士学位论文，2005 年。

李小文：《国家制度与地方传统——明清时期桂西的基层行政与社会治理》，厦门大学博士
　　学位论文，2006 年。

黄向春：《历史记忆与文化表述——明清以来闽江下游地区的族群关系与仪式传统》，厦门
　　大学博士学位论文，2006 年。

张江华：《明清广西左右江地区土司的婚姻与策略》，《中国西南地区历史文化与社会变迁
　　国际学术研讨会论文集（上）》，2007 年。

三、中文著作

周希武著：《玉树调查记》，商务印书馆，1919 年。

刘锡蕃著：《岭表纪蛮》，商务印书馆，1934 年。

田曙岚著：《广西旅行记》，中华书局，1935 年。

赖彦于主编：《广西一览》，广西印刷厂，1935 年。

徐松石著：《粤江流域人民史》，中华书局，1939 年。

刘介编著：《广西特种教育》，广西省政府编译委员会，1940 年。

尹世积著:《禹贡集解》,商务印书馆,1957年。

林尹著:《周礼今注今译》,文献目录出版社,1985年。

黄现璠、黄增庆、张一民编著:《壮族通史》,广西民族出版社,1988年。

顾有识、范宏贵主编:《壮族论稿》,广西人民出版社,1989年。

费孝通著:《中华民族多元一体格局》,中央民族学院出版社,1989年。

〔法〕J. 勒高夫等主编:《新史学》,姚蒙译,上海译文出版社,1989年。

陈其南著:《家族与社会:台湾与中国社会研究的基础理念》,联经出版事业股份有限公司,1990年。

张声震主编:《布洛陀诗经译注》,广西人民出版社,1991年。

覃彩銮、黄明标主编:《瓦氏夫人论集》,广西人民出版社,1992年。

龚荫著:《中国土司制度》,云南民族出版社,1992年。

郑振满著:《明清福建家族组织与社会变迁》,湖南教育出版社,1992年。

苏建灵著:《明清时期壮族历史研究》,广西民族出版社,1993年。

〔德〕马克斯·韦伯著:《支配社会学》,康乐、简惠美译,远流出版事业股份有限公司,1993年。

佘贻泽著:《中国土司制度》,中正出版社,1944年。

卿希泰主编:《中国道教》,上海知识出版社,1994年。

淡琪著:《壮族土司制度》,广西人民出版社,1995年。

洪业汤、程鸿德、梁宁等著:《广西百色、河池地区扶贫开发总体战略规划》,地震出版社,1995年。

王铭铭著:《社区的历程——溪村汉人家族的个案研究》,天津人民出版社,1996年。

张声震主编:《壮族通史》,民族出版社,1997年。

范宏贵等著:《壮族历史与文化》,广西民族出版社,1997年。

刘志伟著:《在国家与社会之间——明清广东里甲赋役制度研究》,中山大学出版社,1997年。

潘忠党、王铭铭主编:《象征与社会:中国民间文化的探讨》,天津人民出版社,1997年。

钱宗范等著:《广西各民族宗法制度研究》,广西师范大学出版社,1997年。

王明珂著:《华夏边缘——历史记忆与族群认同》,允晨文化实业股份有限公司,1997年。

〔美〕乔治·E. 马尔库斯等著:《作为文化批评的人类学》,王铭铭等译,生活·读书·新知三联书店,1997年。

〔法〕米歇尔·福柯著:《权力的眼睛——福柯访谈录》,严锋译,上海人民出版社,1997年。

李世愉著:《清代土司制度论考》,中国社会科学出版社,1998年。

〔丹麦〕克斯汀·海斯翠普主编:《他者的历史——社会人类学与历史制作》,贾士衡译,麦田出版社,1998年。

〔美〕克利福德·格尔兹著:《尼加拉:十九世纪巴厘剧场国家》,赵炳祥译,上海人民出版社,1998年。

王铭铭著:《逝去的繁荣——一座老城的历史人类学研究》,浙江人民出版社,1999年。

钟文典主编:《广西通史》,广西人民出版社,1999年。

〔美〕克利福德·格尔兹著:《文化的解释》,纳日碧力戈等译,上海人民出版社,1999年。

[德]马克斯·韦伯著：《社会科学方法论》，杨富斌译，华夏出版社，1999 年。

[英]S. 肯德里克等主编：《解释过去，了解现在——历史社会学》，王幸慧等译，上海人民出版社，1999 年。

[加]西佛曼、格里福主编：《走进历史田野：历史人类学的爱尔兰史个案研究》，贾士衡译，麦田出版社，1999 年。

[日]濑川昌久著：《族谱：华南汉族的宗族·风水·移居》，钱杭译，上海书店出版社，1999 年。

[日]滨下武志著：《近代中国的国际契机——朝贡贸易休系与近代亚洲经济圈》，朱荫贵等译，中国社会科学出版社，1999 年。

粟冠昌著：《广西土官制度研究》，广西民族出版社，2000 年。

[美]莫里斯·弗里德曼著：《中国东南的宗族组织》，刘晓春译，上海人民出版社，2000 年。

施坚雅主编：《中华帝国晚期的城市》，中华书局，2000 年。

韦玖灵著：《壮族民族融合论：历史上壮汉民族融合与同化现象研究》，气象出版社，2000 年。

葛兆光著：《中国思想史》，复旦大学出版社，2001 年。

唐正柱主编：《红水河文化研究》，广西人民出版社，2001 年。

[法]米歇尔·福柯著：《临床医学的诞生》，刘北成译，译林出版社，2001 年。

张佩国著：《近代江南乡村地权的历史人类学研究》，上海人民出版社，2002 年。

[英]杰若米·希布鲁克著：《阶级——揭穿社会标签迷思》，谭天译，书林出版有限公司，2002 年。

[意]加塔诺·莫斯卡著：《统治阶级》，贾鹤鹏译，译林出版社，2002 年。

[日]冈田宏二著：《中国华南民族社会史研究》，赵令志、李德龙译，民族出版社，2002 年。

[美]何伟亚著：《怀柔远人：马嘎尔尼使华的中英礼仪冲突》，邓常春译，社会科学文献出版社，2002 年。

诚虚子著：《道德经新解》，济南出版社，2003 年。

郑振满、陈春声主编：《民间信仰与社会空间》，福建人民出版社，2003 年。

王铭铭著：《走在乡土上——历史人类学札记》，中国人民大学出版社，2003 年。

[美]本尼迪克特·安德森著：《想象的共同体》，吴睿人译，上海人民出版社，2003 年。

[美]杜赞奇著：《文化、权力与国家——1900—1942 年的华北农村》，江苏人民出版社，2003 年。

[美]马歇尔·萨林斯著：《历史之岛》，蓝达居、张宏明等译，上海人民出版社，2003 年。

[日]松本真澄著：《中国民族政策之研究：以清末至 1945 年的"民族论"为中心》，鲁忠慧译，民族出版社，2003 年。

[美]苏珊·桑塔格著：《疾病的隐喻》，程巍译，上海译文出版社，2003 年。

顾颉刚、史念海著：《中国疆域沿革史》，商务印书馆，2004 年。

玉时阶著：《壮族民间宗教文化》，民族出版社，2004 年。

赵汀阳主编：《年度学术 2004》，中国人民大学出版社，2004 年。

[美]罗伯特·F. 墨菲著：《文化与社会人类学引论》，王卓君、吕迺基译，商务印书馆，2004 年。

王铭铭著：《社会人类学与中国研究》，广西师范大学出版社，2005 年。

唐仁郭等著：《中国少数民族宗法制度研究》，江西高校出版社，2006 年。

阮炜著：《地缘文明》，上海三联书店，2006 年。

王铭铭著：《心与物游》，广西师范大学出版社，2006 年。

黄家信著：《壮族地区土司制度与改土归流研究》，合肥工业大学出版社，2007 年。

〔美〕维克多·特纳著：《戏剧、场景及隐喻：人类社会的象征性行为》，刘珩、石毅译，民族
　　出版社，2007 年。

郭志超、林瑶棋主编：《闽南宗族社会》，福建人民出版社，2008 年。

韦顺莉著：《清末民初壮族土司社会研究：以广西大新县境为例》，民族出版社，2008 年。

唐晓涛著：《俍傜何在——明清时期广西浔州府的族群变迁》，民族出版社，2011 年。

蓝武著：《从设土到改流——元明时期广西土司制度研究》，广西师范大学出版社，
　　2011 年。

玉时阶等著：《南丹土司史》，民族出版社，2015 年。

蓝武、蒋盛楠著：《〈白山司志〉点校与研究》，广西师范大学出版社，2016 年。

四、中文论文

宓贤璋：《瓦寺土司政治调查》，《西南边疆》1941 年第 13 期。

凌纯声：《中国边政之土司制度》（上、中、下），《边政公论》1943 年第 11 期、第 12 期；1944
　　年第 1 期、第 2 期。

刘恩兰：《登涂禹山访瓦寺土官寨》，《先锋文化》1946 年第 6 期。

江应樑：《云南土司制度之利弊与存废》，《边政公论》1947 年第 1 期。

林耀华：《川康北界之嘉戎土司》，《边政公论》1947 年第 2 期。

刘介：《广西土官故实采访录》，《广西文献》1948 年第 1 期（创刊号）。

刘介：《宋代僮族地区在土官统治下的经济形态》，《中国民族》1963 年第 1 期。

粟冠昌：《广西土官民族成份初探》，《中国民族》1963 年第 1 期。

胡起望：《〈明史·广西土司传〉校补》，《民族研究》1979 年第 2 期。

〔日〕白鸟芳郎：《有关华南民族文化史的几个问题——以民族渊源和民族文化为中心》，王
　　恩庆译，《民族译丛》1980 年第 5 期。

莫毅卿、雷广正：《俍人俍民俍军研究》，《广西民族研究参考资料》1981 年第 1 辑。

卢仲维：《浅论广西"狼兵"》，《广西师范大学学报》1981 年第 2 期。

万流、赖兴：《抗倭壮族女英雄瓦氏夫人》，《学术论坛》1981 年第 6 期。

〔日〕神田正雄：《广西的土司》，王克荣译，《广西民族研究参考资料》1982 年第 4 辑。

粟冠昌：《明代的广西土官制度》，《学术论坛》1983 年第 1 期。

粟冠昌：《广西土官制度的积极作用和消极作用》，《民族研究》1981 年第 3 期。

〔日〕冈田宏二：《宋代华南土著民族》，王恩庆译，《民族译丛》1983 年第 5 期。

顾有识：《试论壮族土兵的性质、作用及其社会影响》，《广西民族学院学报》1984 年第
　　2 期。

吴永章：《清代广西土司制度》，《学术论坛》1984 年第 4 期。

韦文宣：《谈对广西土官制度及改土归流的评价问题》，《学术论坛》1984 年第 4 期。

覃树冠：《清代广西的改土归流》，《广西师范大学学报》1985 年第 1 期。

林超民：《羁縻州府与唐代民族关系》，《思想战线》1985 年第 5 期。

[日]谷口房男：《明代广西的土巡检司》，王克荣译，《学术论坛》1985 年第 11 期。

[日]塚田诚之：《唐宋时期华南少数民族的动向（上）——重点考察广西左右江流域的少数民族》，高凯军、贺崇武译，《民族译丛》1986 年第 1 期。

[日]塚田诚之：《唐宋时期华南少数民族的动向（下）——重点考察广西左右江流域的少数民族》，高凯军、贺崇武译，《民族译丛》1986 年第 2 期。

粟冠昌：《清代广西土官统治区的土地问题》，《广西民族研究》1987 年第 2 期。

[美]R. M. 基辛：《象征人类学》，刘文远、王威力译，《民族译丛》1988 年第 6 期。

谈琪：《壮族领主制度的土地关系和阶级关系》，载范宏贵、顾有识主编：《壮族论稿》，广西人民出版社，1989 年。

[日]塚田诚之：《论明清两朝对壮族的统治政策——明清时代壮族史研究（三）》，覃义生译，《广西民族研究》1989 年第 1 期。

李干芬：《略论壮族地区土司制的历史作用》，《广西民族研究》1989 年第 3 期。

[日]谷口房男：《思恩、田州叛乱始末记——明代广西右江流域土官、土目的叛乱与改土为流》，翁文刚译，《广西民族研究》1989 年第 3 期。

粟冠昌：《明代广西土官制度的改土归流问题》，《广西民族研究》1989 年第 3 期。

粟冠昌：《清代广西土官制度改土归流述议》，《广西民族研究》1990 年第 1 期。

蓝承恩：《忻城土司祭祀考略》，《广西民族研究》1990 年第 1 期。

朱迪光：《封建国家祀典的形成及其对古代中国宗教活动的影响》，《青海社会科学》1990 年第 1 期。

[日]井上彻：《宗族的形成和构造》，《西南民族学院学报》1990 年第 3 期。

李昌宪：《宋王朝在西南民族地区的统治》，《宋辽金元史》1990 年第 4 期。

苏建灵：《明清文献中瑶、壮民名称的混用》，《民族研究》1990 年第 4 期。

[日]塚田诚之：《广西壮族瑶族与汉族政治及文化关系的比较研究》，马建钊、杨轩译，《广西民族研究》1991 年第 3 期。

[日]谷口房男：《日本的壮族史研究动态》，覃义生译，《广西民族研究》1992 年第 2 期。

顾乐真：《壮族师公土俗神"莫一大王"考》，《广西民族研究》1992 年第 3 期。

[日]谷口房男：《王守仁与少数民族》，覃彩銮译，《广西民族研究》1992 年第 3 期。

覃桂清：《试论莫一大王的"飞头"》，《广西民族研究》1992 年第 4 期。

赵树恸：《评明廷征伐岑猛事件》，《民族研究》1992 年第 5 期。

龚胜生：《2000 年来中国瘴病分布变迁的初步研究》，《地理学报》1993 年第 4 期。

方素梅：《广西壮族土司经济结构及其破坏过程》，《广西民族学院学报》1994 年第 1 期。

[日]谷口房男：《广西土司制度考察》，覃彩銮译，《广西民族研究》1994 年第 2 期。

李全伟：《试论广西土官官族内的封建宗法形态》，《广西师范大学学报》1994 年第 2 期。

谈琪：《广西岑氏土官族属辨析》，《广西大学学报》1994 年第 2 期。

谈琪：《论壮族历史上的"弃蛮奔夏"现象》，《广西民族研究》1995 年第 3 期。

白耀天：《壮族土官研究导论》，《广西民族研究》1995 年第 3 期。

[日]谷口房男：《土司制度之我见》，《广西民族研究》1996 年（增刊）。

［日］谷口房男：《土司制度诸概念》,《广西民族研究》1996 年(增刊)。

［日］谷口房男：《广西土司制度研究文献目录》,《广西民族研究》1996 年(增刊)。

［美］萧凤霞：《妇女何在？——抗婚和华南地域文化的再思考》,张小军等译,《中国社会科
　　学季刊》1996 年春季卷第 14 期

韦东超：《明代广西土司地区的编户与赋役考略》,《中南民族学院学报》1996 年第 3 期。

韦成球：《安定壮族通婚制度研究》,《广西民族研究》1997 年第 1 期。

白耀天：《上林长官司岑氏土官与岑毓英的"土司后"》,《广西民族研究》1997 年第 1 期。

梅莉、晏昌贵、龚胜生：《明清时期中国瘴病分布与变迁》,《中国历史地理论丛》1997 年第
　　2 期。

沈松侨：《我以我血荐轩辕——黄帝神话与晚清的国族建构》,《台湾社会研究季刊》1997
　　年第 28 期。

余承惠：《左江流域生态系统与农业可持续发展的研究》,《环境保护》1998 年第 12 期。

罗树杰：《论壮族土司田地契约文书的类型——壮族土司田地契约文书研究之一》,《广西
　　民族学院学报》1999 年第 1 期。

罗树杰：《论壮族土民田地所有权的确认——壮族土司田地契约文书研究之二》,《广西民
　　族学院学报》1999 年第 3 期。

罗树杰：《论壮族土司田地权利的转让——壮族土司田地契约文书研究之三》,《广西民族
　　学院学报》1999 年第 4 期。

林富士：《"历史人类学"：旧传统与新潮流》,《"中央研究院"历史语言研究所七十周年研
　　讨会论文集》,"中央研究院"历史语言研究所,2000 年。

科大卫、刘志伟：《宗族与地方社会的国家认同——明清华南地区宗族发展的意识形态基
　　础》,《历史研究》2000 年第 3 期。

［美］萧凤霞：《廿载华南研究之旅》,程美宝译,《清华社会学评论》2001 年第 1 期。

覃乃昌：《20 世纪的壮学研究(上)》,《广西民族研究》2001 年第 4 期。

费孝通：《与时俱进继往开来》,《中国民族》2001 年 1 期。

蓝达居：《历史人类学简论》,《广西民族学院学报》2001 年第 1 期。

杨树喆：《桂中壮族民间的莫一大王崇拜及其内隐意蕴》,《民族文学研究》2001 年第 1 期。

［美］杜赞奇、罗红光：《国家与地方社会之间》,《社会学研究》2001 年第 1 期。

成臻铭：《论明清时期的土舍》,《民族研究》2001 年第 3 期。

［加］卡罗林·布莱特尔：《资料堆中的田野工作——历史人类学的方法与资料来源》,徐鲁
　　亚译,《广西民族研究》2001 年第 3 期。

赵世瑜、邓庆平：《二十世纪中国社会史研究的回顾与思考》,《历史研究》2001 年第 6 期。

邢义田：《从古代天下观看秦汉长城的象征意义》,《燕京学报》新十三期,北京大学出版社,
　　2002 年。

左鹏：《汉唐时期的瘴与瘴意向》,《唐研究》第八卷,北京大学出版社,2002 年。

覃乃昌：《20 世纪的壮学研究(下)》,《广西民族研究》2002 年第 1 期。

黄向春：《民俗学与历史学的人类学化》,《民俗研究》2002 年第 1 期。

黄兴涛：《现代"中华民族"观念形成的历史考察——兼论辛亥革命与中华民族认同之关系》，《浙江社会科学》2002年第1期。

龚荫：《20世纪中国土司制度研究的理论与方法》，《思想战线》2002年第5期。

刘祖云：《社会分层的若干理论问题新探》，《江汉论坛》2002年第9期。

陈春声：《乡村的故事与国家的历史——以樟林为例兼论传统乡村社会研究的方法问题》，《中国乡村研究》第二辑，商务印书馆，2003年。

王爱和：《人类学与历史学：挑战、对话与发展》，《民族译丛》2003年第1期。

刘志伟：《地域社会与文化的结构过程——珠江三角洲研究的历史学与人类学对话》，《历史研究》2003年第1期。

[美]萧凤霞：《传统的循环与再生——小榄菊花会的文化、历史与政治经济》，《历史人类学学刊》2003年第1期。

张小军：《历史的人类学化和人类学的历史化——兼论被史学"抢注"的历史人类学》，《历史人类学学刊》2003年第1期。

贾霄锋，王力：《近百年来中国土司制度的史料整理及研究综述》，《青海民族研究》2003年第3期。

林开世：《人类学与历史学的对话？——一点反省与建议》，《台大文史哲学报》2003年第59期。

王明珂：《瓦寺土司的祖源——一个对历史、神话与乡野传说的边缘研究》，《历史人类学学刊》2004年第1期。

黄应贵：《历史与文化——对于"历史人类学之我见"》，《历史人类学学刊》2004年第2期。

黄家信：《壮族的英雄、家族与民族神：以桂西岑大将军庙为例》，《广西民族学院学报》2004年第3期。

杨念群：《为什么要重提"政治史"研究》，《历史研究》2004年第4期。

赵世瑜：《历史人类学：在学科与非学科之间》，《历史研究》2004年第4期。

李亦园：《中华民族文化多元一体的现代意义——考古人类学的再阐释》，载林超民主编：《民族学评论》第二辑，云南大学出版社，2005年。

桑兵：《从眼光向下回到历史现场——社会学人类学对近代中国史学的影响》，《中国社会科学》2005年第1期。

黄家信：《改土归流对壮族社会的影响》，《广西民族学院学报》2005年第4期。

王明珂：《族群历史之文本与情境——兼论历史心性、文类与范式化情节》，《陕西师范大学学报》2005年第6期。

徐新建：《边地中国：从"野蛮"到"文明"》，《西南民族大学学报》2005年第6期。

黄家信：《试论壮族的"峒"》，《学术论坛》2005年第8期。

白耀天：《百色壮族岑氏首领兴衰史略》，载李富强主编：《中国壮学》第二辑，民族出版社，2006年。

何新华：《试论中国古代天下观》，《东南亚研究》2006年第1期。

罗冬阳：《从明代淫祠之禁看儒臣、皇权与民间社会》，《求是学刊》2006年第1期。

[韩]郑容和：《从周边视角来看朝贡关系——朝鲜王朝对朝贡体系的认识和利用》，《国际政治研究》2006年第1期。

方高峰：《试论左郡左县制》，《中国边疆史地研究》2006 年第 2 期。

孙秋云：《费孝通"中华民族多元一体格局"理论之我见》，《中南民族大学学报》2006 年第
  2 期。

康中乾：《民间信仰与社会记忆——对桂西壮族岑氏土官崇拜的文化解释》，《民族文学研
  究》2006 年第 4 期。

韦顺莉：《论壮族土司政权的宗法关系》，《法制与社会》2006 年第 5 期。

杨文炯，张嵘：《多元一体格局的历史基建——历史学与人类学的双重视角》，《甘肃联合大
  学学报》2006 年第 6 期。

刘祖云、戴洁：《再论社会分层的依据》，《中南民族大学学报》2006 年第 6 期。

李小文：《边疆族群·国家认同·文化创造——以一个俍兵家族的变迁为例》，《求索》2006
  年第 9 期。

张小军：《历史人类学：一个跨学科和去学科的视野》，载《清华历史讲堂初编》，生活·读
  书·新知三联书店，2007 年。

韦顺莉：《荣耀与追求：广西壮族土司民族认同之考察》，《广西民族研究》2007 年第 3 期。

［美］彭慕兰：《身份的反观：中华帝国晚期的泰山朝圣》，刘晓译，《民俗研究》2007 年 3 期。

赵汀阳：《反政治的政治》，《哲学研究》2007 年第 12 期。

王晖：《凌云壮族七十二巫调与岑氏土司》，《广西民族研究》2008 年第 1 期。

韦顺莉：《论土司地区族群边界的交错与维持——以广西壮族土司为例》，《云南师范大学
  学报》2008 年第 6 期。

韦顺莉：《论壮族土司社会变迁的文化学意蕴》，《西南民族大学学报》2009 第 10 期。

张江华：《通过征用帝国象征体系获取地方权力——明代广西土司的宗教实践》，《民族学
  刊》2010 年第 2 期。

蓝武：《明代广西改土归流进程中关于设土与设流问题的论争》，《广西师范大学学报》2010
  年第 5 期。

张江华：《明清广西左右江地区土司的婚姻与策略》，《西南民族大学学报》2010 年第 5 期。

蒋俊：《论桂西岑大将军信仰的原生形态与次生形态》，《宗教学研究》2011 年第 1 期。

蓝武：《元明时期广西壮族土司统治区农业开发的主要成就探因》，《广西民族研究》2011
  年第 2 期。

蓝韶昱：《壮族土司社会族群认同探微——以广西龙州县域为例》，《广西民族研究》2011
  年第 3 期。

蒋俊：《论明清时期桂西壮族土司的宗族制度》，《史学月刊》2011 年第 8 期。

蓝武：《明代广西壮族土司土兵"供征调"及其社会影响述论》，《广西师范大学学报》2012
  年第 2 期。

唐晓涛：《明代桂西土司的"城头/村"组织及赋役征发》，《广西民族大学学报》2012 年第
  2 期。

唐晓涛：《明代中期广西"狼兵""狼人"的历史考察》，《民族研究》2012 年第 3 期。

陆韧：《元代安抚司的演化》，《历史地理》2013 年第 1 期。

王双怀：《明清狼兵新探》，《中国边疆史地研究》2013 年第 3 期。

［澳］贺大卫、莫海文：《东南亚、广西西部的麼公与土司政权之关系》，《百色学院学报》2013

年第 2 期。

胡小安：《土司的结构过程：以明清时期广西永宁州土司为例》，《广西民族大学学报》2014 年第 3 期。

李小文、胡美术：《明清时期广西土司地区的里甲制度研究》，《广西民族大学学报》2014 年第 4 期。

梁亚群：《边疆经略与地方社会——清中前期广西土司地区移民开发初探》，《广西民族研究》2015 年第 1 期。

梁亚群：《岑氏土司国家认同研究——基于"田州岑氏土司族谱"的历史解读》，《长江师范学院学报》2015 年第 4 期。

王世伟、李虎：《桂西定罗土司辖境内的族群互动与当代呈现》，《广西民族研究》2015 年第 4 期。

玉时阶：《广西南丹土官族属考》，《广西师范学院学报》2016 年第 1 期。

张江华：《民胞物与一视同仁——清代广西土司地区的"国家政权建设"与国家化》，《西南民族大学学报》2016 年第 10 期。

杜树海：《土地权与人身权：清代广西土司地区土地文书研究》，《中国经济史研究》2017 年第 2 期。

张江华、杨杨：《晚清时期"文明"概念在广西土司地区的传播与实践》，《民族研究》2018 年第 3 期。

张江华：《科举、商品化与社会平等：清代广西土司社会的"文明化"》，《社会》2020 年第 2 期。

五、外文论著

John K. Fairbank, "Tributary Trade and China's Relations with the West", *Far Eastern Quarterly*, Vol. 1, No. 2,1941.

Arnold van Gennep, *The Rites Passage*, The University Of Chicago Press, 1960.

Edwin O. Reischauer, John K. Fairbank, *East Asia: the Great Tradition*, Houghton Mifflin Company, 1960.

Herold J. Wiens, *Han Chinese Expansion in South China*, The Shoestring Press, 1967.

Bernard S. Cohn, "History and Anthropology: The State of Play", *Comparative Studies in Society and History*, Vol. 22, No. 2,1980.

Kent C. Smith, *Ch'ing Policy and the Development of Southwest China: Aspects of Ortai's Governor-Generalship, 1726-1731*, A Dissertation Presented to the Faculty of the Graduate School of Yale Univesity in Candidacy for the Degree of Doctor of Philosophy, 1970.

Sherry Ortner, "Theory in Anthropology Since the Sixties", *Comparative Studies in Society and History*, Vol. 26, No. 1,1984.

John E. Herman, "Empire in the Southwest: Early Qing Reforms to the Native Chieftain System", *The Journal of Asian Studies*, Vol. 56, No. 1,1997.

Laura Hostetler, "Qing Connections to the Early Modern World: Ethnography and

Cartography in Eighteenth-Century China", *Modern Asian Studies*, Vol. 34, No. 3,2000.

C. Pat Giersch, "A Motley Throng: Social Change on Southwest China's Early Modern Frontier, 1700 – 1880", *The Journal of Asian Studies*, Vol. 60, No. 1,2001.

Chuan-Kang Shih, "Genesis of Marriage among the Moso and Empire-Building in Late Imperial China", *The Journal of Asian Studies*, Vol. 60, No. 2,2001.

Jennifer Took, *A Native chieftaincy in Southwest China: franchising a Tai chieftaincy under the Tusi system of late imperial China*, Brill Academic Publishers, 2005.

Pamela Kyle Crossley, Helen F. Siu, Donald S. Sutton (eds.), *Empire at the Margins— Culture, Ethnicity, and Frontier in Early Modern China*, University of California Press, 2006.

索　引

（以汉语拼音为序）

二、地名

后　记

2008年5月1日,我为博士论文的后记敲下了最后一行字,如释重负,也在莫可名状的情绪中,感怀那段难忘的岁月,致敬,告别。如今,当我将这篇尘封已久的文稿从电脑角落里翻出,稍稍修订完成后,想再次说点什么时,已过去了整整13年。

然而,我的博士导师,那位可爱可敬的郭志超教授却飘然而去了。恍惚之间,我又感觉郭老师还在的,这部文稿倾注了老师的心血,谆谆教导,言犹在耳;音容笑貌,栩栩如生。尽管任何言语都难以表达我对老师的敬意和谢意,但唯有以这种方式纪念敬爱的郭老师,愿您安息!

在博士求学期间,受益于厦大人类所诸位老师的传道授业解惑,感谢余光弘教授、石奕龙教授、董建辉教授、彭兆荣教授、宋平教授、邓晓华教授、黄向春教授、蓝达居教授、张先清教授,向你们的辛勤付出致敬!特别感谢王道师姐在工作生活上的帮助,感谢周典恩师兄以及各位师弟、师妹的关爱和支持。感谢我的硕士生导师广西师范大学范玉春教授,引导我走向学术之路,一直关心我的成长;同时感谢广西师范大学廖国一教授、华南农业大学廖杨教授、广西民族大学龚永辉教授的关照和帮助。上海交通大学出版社李阳编辑一丝不苟的工作态度令我感动,衷心感谢您!

我曾行走在桂西大地,那里有我的同学和朋友。要感谢大学同学唐咸斌、刘元新、潘剑文、班锋、曾作健与覃芳艳贤伉俪,我曾数度叨扰,每次都有宾至如归之感。新结识的朋友有农敏坚、陆权海、黄武志、潘润环、杨青松夫妇、岑贞辉、岑笃昭、廖世宏夫妇、岑活算、黄大强等,有的是政府官员,有的是普通百姓,但都热情好客,对他们的款待和帮助表示最诚挚的谢意,当然有更多未提及名字的朋友,在此也一并谢过!

最后,感谢为我默默奉献的亲人,他们永远是我前进的动力!

5月,仿佛永远是一个回首的季节。记忆涨满窗外初夏的河流,穿过暗夜的帷幕,诉说它的源头,以及一路的风景……

蒋 俊

2021 年 5 月 19 日于金华